職業政治家 小沢一郎

佐藤章

朝日新聞出版

職業政治家　小沢一郎

生というものは、われわれがその生の行為を不可避的に自然的な行為と感じうる時に初めて真なのである。今日、自己の政治的行為を不可避的な行為と感じている政治家は一人もいない（略）。不可避的な場面から成り立っている生以外に、自己の根をもった生、つまり真正な生はない。

（オルテガ・イ・ガセット『大衆の反逆』、神吉敬三訳、ちくま学芸文庫）

まえがき

小沢一郎氏と安倍晋三氏の政治姿勢、政治手法を考えた場合、意外な共通項に思い当たる。それは「驚き」である。

安倍政治に対しては、国民が日々感じ、考えさせられていることだ。ここで改めて論じ立てるほどのものではない。森友・加計学園問題や「桜を見る会」、参院選広島選挙区での大規模買収事件とその候補者陣営への一億五千万円供与、森友問題に関連しての公文書改竄など、国民のこれまでの政治常識からすれば「驚き」の連続。それが安倍政治の特徴だ。

一方、小沢政治は、日本政治を極端に転落させてしまった安倍政治とは対極にあり、研究者が事実関係を発掘し、社会に周知させる努力をしなければ国民が広く深く知ることはできない。しかし、それを十全に知った者は深い「驚き」に打たれる。農林水産省の土地改良予算大幅削減を目の当たりにした時、その意味で私は心底驚いた。

土地改良事業というのは全国の水田を方形に区切り直して効率性を高め、給排水設備や農道を整備して中核農家の経営規模を拡大していこうとするものだが、その歴史的役割はとっくに終わったと言われている。私が日本政治の一端を勉強していた一九八〇年ごろから指摘され続けながら、まったく改善の兆しを見せていなかった。自民党の農業票に直結していたからだ。

その予算を半分以下にバッサリ削り、農産物自由化に備える農家戸別所得補償制度の方に持って行ったのは、政権交代を果たした民主党幹事長の小沢一郎氏だった。

この辣腕を目撃した時、私は、省庁ごとにガチガチに固まった予算配分を壊し、政府予算を真に国民が求めているところに配分し直す、政治による予算の取り戻しが次々に実現していくのではないかと大きく期待した。

「政治にはこんなことができるんだ」

と率直な「驚き」を味わわせてくれた。


政府予算を国民が取り戻せばどういうことになるだろうか。

たとえば、安倍政権はトランプ米政権から次期主力戦闘機としてＦ35を一兆円以上かけて一〇五機追加購入した。イージス・アショアも四千五百億円かけて購入しようとしたが失敗した。

費用対効果の検証ができないこれらの超高価な買い物は、決して政治の強い意志で決定されたものではない。「属国・宗主国」とも言える日米関係の構造の中で、むしろなし崩しに決まったものだ。

これら巨額の資金が福祉や介護、医療などの分野に、あるいはコロナウイルス対策、コロナ後の経済対策に使われればどれだけ国民生活に資することになるだろうか。

日本政治の最大課題は、政府予算の編成権を国民の側、政治の側に取り戻すことにある。そのことは、小沢氏と民主党チームによって二〇一〇年度政府予算で半分くらい実現しかけていた。

だが、検察の根拠なき「冤罪事件」によって最前線から退けられ、試みは中途で終わってしまった。

しかし、明治以来の日本政治の隠された最大目標にあと一歩まで迫ったことは、民主党政権の果たした歴史的役割の中で最大のものと言える。

小沢氏は二十七歳で永田町の住人となり、その後自民党中枢に駆け上がりながら時代の大きい曲がり角で離党、政治改革を志して自民党を二度も転覆させた。私はその小沢氏に、総時間十三時間の単独インタビューを試みた。小沢氏とその時代を徹底解剖する試みのためである。

あらゆる意味で日本政治を転落させてしまった安倍政治はいずれ終わる。その時、日本政治は、かつて民主党政権が志して中途で挫折した高みへと再び目標を設定し直さなければならない。そのメルクマールの一つとなること。これが本書の目的である。

職業政治家　小沢一郎

目次

まえがき　3

第1章　民主党政権とは何だったのか
最初の躓きの石を置いたのは誰だったのか　13
政治が予算編成権を握るとはどういうことか　20
財務省の官僚が小沢の前では沈黙した　27
国家戦略局は合成の誤謬に沈む　35
裏の国家戦略局長が現れ、与党・政府一体化の政治システムが現出した　44
自由党と自民党の連立。小渕氏にだまされた　54
民由合併から小沢代表へ。激動の民主党と自民党の大連立構想の舞台裏　66
財源はいくらでもある。マニフェストを自己否定したのが失敗　78
自民党の「聖域」土地改良補助金をバッサリ削る　88
国家戦略局・設計者、松井孝治がみた小沢一郎の功罪1　100
国家戦略局・設計者、松井孝治がみた小沢一郎の功罪2　113
鳩山由紀夫に「民主党政権の挫折」を聞く1／国家戦略局　125

第2章　辺野古埋め立ては必要か
日米関係全体から沖縄を見ると　141
鳩山由紀夫に「民主党政権の挫折」を聞く2／普天間移設　153

民主党政治は小沢と鳩山で終わった　164

第3章　自民党権力の中枢で何が起きたのか
弁護士を目指して司法試験に挑むが、父の急死で選挙へ　177
小沢一郎二十六歳、田中角栄と出会う　189
田中角栄のもとを次々と人が離れる中、小沢はロッキード裁判に通い続けた　202
ロッキード事件の真相。日本の検察は米国の意向を汲んだのか　210
田中派クーデターの舞台裏。竹下登は途中で震えだした　223
リクルート事件を契機に「小選挙区制」に舵を切る　235
憲法9条4項か10条で国連中心主義を　240
幹事長辞任後、金丸氏より総裁に推されるが断る　250

第4章　細川連立政権は何をなしとげたのか
竹下派分裂から自民党離党、そして政界再編、細川連立政権誕生へ　269
一九九三年、非自民連立政権樹立の舞台裏　280
細川護熙はあまりに淡泊だった。渡辺美智雄と羽田孜は決断できなかった　291
細川政権崩壊から民主党政権誕生へ。試行錯誤の十五年　300

第5章　「陸山会事件」は国民に何をもたらしたか
検察が欲しかった「幻の金メダル」　313
陸山会事件で「虚偽捜査」の標的となった小沢元秘書の石川知裕に聞く1　324
陸山会事件で「虚偽捜査」の標的となった小沢元秘書の石川知裕に聞く2　336
陸山会事件で「虚偽捜査」の標的となった小沢元秘書の石川知裕に聞く3　345

第6章　安倍暗黒政治からの脱出は可能か
安倍首相の権力私物化に協力した官僚がみんな出世する　357
「原子力政策」と「対米政策」の壁　365
憲法問題、韓国問題、いずれもリスクが大きすぎる　378

特別付録・小沢一郎緊急インタビュー
あきらめるな日本人、よい世の中に必ずできる
コモンセンスが狂った安倍政権　389
安倍政治の一掃、そして個人生活のレベルアップを目指す　395

あとがき　404
小沢一郎氏関連年表　409

第1章　民主党政権とは何だったのか

一政党として戦後最多の308議席を獲得し、総選挙で大勝した民主党の鳩山由紀夫代表（中央）や小沢一郎代表代行（その右）ら。2人を除いて右から菅直人氏、岡田克也氏、赤松広隆氏＝2009年8月30日午後9時、東京都港区の民主党開票センター

最初の躓きの石を置いたのは誰だったのか

二〇〇九年八月三十日、民主党は一政党としては戦後最多となる三〇八議席を獲得して第45回総選挙に大勝、九月十六日に鳩山由紀夫内閣が成立した。

民主党内閣成立の数日前、私は、入閣するであろう仙谷由人から電話連絡を受けた。

朝日新聞東京経済部の記者をしていた私は、取材協力者一人を伴い、ホテルニューオータニに赴いた。ニューオータニクラブの会議室で久しぶりに仙谷に会った私の目には、意外にも、政権獲得の喜びに浸っている様子はまったく見えなかった。

「あれから十年か。ただ馬齢を重ねてきたような気がするな」

当然謙遜もあっただろうが、その表情には懐かしさと真剣さの中に、不安となにがしかの後悔の念が覗いているような気がした。後で少し触れるが、私は一九九八年の金融国会で、仙谷に請われて政権獲得前の民主党に協力していた。以来しばらく離れていたが、政権運営にあたって金融経済方面で人脈を広げ、銀行経営についてより深い知識を得たいという相談だった。

恐らく初めて政権を運営していく緊張感もあったのだろう。仙谷は、こんなことも口にしていた。

「いまは干されているがやる気のある官僚もいるんだ。そういう官僚を味方に引き込むんだ」

別れ際、私たちは今後も連絡を取り合っていくことを確認し合った。しかし、鳩山政権が発足し、行政刷新担当相や内閣官房長官などを歴任していく日々の中で、仙谷は私と会うことはなかった。意外なことだったが、秘書を通じて何度会見を申し入れても折り返しの連絡が来ることはなかった。

その後、生前に衆議院議員会館で偶然すれ違って二言三言、言葉を交わしたのは、まさに民主党政権が終わろうとしていた日々の中のことだった。内閣の中枢で政権運営を担う重責は相当に厳しいものがあったのだろう。表情にはやはり疲労の色が見えた。政権獲得の前に知り合った一記者などとわざわざ会見する余裕などはなかったのにちがいない。私はそう想像した。

しかし、実を言えば民主党政権スタートの時、仙谷から私と同じような意外感を味わわされたひとりの官僚が存在していた。

その官僚とは、第一次安倍内閣の時から公務員制度改革を志し、二〇〇八年の福田内閣時に国家公務員制度改革推進本部事務局審議官に就任した古賀茂明だった。

公務員制度改革に積極的な民主党が政権に就けば、古賀の本格的な取り組みも前進するにちがいない。古賀は、誕生した民主党政権にそう期待を寄せていた。その期待は当初、当たった。

その経緯を私に語った古賀によれば、鳩山内閣発足の前後三回、それまで面識のなかった仙谷に呼ばれ、大臣補佐官就任まで要請された。三回のうち前の二回の会合では、仙谷は、古賀が発信する改革の提案に大乗り気の様子だった。古賀は当時「干されて」いたわけではないが、強い正義感に貫かれた行動から古巣の経済産業省では異色の官僚と見られていた。仙谷が私にふと洩らしたように、新しい行政刷新担当相は、そういう古賀を当初味方に引き入れようとしていた。

しかし、古賀の記憶では九月のシルバーウィーク、つまり十九日から二十三日の間の一日、三回目にホテルニューオータニに呼ばれて部屋に向かったものの、すっかり消極的な姿に転じてしまった仙谷をそこに見いだした。本格的な公務員改革をはじめとする古賀の改革案はほとんどここで潰えた。

古賀はその後、十二月に公務員改革事務局幹部全員とともにその任を解かれ、官房付という閑職で経産省に戻された。仙谷の秘書からは「申し訳ありません、申し訳ありません」という謝罪の言葉ばかりで真相は明かされなかった。ただ、「事情は言えないが、こんなくやしい思いをしたのは自分の人生で初めてだ」と秘書は語っていた。

一体、何が仙谷をしてこうまで消極姿勢に変貌させてしまったのか。古賀にも確証があるわけではない。しかし、その時に目撃した場面と伝聞、官僚経験や霞が関の時期的な行事などから、大体のところは推測することができた。

まずその日、シルバーウィークのうちの一日、古賀がホテルニューオータニに着くと仙谷の部屋には先客の姿があった。民主党議員の松井孝治と古川元久だった。古川は一九八八年に大蔵省（現財務省）に入省した衆院議員。松井は八三年に通産省（現経産省）に入省した参院議員で、古賀の三年後輩だった。古賀の目には、二人はまるで影のように「スッと」いなくなった。そのために、仙谷をして古賀起用を思いとどまらせたのはこの二人だと古賀はある時期まで思い込んでいた。

しかし、それは誤解だった。実は松井と古川の前に、仙谷の部屋にはさらに先客がいた。財務省主計局長の勝栄二郎をはじめとする同省幹部の錚々たる面々だった。

勝はその時、主計局長に就任したばかりで、翌年には財務次官に就任。本人は否定しているが霞が関では勝海舟の曾孫と信じる官僚が多く、「十年に一人の大物次官」とも呼ばれていた。

この先客たちの姿は松井が目撃していた。松井が古賀にこの話を伝えたのは、経産省の先輩の誤解を解くためだった。ただ、松井は古賀に対して「古賀を切れと言ったのは財務省だ」と話したわけではない。先客として財務省幹部の姿があった、という事実を伝えただけだ。

ここからどのようなことがわかるのか。私は改めて松井に話を聞きに行った。その前後関係を率直に語ってくれた松井によれば、仙谷と松井、古川の間で確かに古賀の処遇の話は出た。古賀の「切れ味の鋭さ」を買う松井は、公務員改革よりも古賀が執行役員をしていた産業再生機構のような事業再生関係でその能力を生かすべきだと説いた。ただ、その時なぜ古賀の処遇の話が出てきたのかというきっかけについては松井の記憶にない。

「想像ですけど、公務員制度改革も財務省が仕切っているから、財務省から古賀さんに対する反発はあったかもしれませんね。ただ、そこはぼくは知りません」

松井の記憶では、仙谷も「財務省は古賀についてこう言っているが――」とは話を切り出さなかった。

結局、仙谷が変貌した要因については、松井と古川が部屋に入る前、財務省幹部と仙谷の間でどんなことが話し合われていたか、ということに求められる。

この時は、次年度の二〇一〇年度予算案の概算要求が八月末に締め切られたばかりの時期だった。鳩山内閣が発足したのが九月十六日、仙谷と財務省幹部の話し合いが同月下旬。初めて政権に就いたばかりで政府予算案編成についてはまったく経験のない民主党の議員たちは、スタート直後から予算案編成という難問にぶつかった。

「政権発足直後に財務省から早くも言われていたようですね。八月末までに予算要求が出されていますから、もう一度やるとなると普段よりはるかに厳しいスケジュールになります、予算の越年編成になりますよ、それでもいいですか、と。これでもう民主党はだまされてしまったんだと思います」

古賀が進めていた国家公務員制度改革が潰され、仙谷が変貌していった最大の原因はここにあると古賀自身は見ている。

「ぼくは予算をやっていたことがあるのでわかるのですが、越年なんて関係ないんですよ。逆に財務省を攻めようと思ったら、越年でいいよと、その代わりゼロからやり直させてもらうからと言って斬り込んで行けばよかったんです。しかし、そこでやはり民主党、素人が来たからだめだとなってしまったんです」

民主党が財務省をはじめとする官僚側に敗れ始めた最初の躓きの石は、政権スタート直後の二〇〇九年九月下旬にあった。そして、民主党議員たちが躓いてしまったその原因は、行政経験の乏しさにあった。

「私を補佐官に起用して改革を推進することを断念したのも、それが理由だったのだろう」。古賀は当時のことを振り返った著書『官僚の責任』（PHP新書）でこう述懐している。「私の唱える改革を快く思わない霞が関の猛反発に屈したにちがいない。そうした一連のやりとりが、その後の民主党の路線変更につながったのは間違いないと思う」（同前）

古賀茂明氏。通商産業省（現経済産業省）に入省。改革派官僚として知られ、産業再生機構執行役員などを経て、国家公務員制度改革推進本部事務局審議官として尽力した。福島第一原発事故を受け、東京電力の破綻処理策を提起した

財務省の置いた「躓きの石」な

ど造作なく蹴り出してしまえる行政経験を、いかにして積めばよかったか。歴史の後講釈となってしまうが、いま振り返れば、民主党政権成立前、小沢一郎がその時の首相、福田康夫と会見して合意した自民党との大連立政権構想には、はるかに重要な意味があった。

歴史にイフ（もしも）はない、と人は言う。俗耳に入りやすい言葉だが、このことに関しては、私は丸山眞男の考えの方が正しいと思う。歴史というものはたった一つなのではなく、いくつか異なった歩み方もあり得たし、そういう歩み方を様々に考察していた人がいたということの方が大切なんだ、と丸山は言っている。

その貴重な例証のひとつを小沢一郎が示してくれる。

二〇〇七年の参院選では、第一次政権を率いていた安倍晋三総裁の自民党は三十七議席という歴史的な大敗を喫し、小沢代表の民主党が六十議席を獲得して参院第一党に躍進した。この選挙結果による衆参ねじれが第一次安倍政権に与えた打撃は大きかった。

二〇〇一年の9・11を受け、小泉純一郎政権はアフガニスタン攻撃の米軍を後方支援するため自衛隊艦船をインド洋に派遣していたが、その根拠法となるテロ特措法がちょうど二〇〇七年十一月に失効することになっていた。インド洋でのこの自衛隊活動を続けようとすれば法改正が必要だが、参院がねじれてしまって改正は壁にぶつかっていた。

二〇〇七年八月八日、小沢は当時の駐日米大使ジョン・トーマス・シーファーを民主党本部に迎え入れて会談、「日本は国連が認める平和維持活動には参加するが、米国を中心とした活動には残念ながら参加できない」と明言した。

筋を通す小沢のこの姿勢に、対米外交を何よりも最優先する安倍もなすすべがなかった。九月二十五日、安倍は体調不良もあって総理大臣の職を辞した。

安倍の後を継いだ福田康夫にとってもテロ特措法の改正問題は喫緊の課題だった。

十月三十日と十一月二日の二回、福田と小沢は会談した。会談の経過は、福田が法改正への協力を請い、小沢が拒絶、続けて福田が小沢の意向を全面的に受け容れて、自衛隊の海外派遣は国連総会の決議などを条件とすることで合意した。

そして話し合いは進み、民主党が政権に参加する大連立構想を積極的に進めるところまで行き着いた。ところが、小沢がこの経過を党に持ち帰り臨時役員会に諮ったところ、猛烈な反対にあった。

選挙に勝って民意による民主党単独の政権交代という民主主義のカタルシスを得るのか、それとも爆発的なカタルシスを失っても政権参加による行政経験の習熟を得るのか。

三年余りの民主党政権の経過を振り返る時、小沢の判断の正しさが浮かび上がってくる。小沢自身は臨時役員会の圧倒的な反対を受けて十一月四日に大連立構想を引っ込めるわけだが、ここで現在の人間がきちんと考えておかなければならないのは、歴史のもうひとつの歩み方を構想していた人間がその時存在していたという事実だ。

自らの力で政権を勝ち取ったという政治的達成感の経験も大事だが、それ以上に、現実的な行政経験を積み、官僚との協力の仕方を覚えることの方が将来の政権運営のためには重要なのではないか。小沢は独りそう考えていた。まさに丸山眞男の言う、いくつかの歴史の歩み方を読み、その中での軽重を比較判断できる能力と言ってもいいだろう。

政治が予算編成権を握るとはどういうことか

三年余りの民主党政権は、自民党側から見た場合、どのように見えるのだろうか。自民党政権と比較して、わかりやすい事例をひとつひいてみよう。

「コンクリートから人という、とんでもない内閣があった。安倍総理大臣は悪夢のようだと言ったが、まさにそのとおりだ」

安倍内閣の国土交通副大臣だった塚田一郎は、二〇一九年四月一日の福岡県知事選の集会でこんな一連の発言をして同五日に副大臣を辞任、その後の参院選改選で落選した。

俗に「安倍麻生道路」と言われる下関北九州道路について、「首相の安倍晋三と副総理の麻生太郎の意思を忖度して、国直轄事業に格上げさせた」と堂々としゃべってしまった。塚田は、「情実予算」であることを後に否定したが、まさに国民の税金の使い道が有力者の意向によって決まってしまう自民党の公共事業予算の有り様をまざまざと国民に印象づけた。

民主党政権の予算案が「コンクリートから人へ」の流れだとしたら、自民党政権のそれはまったく反対の「人からコンクリートへ」の流れであると言える。

安倍首相が「悪夢のような民主党政権」と表現した民主党の政府予算への取り組みはどのようなものだったのだろうか。

二〇〇九年九月、民主党が総選挙に大勝し鳩山由紀夫内閣が成立する文字通りの前夜、私は、民主党議員で厚生労働大臣政務官に就任する山井和則から、突然電話を受けた。

「記事を読みました。生活保護の母子加算は民主党政権で復活させますから」

この年の五月、私は四月に打ち切られていた、一人親世帯に支給する母子加算について北海道小樽市の母子家庭数軒を取材。「ママ、私高校行けないんでしょ」「修学旅行、行かなくてもいい」という、経済面では珍しい見出しをつけて記事にしていた。

取材した母親の一人は高血圧や自律神経失調症などの病気を抱えて生活費を切り詰め、食事はいつも夜だけ、おふろは浴槽に湯を半分だけにして週に二度という生活をしていた。小学校に入学したばかりの娘の机をリサイクルショップで買ったが、娘は高校には行けないものと小さい心で考えていた。

山井は京都大学在学中に母子家庭を手助けするボランティア活動を経験しており、打ち切られた母子加算については心を痛めていた。自民党政権時代、どうにもならなかったこの打ち切りについて、政権獲得後には何とか復活させようと考えていたようだ。その矢先に私の記事が目に留まった。

この母子加算は、民主党政権発足後、山井や長妻昭、川内博史らの努力によってすぐに復活した。記事を書いた私は、国民のための予算ということを真っ先に実感させてもらって大変心強い思いをしたことを覚えているが、これが、安倍や塚田によって「悪夢」とされた「コンクリートから人へ」という民主党の予算政策の第一号だった。

しかし安倍総裁を頂く自民党は、二〇一二年の総選挙でこの生活保護の給付水準を10パーセント引き下げることを堂々と公約に掲げて政権復帰をした。そして公約どおりに、第二次安倍政権は二〇一八年度から、この母子加算を平均20パーセント減額し、さらに生活保護費全体も減額しようとしている。

私はよく記憶しているが、母子加算全体の予算は約二百億円だった。政府予算全体の視点からすればそれほど多額とは言えない額だが、なぜこれほどまでに減額の対象として狙われるのだろうか。

安倍首相は二〇一八年十二月、次期主力戦闘機として、ロッキード・マーチン社製のF35を一〇五機追加購入することを決定した。F35は民主党の野田政権時代に四十二機の購入を決めたが、それがなぜ一気に一〇五機もの大量追加購入決定にいたったのか。米国会計検査院（GAO）から数多くの欠陥を指摘されてきた機種だが、総額一兆二千億円を投じることを閣議了解で決めた。「欠陥機」とも言われるこのF35は一機百億円。つまり、購入を二機節約するだけで生活保護母子加算問題はすべて完全に解決してしまう金額だ。

生活保護費用は全体で約三兆七千億円（平成二十八年）。その内訳を見ると、最大のものは医療扶助で約一兆八千億円。二番目が母子加算を含む生活扶助で約一兆二千億円、次に住宅扶助、介護扶助と続く。つまり、安倍政権は、数多くの欠陥が指摘される戦闘機のために、国民生活保護全体の三分の一、生活扶助費相当分を米国に支払ったと言える。

生活扶助というのは食費などの生活費に充てるもので、その基準額は憲法25条の「健康で文化的な最低限度の生活」を保障するための金額である。

F35自体高額だが、操縦士が被るヘルメットは様々な高機能がついていて一個二千五百万円かかる。母子家庭の平均収入は一八年の調査で二百三十一万円。たとえばこのヘルメット一個の購入をやめるだけで、どれだけの子どもたち、学生たちの学費を支援できることか。母子家庭の娘は高校進学をあきらめなくていいし、母子家庭の高校生は心乱されることなく伸び伸びと修学旅行に参加していい。

さらに、安倍政権は二〇二〇年六月二十四日、国家安全保障会議（NSC）を開いて、陸上配備型迎撃ミサイルシステム、イージス・アショアの配備計画を撤回することを決めた。総額約四千五百億円で、米国側とはすでに千七百八十七億円分を契約、実際に百九十六億円を支払っていた。

計画撤回の理由は、迎撃ミサイル発射の、推進装置「ブースター」を演習場内に落とすためにさらに大幅な改修期間と二千億円もの費用が必要になるということだ。しかし、このことは、配備計画予定地のある秋田、山口両県に対して約束していたことで、十分納得できる説明とはなっていない。

私が専門家から取材した限りでは、真の理由は他にあるようだ。まず、ロシアがマッハ20でレーダー網をかいくぐって飛んでくる極超音速ミサイルを開発、実際に基地配備を決めたことだ。専門家によれば、このミサイルを迎撃する技術は現在地球上には存在しない。ロシアがこのミサイルを中国や北朝鮮に売り、マッハ15レベルに落としたとしてもイージス・アショアでは太刀打ちできないということだ。

そしてもうひとつの理由は、安倍政権が契約を結んだロッキード・マーチン社のレーダー製造技術が劣り、迎撃用のレーダーを開発していないという驚くべきものだ。二〇二〇年六月二十五日発売の「週刊文春」の取材でわかったもので、このことは二〇一九年三月に米国を訪問した防衛技官がすでに報告書を提出していた。ところが、この報告書が提出されていたにもかかわらず、同年十月末、レーダー購入の契約を結んでしまった。

ロッキード・マーチン社が迎撃用のレーダーを開発していなかったという事実は驚くべき契約違反に当たるが、ロシアの極超音速ミサイル開発は防衛省の担当者であれば十分予測できたことであり、ブースターの件はそもそも理由にならないものではないか。

そのように考えれば、すでに契約済みの千七百八十七億円、実際に支払った百九十六億円について、どれだけの金額が返ってくるのか、大きい政治問題となる。

民主党政権発足直後、約二百億円の生活保護母子加算復活のためにかなりの政治労力を必要とした。私も厚生労働省の担当課長らを呼んだ研究会を傍聴していたが、担当課長らは復活の議論に実に渋い表情を浮かべていたことを記憶している。

民主党政権が二百億円の予算復活にこれだけ苦労していたのに比べ、自民党・安倍政権はなぜ、失敗した四千五百億円のイージス・アショア予算や、一兆二千億円ものF35追加購入予算を簡単に決めることができたのか。それは、イージス・アショア予算やF35追加購入予算のバックに控える政治的パワーが、日本政治の中で最大の圧力団体機能を持つ米国だからである。

安倍政権はイージス・アショア予算やF35予算を決めるに際してそれほど大きな政治的決断を下していない。どのような予算が国民の福利と幸福を高めるか、そのような難しい政治的判断を省いて最大の圧力団体にすがっていれば、母子家庭の問題など一顧だにする必要はないし、財務官僚に任せて政府予算は簡単に組める。

反対に、圧力団体的要素などまったくない母子家庭の問題を心に留め、コンクリートのように項目が固まり合っている政府予算の中で予算配分を確保していくためには、政治的決断と少なからぬ努力が必要になる。

ここに大きい典型事例を挙げた安倍政権の米国向け防衛予算とは反対に、本当に政治的判断を必要とする予算編成機能、言葉を換えて言えば、政治による政府予算の取り戻し、これこそが「コンクリートから人へ」という言葉に集約された民主党政権の歴史的使命だった。そして、この予算案編成の太い流れを大本で形作っていたのが民主党幹事長の小沢一郎だった。

民主党が二〇〇九年八月の総選挙に大勝して政権交代を成し遂げ、曲がりなりにも初めて取り組んだ政府予算が二〇一〇年度当初予算案だった。「まえがき」にも書いたが、その予算案では、それまでの自民党予算案を知っている人間には大変驚くべき変化があった。農水省の予算である土地改良予算が前年度に比べてわずか36・9パーセントの二千百二十九億円に減額されたのだ。

この土地改良予算はそのまま農家の水田整備に直結しているために、農家の票を動員しやすい。このため、土地改良の国の補助金は長年自民党候補者を育てるカネと言われており、必要性に疑問符がつけられながらも自民党政権下では削減の対象にはなっていなかった。

小沢はこの土地改良予算をバッサリ削り、代わりに農産物自由化を視野に入れて、新しく導入した農家戸別所得補償制度の財源に回すことにした。

「私は農産物の自由化は賛成なんだ。だけど、ノンルールでただ自由化だけさせてしまうと農家はみんな潰れてしまう。だから、きちんと自給体制を作らないといけないというのは、イギリスの産業革命の歴史からわかっている。イギリスは自給率が相当下がってしまった。だから、自給体制を作るためにはやっぱり最低限の再生産システムを作らなければだめなんだ。土地改良予算をバッサリやったのはただやったわけではない。財務省を説得するためなんだ。こういうことは闇雲に言ったたって通らない。きちんとしたビジョンを持ってきちんとした論理を組み立てれば、財務省は賢明だからちゃんとやるんだよ」

予算案編成をめぐって、政治の側は財務省に対してどう向き合うべきか。小沢のこの言葉は実に含蓄に富んだものだった。

土地改良はすでに歴史的使命を終え、ほとんど自民党候補の農家集票システムの役割としてしか残っていなかった。その半面、農産物の自由化はいずれ日程に上ってこざるをえず、その時のための農家支援策が必要とされていた。

輸入農産物の価格自由化は米国をはじめとする海外からの圧力が年々強まり、農産物価格はどんどん下がっていく。消費者にとっては朗報だが、海外の農業資本に比べて格段に規模の小さい国内農家にとっては死活問題に直結する。そのために、低廉化した農産物価格から受ける農家経済の悪影響を和らげる必要がある。

農家戸別所得補償制度は、その効果を狙った政策だった。コメやムギ、大豆などの主要生産物は、海外からの輸入もの価格を自由化すれば、国産ものの販売価格が下がって生産コストを割ってしまう。その差額を政府が補償すれば、コメ、ムギ、大豆農家は安心して生産を続けることができる。自国の農業を保護して食料自給率を上げていく食料安全保障政策の一環でもある。小沢が言うように、この政策の実現のためには「最低限の再生産システム」構築が必要なのだ。

農業政策をめぐるこの大きい二つの柱を考え、大所を論理立てて財務省に働きかける。この機能こそ、真に政治サイドに求められる働きだろう。首相と副総理の地盤同士を結びつける道路の予算をどうするかというような次元をはるかに超えている。

米国という最大の圧力団体の圧力に押されて決めるようなものでもなく、まさに国内農業の未来を見据えて判断を下すべき重要な政治的決断だ。小沢はこの決断を農水省予算内で下した。この決断も、「きちんとしたビジョンを持ってきちんとした論理を」と小沢が言うように、政治的巧妙さを備えたものと言える。このスクラップ・アンド・ビルドが、例えば農水省と国土交通省との間で行われようとすれば、省庁間のより激しい政治的摩擦を生んだだろう。

最初は一省庁内での予算組み替えでスタートさせ、年度を重ねるごとに省庁間のよりフレクシブルな組み替え作業に移行していく。この方式を続けていくことができていれば、そのような見通しさえ立てることができ、まさに国民経済を眼目に据えた本来的な政治主導の予算編成が発展していく可能性があった。

しかし、政治主導の予算編成と一言で言っても簡単なものではなく、自民党政治を批判して終わりというものではない。小沢自身、この知識と行動力を得るには長年の経験と絶えざる学習が必要だった、と回顧している。

財務省の官僚が小沢の前では沈黙した

民主党が初めて取り組んだ予算案の中で、毀誉褒貶の大きい論議を呼んだのは、土地改良や農家戸別所得補償予算にも増して子ども手当だろう。

十五歳以下の子どもを扶養する保護者などに対して一人当たり月額一万三千円が支給された。実は当初、月額二万六千円を支給すると民主党のマニフェストで謳っていたが、財源不足を批判されて半分に減額した経緯がある。

この二万六千円という額について、報道などでは小沢の一言で決まったというように伝えられている。

しかし、私のインタビューに答えた小沢の言葉は驚くべきものだった。

「本当は、私は三万円て言ったんだ」

小沢の説明によれば、当時フランスは円換算で大体三万円支給し、このおかげで出生率が回復したという。

「財源は実はいくらでもあるんだ。財源がないとマスコミが言うのはいいけど、政治家が言うのはだめなんだ。いま自民党政権はどんどん使っているだろう。お金は天下の回りものという面がある。だから、お金は特別会計に入ってしまって相当眠っているだろう。私がそういうことを知っているものだから、財務省の役人は私の前ではお金がありませんとか絶対に言わない。いま日銀の実質的な国債買い入れをやっているが、政府というのはそういうことまでできるんだ」

特別会計は、元財務相の故塩川正十郎が「母屋でおかゆをすすりながら、離れではすき焼きを食っている」とわかりやすく皮肉ったことで有名になった。つまり、各省庁が表向きぶんどり合戦を演じている一般会計予算は「おかゆ」をすするほどの窮迫状態にあるが、官僚の隠しポケットと言われる特別会計ではいつも「すき焼き」が振る舞われているというブラックジョークだ。そして、特別会計全体の実態はよくわからない。

財務省の資料（令和二年度予算）から説明すれば、一般会計予算が一〇三兆円規模であるのに対して、ほとんど実質審議のない十三の特別会計予算は総額三百九十一兆八千億円。しかし、このうち十三ある特別会計間のやりとりや一般会計との入り繰りなどを入れて差し引きした純粋な合計額（ネット）は百九十六兆八千億円となる。

つまり、ざっとした勘定で言えば、毎年与野党間で大きい政治問題となる一般会計予算が百兆円規模なのに対し、政治の場でまったく議論にも上らない特別会計予算がネットで一般会計の二倍の約二百兆円、単純合計であればざっと四倍の約四百兆円にも上るということだ（31頁・図1参照）。

実を言えば、国会で議論が交わされる一般会計でさえ実態がわからない部分がある。政府事業を自ら請け負い、政府予算に詳しい事業者から私が聞いたところでは、一般会計の継続事業であれば、予算項目の看板だけ付け替えてその分の予算をいただいてしまうケースがあるという。こんな実態を語ることのできる国会議員は恐らく皆無だろう。ましてや実質審議のない特別会計予算に至っては、ほとんど「闇の中」と言っていい。

この特別会計は、各省庁ではどのように使われているのか。たとえば各省庁の先にぶら下がる特殊法人は現在三十三法人ある（33頁・図2参照）。かつてはいわゆる三公社五現業や日本道路公団などもっと多かった。

そして、この特殊法人の先に何千とも言われるファミリー企業がぶら下がっている。これらの膨大なファミリー企業群は、最終的に次官を目指す出世競争に敗れて各省庁を去っていく官僚たちを吸収する天下り先となっている。

天下り先を確保するこのファミリー企業群は、当然ながら民間企業のような高い生産性は求められていないが、生き残りのためにどこからか資金を吸い取って来なければならない。特別会計資金はこの天下りネットワークを養うために使われているのではないか。官僚の棲息する霞が関、ファミリー企業が集住する虎ノ門界隈をウオッチするジャーナリストたちの間ではそう見られている。

「お金は特別会計に入ってしまって相当眠っているだろう。私がそういうことを知っているものだから、財務省の役人は私の前ではお金がありませんとか絶対に言わない」

そう話す小沢一郎は、特別会計の実態について相当に精通していると見られる。その小沢が「財源は実はいくらでもあるんだ」と言う時、財務省をはじめとする霞が関の官僚群にとってはかなり脅威を感じさせられたことだろう。

小沢がもう一つ指摘した日銀の国債買い入れというのは、簡単に言えば政府の借金の証文を日銀がそのまま引き受けるもので、健全財政を眼目にした財政法の明確な違反事項だ。しかし、日銀は金融緩和を名目に国債市場から少しでも流通したものを買い上げているから何とか同法違反を免れている状態だ。

特別会計と日銀の国債買い入れに共通するのは、お金が大量に渦巻いている世界ではあるが、政治の手がなかなか届きにくいという側面だ。

しかし、小沢はこの側面のことも理解している。財務省の官僚が小沢の前では沈黙を守るのはこのためだ。

このことを十分に理解している小沢が、「子ども手当三万円」を打ち出していた。

確かに小沢の言うように、日銀の国債引き受けはともかく、特別会計の「闇」の部分については日本のジャーナリズムはまだほとんど解明していないと言っていいのではないだろうか。国会議員といえども十分に理解している人はまれだろう。このため、子ども手当についても、当初小沢の言った三万円から二万六千円、さらには一万三千円まで減額されて実施された。

減額に際しては小沢は格別の抵抗をしたわけでもなく、特別会計の「闇」の部分について体系立った解明を試みたわけでもない。このため、小沢に対して「説明が不足している」という批判がしばしば現れることがある。

図１「特別会計」は「一般会計」の約４倍ある

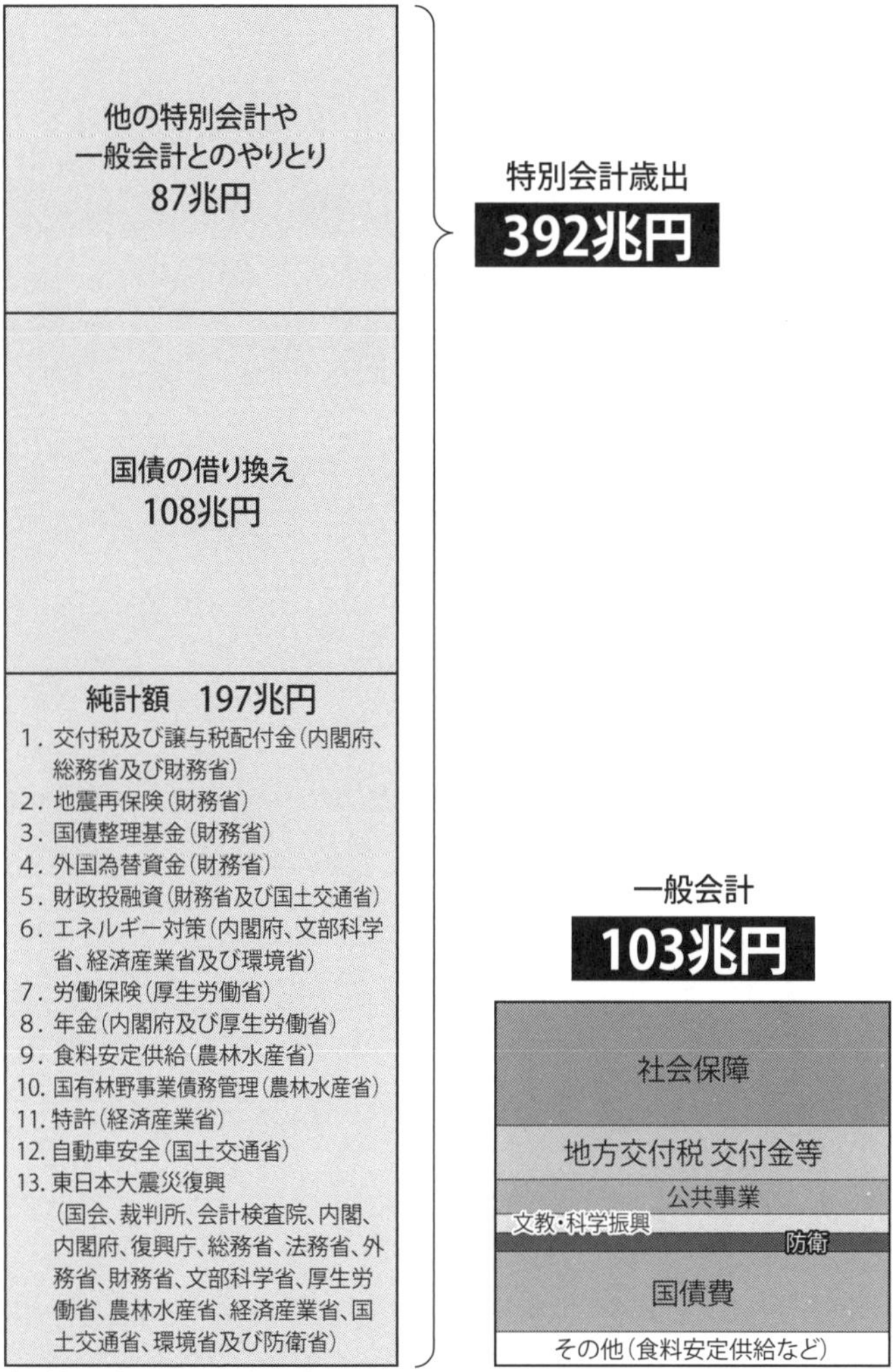

注：金額は、すべて兆円未満を四捨五入した
出典：財務省「令和2年度予算」など
（https://www.mof.go.jp/budget/budger_workflow/budget/fy2020/fy2020.html#seihuan）

二十代で田中角栄に弟子入りし、自民党幹事長という日本の中枢の奥にまで全精力を費やして上り詰めた小沢に対して、体得した日本政治の奥義について「わかりやすく説明を」と求めても、そこには次元を異にする断層が自ずから横たわっているのではないか。私はそう想像する。職人技を極めた名人に弟子筋が「説明を」と求めても一顧だにされない姿と似ているかもしれない。

しかし、現代政治の世界では可能な限り「職人技」に頼らず、説明責任も常について回る。このため民主党政権は、首相直属の国家戦略局を新設し、「官民の優秀な人材を結集して、新時代の国家ビジョンを創り、政治主導で予算の骨格を策定する」（民主党マニフェスト）ことにした。

鳩山内閣が成立した二日後の二〇〇九年九月十八日、首相の鳩山由紀夫を真ん中に挟んで、左側に行政刷新担当相の仙谷由人、右側に国家戦略担当相の菅直人の三人が記念写真に納まっている。それぞれの事務局の看板を新しく掲げた除幕式だ。国家戦略局の目的はマニフェスト通り「政治主導で予算の骨格を策定する」ことで、新法によって設置するまで暫定的に内閣官房に国家戦略室を置くことにした。

副総理に就いた菅はその担当相だったが、この国家戦略局を構想した人物は、実は菅ではなかった。「我々とすれば政治主導というものを作り上げていきたいと思っていました。その政治主導を作り上げるには、官僚の仕組みを最もよくわかっている人間でなければならない。しかも、その官僚のシステムを変えていかなければならないという思いを持っている元官僚がいました」

私のインタビューに対してこう振り返った鳩山は、この国家戦略局構想を描いた元参院議員の松井孝治について、「彼は緻密な頭脳を持っていたから、私は全面的に信頼していました」と語っていた。

松井孝治は、京都の老舗旅館の次男として生まれ、東大在学中に国家公務員上級職試験にトップで合格した。この同じ時期に、高度経済成長を推進した通産（現経産）官僚の苦闘を描いた城山三郎の小説『官僚たちの夏』を読み、通産省入省を決めた。

通産省入省後は基礎産業局を振り出しに産業政策局、通商政策局を歩き、米国に留学。その後内閣官房に出向し、首相の橋本龍太郎が主導した「橋本行革」に携わった。

図2　特殊法人（所管府庁）

1. 沖縄振興開発金融公庫（内閣府）
2. 沖縄科学技術大学院大学学園（〃）
3. 日本電信電話株式会社（総務省）
4. 東日本電信電話株式会社（〃）
5. 西日本電信電話株式会社（〃）
6. 日本放送協会（〃）
7. 日本郵政株式会社（〃）
8. 日本郵便株式会社（〃）
9. 日本たばこ産業株式会社（財務省）
10. 株式会社日本政策金融公庫（〃）
11. 株式会社日本政策投資銀行（〃）
12. 輸出入・港湾関連情報処理センター株式会社（〃）
13. 株式会社国際協力銀行（〃）
14. 日本私立学校振興・共済事業団（文部科学省）
15. 放送大学学園（〃）
16. 日本年金機構（厚生労働省）
17. 日本中央競馬会（農林水産省）
18. 日本アルコール産業株式会社（経済産業省）
19. 株式会社商工組合中央金庫（〃）
20. 株式会社日本貿易保険（〃）
21. 新関西国際空港株式会社（国土交通省）
22. 北海道旅客鉄道株式会社（〃）
23. 四国旅客鉄道株式会社（〃）
24. 日本貨物鉄道株式会社（〃）
25. 東京地下鉄株式会社（〃）
26. 成田国際空港株式会社（〃）
27. 東日本高速道路株式会社（〃）
28. 中日本高速道路株式会社（〃）
29. 西日本高速道路株式会社（〃）
30. 首都高速道路株式会社（〃）
31. 阪神高速道路株式会社（〃）
32. 本州四国連絡高速道路株式会社（〃）
33. 中間貯蔵・環境安全事業株式会社（環境省）

33ある特殊法人の先に何千とも言われるファミリー企業がある

注：令和２年４月１日現在。
複数の府省が共管する場合は、主な所管府省のみ掲げた。
参考資料：「特殊法人一覧」
（総務省https://www.soumu.go.jp/main_sosiki/gyoukan/kanri/satei2_02.html）

橋本行革は、それまでの一府二十一省庁を一府十二省庁に削減する省庁再編などをはじめとした行政改革だが、松井はこれにかなり深く関わっている。

一九九六年九月十一日、橋本は東京・内幸町にあるプレスセンタービルで日本記者クラブ主催の講演会に臨み、この構想を初めて口にした。この草稿を書いた人物が松井だった。当時、省庁再編を軸とする行革は人の口の端に上り始め、松井は首相秘書官とも相談の上で再編の考え方をまとめてみた。この講演は、首相が初めて構想を明らかにしたということでかなり話題になった。

講演では、省庁半減や首相官邸機能の強化、さらには予算編成機能や国家公務員人事の機能を首相官邸の下に中枢機能として置けないか、といったことまで触れていた。

「私は、予算編成を担当する国家戦略局と内閣人事局が車の両輪だと思っていて、もちろんすべてを総理がやるわけにはいきませんが、やっぱり枢要なところ、財政的資源配分と人事的資源配分の権限を司令塔の官邸が持つということが非常に大事だと考えていました。官の縦割り行政の弊害を是正するためにも、国が向かうべき方向性について首相が戦略的にリーダーシップを取るためにも必要だと考えます。そこが日本の政治で、根っことして一番大事だと思っていたものですから」

その後の歴史の経過を見ると、松井が橋本行革の車の両輪として考えていた国家戦略局は名前を変えて経済財政諮問会議となり、小泉内閣で小泉純一郎と経済財政担当相の竹中平蔵が十分に活用していく。一方の内閣人事局は名前は変わらなかったが、松井が考えていたものとはまるで異なる方向で安倍内閣が十二分に活用していった。

私がここで「十二分に」と書いたのはもちろん相当にアイロニカルな意味合いを込めたもので、念のために記しておけば、松井たちが考えていた趣旨とは百八十度異なる方向に捻じ曲げてしまったという意味だ。

そして、鳩山内閣時の国家戦略局はどういう道筋をたどったか。

担当相には菅直人が就任した。しかし、この菅直人や松井孝治をはじめ、鳩山由紀夫や小沢一郎、岡田克也ら主要な関係者の国家戦略局に寄せる構想、イメージはほとんど重ならなかった。そして、歴史のディスプレーの上にはっきりしたイメージを映し出さないまま構想の名前だけを残してついに消えていった。

国家戦略局は合成の誤謬に沈む

民主党が政権を取る三年余り前の二〇〇六年四月七日、小沢一郎が同党元代表だった菅直人を代表選で破り、新代表に就いた。小沢は選挙後、菅を代表代行に指名し、幹事長だった鳩山由紀夫とともに民主党の「トロイカ体制」を形成した。揃ってよく写真に納まり、民主党のテレビCMでも「共演」したトロイカは古い自民党政治を打ち破る清新さを国民に感じさせた。

実際、この清新さを裏付ける「志」は三人に共通していた。三人の著書や対談記録などを読み込み、それぞれにロングインタビューした経験を持つ私は、そう考えている。しかし、その後トロイカは崩れて「志」は空回りし、清新さに対する国民の期待は萎えていった。

学生時代から現実的な政治改革を志していた菅直人は、イデオロギーに囚われない学生運動に携わっていた。一九七〇年に東工大を卒業、七二年には市川房枝や青木茂らを招いて土地問題の討論集会を開いている。その後、市川らが代表幹事を務める「理想選挙推進市民の会」から誘われて選挙運動を手伝った。七四年には、政界からの引退宣言をしていた市川を担いで参院選に立候補させ、菅自身は選挙事務長として選挙運動を取り仕切り、市川を当選させた。

一九八〇年代後半、私自身、大蔵省（現財務省）記者クラブに所属していたため、国会近くにある国会記者会館で審議記録をメモに取る仕事の手伝いをしていたが、衆議院議員三期目の菅が委員会で土地問題を詳細に論議していたことを記憶している。「地道によく勉強している。人気先行の人ではないな」という印象を抱いた。

菅が国民的な政治家として広く認識されるようになったのは、一九九六年一月二十六日、自社さ政権、橋本龍太郎内閣の厚生大臣として薬害エイズ事件に取り組み、それまで存在を否定されていた厚生省内の同省エイズ研究班ファイルを発見した時からだろう。事件を省内の処理のみに終わらせず国民の前に引き出した。同年二月十六日、被害に遭った原告団に率直に謝罪した菅の姿は、国民に開かれた政治の可能性を感じさせた。それまでの自民党政治ではほとんど見られなかった姿だった。

二〇一一年、未曾有の大震災が東日本を襲った3・11の時、首相の菅直人が記者会見で見せた落ち着きと、福島第一原子力発電所が最大の危機を迎えた三月十五日未明に「撤退」を強く示唆した東京電力に果敢に乗り込み、「撤退はありえない」と東電幹部を面前で叱咤したことは記憶すべきことだろう。

福島第一原発事故をめぐる菅の対応は毀誉褒貶に満ちている。しかし、チェルノブイリ級の過酷事故に遭遇した政権は菅の民主党内閣しか存在しない。また、平時の後講釈ならいくらでもできるが、国民全員の生活と安全がかかったような衝撃的な大事故を前にして、菅は逃げることなく、悪戦苦闘

菅直人氏。学生時代から市民運動にかかわり、政治への市民参加の実現を目指してきた。厚生相の経験を踏まえて、1996年12月の衆院予算委員会では英国モデルの政治主導予算編成について見解を披露したが、民主党政権で生かされることはなかった

しながら粘り強く対応を続けたことは事実だ。SPEEDI（緊急時迅速放射能影響予測システム）対応の拙さなど批判すべき点もあるが、私は率直に評価すべきだと思う。

原発事故への対応もさることながら政治家としての菅自身についても毀誉褒貶がある。もちろん、どの世界でもハードワークを続ける人間には不評と好評、敵と味方がつきまとうものだが、菅も例外ではない。首相になる前、菅と付き合いの長い法政大学教授の山口二郎は、政治家としての菅について、「いい意味で上昇志向が強い。これは政治家としては悪い資質ではない」という評価をしていた。山口に改めて確認したが、この評価は現在も変わっていない。

しかし、この「上昇志向」は一般的にはしばしば裏目に出る。

一九七四年の参院選で市川房枝を当選させた後、七六年十二月の衆院選に三十歳で初め

て立候補したが、「上昇志向」のなせる業か誤解が幾重にも絡んだものか、落選したうえに、市川との間に後味の悪い関係を残した。

「菅氏は昨年（一九七六年）十二月五日の衆議院選挙の際、東京都第七区から無所属候補として立候補した。この時は立候補を内定してから私に応援を求めて来た」

市川房枝は毎年一回発行していた「私の国会報告」一九七七年版で、菅の初立候補の事情についてこう記している。

「ところが選挙が始まると、私の名をいたる所で使い、私の選挙の際カンパをくれた人たちの名簿を持っていたらしく、その人達にカンパや選挙運動への協力を要請強要したらしく、私が主張し、実践してきた理想選挙と大分異っていた。（略）彼の大成のために惜しむ次第である」（以上『復刻　私の国会報告』市川房枝記念会出版部）

もちろん、菅はその後民主党を率いて小沢や鳩山らと政権交代を成し遂げ、大成した。しかし、政権交代直後、国家予算を国民・政治の側に取り戻す大役を担った国家戦略担当大臣となったにもかかわらず、その大役を果たしきれなかった。国家戦略局はその後、設置法案である政治主導確立法案が成立せず、現実にその姿を見せることなく消えていった。

国家戦略局はなぜここで失敗してしまったのだろうか。

このことに関しては、私には特別な記憶がある。

一九九八年初夏、その時所属していた「ＡＥＲＡ」で金融取材を続けていた私に一本の電話がかかってきた。

仙谷由人氏。東大時代は全共闘の学生運動家。弁護士を経て日本社会党の国会議員となった。鳩山政権時には行政刷新担当大臣や国家戦略担当大臣（追加兼務）など、菅政権時には内閣官房長官として政界実力者と見なされるようになった

「金融国会が始まる。あなたの記事はずっと読んでいるが、ぜひ力を貸してもらえないだろうか」

低い声のトーンでこう話しかけてきたのは当時民主党幹事長代理を務めていた仙谷由人だった。仙谷は前年に幹事長代理に転じるまで党政策調査会長の職にあり、党内でも有数の政策通と言われていた。その仙谷が私にストレートに電話をかけてきて協力を請うた。

東京・永田町にある衆議院議員会館ビルはまだ改築前だった。地下の古い会議室のドアを開くと中高年の男性三人がまるで面接官のように並んで座り、私を待っていた。

真正面に座っていたのが仙谷。正面に座った私から見て左側には当時民主党議員の横路孝弘がいた。若いころは「社会党のプリンス」と呼ばれ、衆院議員から北海道知事に転じ三期連続当選、その後一九九六年

の総選挙で民主党から立候補、国政復帰を果たしていた。

そして仙谷の右側にはやはり民主党議員の熊谷弘がいた。旧通商産業省の官僚出身で、自民党議員になってからは小沢一郎率いる改革フォーラム21に参加、小沢たちとともに自民党を離党した。その後、細川護熙《もりひろ》内閣の通産大臣、羽田孜《つとむ》内閣の内閣官房長官を務め、小沢から離れて後は小党を渡り歩いて、この時民主党にいた。

通称「金融国会」と呼ばれる一九九八年七月からの第１４３国会は、自民党が民主党などの金融再生法案を丸呑みした臨時国会だった。民主党からすれば直前の参議院選挙で自民党を単独過半数割れに追い込んでおり、金融国会は政権交代も視野に入れた絶好の機会だった。仙谷が私に電話をかけてきたのは、自民党を追い込むための協力要請が目的だった。

私は、自分の内部でただひとつだけ協力の条件を設けた。大蔵省（現財務省）から金融部局を外して日銀の独立性を高めるという民主党の大蔵省分割方針を最後まで貫くことだった。

「やり抜くことを約束しますか」

私は三人の「面接官」の中央の椅子に座っていた仙谷に質問した。

「財政金融分割の方針は問題ないだろう。それはやり抜きますよ」

左右を見渡して二言三言相談した仙谷は、分割方針を貫くことを約束した。

私はこの一連の協力作業を通じて仙谷と特に親しくなり、特別に代表の菅直人に三回ほど長い時間を取ってもらった。会見の目的はただひとつ、手を伸ばせば届く政権の準備のためにその構想を十分に練っておくべきだと進言することだった。

財政と金融の分離はまず手に入れた。次の一手として旧大蔵省の財政機能にも政治的なメスを入れ、予算編成機能を政治の手に取り戻すことが最優先課題だと私は考えた。

そのころ同じ問題意識で知り合い、教えも受けた当時北海道大学教授の山口二郎（現法政大学教授）や当時大阪市立大学教授の真渕勝（現京都大学名誉教授）など、旧大蔵省の強すぎる予算編成機能を問題視する研究が少なからず出ていた。

私はそれらの研究結果も踏まえながら、予算編成機能を政権党に取り戻し、そのことを突破口に政策を国民本位に据える政権構想を急遽構築すべきだと説いた。

菅直人はそのころ、二年前の一九九六年に自社さ政権の厚生相として薬害エイズ事件の真相究明に挺身し、そのさわやかな風貌とあいまって国民的人気を集めていた。私自身、菅に期待を高め、それゆえの政権構想構築の提案をしたわけだが、菅は最後までその提案に乗らなかった。

「大蔵省の問題は十本問題があるうちの一本に過ぎません」

菅直人の言葉はいまだに耳朶に響いている。単に人気政治家の言葉だから記憶しているのではない。その十一年後、政権交代を果たした後の民主党政権の要、国家戦略担当相に就任した時、予算編成権を政権党に取り戻す運命的な司令塔役が回ってきたからだ。

菅直人は「大蔵省問題」を重く見ていなかった。その菅を国家戦略担当大臣に据えた人事は、当初から宿命的な失敗を胚胎させていた。私はそう考える。

「国家戦略局」。その強いネーミングは、国政を担う国会議員の間に様々な思いを抱かせる。抱くイメージは、その議員が「国家」という概念に孕ませる定義の数だけあるかもしれない。

まず首相の鳩山由紀夫、それから国家戦略局構想を練った松井孝治のイメージ、考えを比較してみよう。松井はもちろん、国家予算の大所の編成機能を国民・政治の側に取り戻すことを第一に考えていた。しかし、松井に構想を練ることを命じた鳩山はもう少し別のところに重心を置いて考えていた。

「私は仕組みよりも、何を目的とするかというところを強調したかった。何でも官僚に任せてきたものから、この国家戦略局で政策の大きな柱をきちっと作り上げていこうと思いました。そこには当然、外交戦略がトップクラスに入ってくるということを想像して、またそうなるべきだと考えました。外交の大きな戦略こそここで開くのだと思っていました。国内の予算の話だけだったらまったく意味がないとは言いませんが、本当の意味でこの国のあるべき姿を作ることはできない、と考えていました」

鳩山のこの回想は考えようによっては深刻だ。松井自身も外交問題が国家戦略局に入ってくることは予想していたが、あくまで重心は予算・財政にあった。構想作成を命じた側と命じられた側が異なるところに重心を置いていたという事態は明らかに調整不足を露呈していると言える。鳩山自身、調整が不足していたことは率直に認めている。三カ月余り前に代表になったばかりで時間が足りなかったことは事実だが、関係幹部は徹夜を続けてでも徹底的に話し合っておくべきだったろう。

鳩山が国家戦略局に外交問題を入れ込む考えを持っていたために、今度は外相に就いた岡田克也とぶつかった。岡田は、外交はあくまで外務省に一元化してほしいと要望した。

そして、国家戦略局をめぐる最も深刻な断層は、構想を練った松井と、担当大臣となった菅の間に走っていた。その違いを一言で言えば、松井の描いていた構想では国家戦略局は国家予算編成の司令塔、菅が考えていたイメージでは国家予算を編成する際のブレーン、アドバイザー役といったところだった。

この問題で私と会見した菅は、現在とは異なる政治情勢の時だったが野党間の協力関係に気を使い、「取材を受けたわけではない」と断りながら言葉少なに話した。

「国家戦略局長と党の政調会長が兼務で閣内に入っていく。そして党の政調会が引っ張って政策を決めていく。そう決まっていたのだが、実際は政調会をなくされてしまった。だから、私は整合性も考慮して、ポリシー・ユニットということを考えました。国家戦略局で予算を考えようなんて簡単にできるわけがないんです」

「ポリシー・ユニット」というのは、英国のサッチャー、ブレア両政権時代に多用された政権のブレーン役で、政治の側が官僚に対抗する上で重要な役割を果たした。菅は政権発足前の二〇〇九年六月六日から十一日まで、議員の古川元久とともに英国を訪れ、数多くの英国議会関係者に面会しインタビューを重ねている。

その後、政権発足後の二〇〇九年九月二十日から二十五日にかけて、今度は小沢が議員の樋高剛《たけし》とともに英国を訪ね、国会審議や選挙運動などを取材している。

両方の調査団に随行した当時の民主党選挙対策委員会副部長、鈴木賢一によれば、英国政治に詳しい議員は民主党の中では小沢と菅の二人だった。このため、菅と小沢はどちらかと言えばポリシー・ユニット的なものをイメージし、松井と鳩山は国家戦略局的な司令塔構想を考えていたという。

鈴木によれば、司令塔としての国家戦略局は内閣との二重権力を生むのではないか、とも心配されていた。早い話が、予算や外交などの重要案件に国家戦略局長が差配を振るっていたのでは首相の仕事がなくなるということだ。菅や岡田はその事態を明確に意識しており、小沢も心配していた。しかし、そのあたりは松井もしっかり考え抜いていた。

「ぼくらは歴代内閣を見ているのですが、実際は総理が自分で予算を編成するなんていう時間はないんですよ。結局は財務大臣に頼んで、各省と財務省が調整するということになる。だから、そこは総理が自分の側近を使ってでも自分でやるというようにしないとなかなかブレイクスルーできないんです。しかし、菅さんはそう判断しなかった。それで菅さんが財務大臣になるとますます国家戦略局で予算を作るという雰囲気が遠ざかっていってしまったのです」

松井はいくつかの官庁と話をつけていて、国家戦略局を動かすための人材まで準備していた。将来の次官を嘱望されていたエース級の官僚三人に目星をつけ待機してもらっていたが、国民・政治の手による予算編成の夢はついに現実のものとはならなかった。

裏の国家戦略局長が現れ、与党・政府一体化の政治システムが現出した

民主党・鳩山政権の時間不足か準備不足、あるいは合成の誤謬《ごびゅう》によって、最大の目玉、国家戦略局が歴史の芥の中に沈んでいく一方で、人知れず力をつけ歴史の表舞台にせり上がってくる部局があった。民主党の幹事長室だった。中心で辣腕を振るっていたのが小沢一郎だった。

東京・永田町と霞が関は日本の政治と行政が集約された場所である。国民のお金をどうやって集め、どういうところに使うかを最終的に決める年末になると、この国の政治の姿を赤裸々に眺めることができる。「橋を架けてほしい」「道路を通してほしい」という地方からの陳情団が、自民党の政務調査会を中心に各業界に顔の利く「大物」族議員の事務所、財務省主計局や各省庁の担当部局にゾロゾロと名刺を配って歩く。

民主党が政権を取るまでは、この前近代的な眺めが毎年末の恒例だった。自民党税制調査会では、免税扱いとなる租税特別措置を受けるために各業界の担当者が押しかけ、税調の開かれている部屋に「壁耳」を連ねる姿が見られた。

自民党幹事長まで上り詰めた小沢はこのあたりの事情は知悉《ちしつ》しており、小沢によれば、部屋の中の勢いのいいセリフはすべて官僚が書いたものだという。つまり、最初からシナリオが決まっている出来レースだということだ。

民主党が政権を取った二〇〇九年、小沢はまずこの陳情方法をガラリと変えた。それまでは政務調査会（民主党は政策調査会）の議員や各省庁にバラバラに陳情していたが、党幹事長室と各都道府県連一本に切り替えた。

地方から陳情に来る場合、国会内の民主党幹事長室に陳情書を持って来させたが、個別案件としては受け付けなかった。議員の高嶋良充や細野豪志らが中心になり、陳情を受け付けて道路や河川、農業などの項目に分類していった。

小沢は政策調査会を廃止した。菅は政調廃止に憤ったが、「政府与党一元化」を考える松井は歓迎した。政策を考える与党議員は大臣にならなくとも副大臣や政務官などの形で政府に入り、政策実現に尽力すべきだった。政調が存在し、与党議員がそこに入っていれば、勢い余計な陳情を受けて族議員化しやすい。小沢はその危険を事前に排除した。

「自民党がずっと一党でやってきたわけですから、政調というのは自民党と政府役人の掛け合い漫才をするための舞台だったんです。党がこれだけ頑張って予算を取ったというような話のための役割だったんです。与党と政府は本来は一体なんだから、政調は議論の余地なく要らないものなんです。みんな政府でやればいいんで、イギリスではそんなものはありません」

小沢が民主党からいなくなった後、政調は復活してしまったが、小沢の説明は明快そのもので誤解の余地がない。

当時、小沢は幹事長室に陳情を集め、党権力を一身に集中させようとしているという批判にならぬ批判が見られたが、まったく的外れの議論だった。明快な論理に基づいて政調をなくした後、事務的に陳情を受け付けるのは幹事長室しかない。そして与党から政調をなくしたために族議員の成長を阻むことができた。

しかし、この後、小沢が中心に座る幹事長室は確かに力を充実させ、驚くような役割を演じることになる。その考察は国家戦略局という制度論を論じる時に、その場所には一体誰がいたのかという「人間の要素」が実に重要なポイントとなることを痛感させる。


歴史の時間に退化ということはあるのだろうか。常識的に考えれば政治制度の歴史は少しずつ進化していくと考えられるが、民主党政権以後の自民党政治のありようを観察する限り退化という事態もありそうである。時代を象徴する固有名詞で言えば、小沢一郎と菅直人の時代から安倍晋三の時代へ、という鋭角的な下降線は思い描いてみる必要がある。

ある種の深海魚や真っ暗闇の洞窟に棲息する魚などは目が退化して存在しなくなっている。同じように、民主党政権までは議論され考究されてきた政治的論題が、第二次安倍政権になってからはほぼ完全に議論のテーブルに乗らず、その論題自体が忘れ去られてしまった。そのために日本の政治を見る大切な「目」がひとつ退化してしまって、日本政治という寂しい魚はいまや真っ暗闇の洞窟の中をあてもなく泳いでいるだけである。

その退化した「目」というのは、「政」と「官」の関係を見極め、正しい位置関係に置き直していくという視角だ。

小沢一郎と菅直人の時代、この「目」は爛々と輝き、日本の政治を語る人間は政治構造改革の視角を大なり小なり構えていた。

しかし、安倍晋三の時代にはこのような「目」は失われ、人々の口の端に上るのは、政治問題としては、はるかに原初的な立憲主義の危機や情実予算、情実人事、事件にまで発展した閣僚のスキャンダル、あるいは前近代的なヘイト感情に溢れた「嫌韓、嫌中」といったようなことだ。日本政治を語る視角としては何とも情けないほどの退化、下降と言える。

このように退化する以前の日本政治は、明治以来のこの国の最重要の政治課題である「政」と「官」のあるべき関係を考察し模索を続けてきた。しかし、その中でもこの問題を本格的に世に問い、現実に実践し続けてきた政治家は小沢一郎ひとりだろう。

一九九三年五月、小沢は一冊の本を講談社から出版した。日本政治に関する小沢の考えをまとめたこの著作、『日本改造計画』はたちまちベストセラーとなり、最終的には七十万部を突破した。現役政治家の著書としてはほとんど最大の売れ行きとなった。

この著書を出すために、北岡伸一や御厨《みくりや》貴ら当時新進気鋭の政治経済学者ら十人ほどを集め、一、二週間に一回勉強会を開いた。会合は六十回ほどにも及び、国内政策や外交、経済政策について小沢との間で議論を詰めていった。

それぞれの政策については小沢の考えを踏まえた上で気鋭の学者たちが執筆していったが、小沢自身が執筆を他に譲らない箇所があった。目次からその大きな項目を挙げると、「首相官邸の機能を強化」「与党と内閣の一体化」「なぜ小選挙区制がいいか」という三つだった。まさに政官関係と、政治改革の中核となった小選挙区制だった。

小沢はまず第一に首相のリーダーシップを強化すべきことを考え、そのために首相補佐官や内閣審議室の改革を提案した。次に、与党と内閣を一体化させ首相を支えることを考える。省庁ごとに二、三人の政務次官と四~六人の政務審議官ポストをつくり与党議員を割り振る。この時に党の政策担当機関を内閣の下に編成し直し、閣僚を含めて百六十人ほどの与党議員が政府に入っていく。

また与党幹事長を閣僚にして、内閣と与党をトップレベルで一体化させる。それぞれの省庁の方針は政治家チームが官僚の助言を受けながら決定していく。さらに、特定の問題については関係閣僚による閣僚懇談会を設け、実のある議論を進めていく。

小沢が政治改革のモデルとして考えていたのは、議院内閣制の長い歴史を持つイギリスだった。選挙制度についても、イギリスのような二大政党制に移行しやすい小選挙区制を第一に考え、中選挙区制からの急激な変化を避けるために比例代表制的な要素を加えた小選挙区比例代表並立制の採用を次善の策として考えていた。

『日本改造計画』から要点を書き出してみると、紆余曲折はありながらも、日本の政治制度はほとんど小沢が思い描いていた線をなぞって進化してきた感がある。

政治改革のモデルとして、なぜイギリスに範を取ったのだろうか。私の質問に対して、小沢は、「英国の議会制度を模範とすべきだという意識はずっと持っています」と説明した。

『日本改造計画』が出た一九九三年五月、当時北海道大学助教授だった山口二郎・現法政大学教授が岩波新書から『政治改革』という本を出している。やはりイギリスの議院内閣制に範を取り、「議会の多数派のもとで立法権と行政権の二つの権力が融合するところに議院内閣制の特徴がある。議院内閣制は権力分立よりも権力融合という帰結をもたらすことが重要な教訓である」と考え方を説明している。小沢と同様、与党と内閣の一体化、あるいは立法権と行政権の融合ということだ。奇しくもまったく同じタイミングで同趣旨の政治改革の議論を提示している。

そして、政治改革の土壌からはもうひとり特筆すべき人物が自らを養っていった。

菅直人は東工大に在籍する学生時代、マルクス主義とは距離を置いた学生運動に携わっていたが、大学卒業の前後を通じて市民運動に参加、政治学者で法政大学教授だった故松下圭一らを招いて勉強会を開いていた。松下は『市民自治の憲法理論』や『シビル・ミニマムの思想』などの著書があるが、イギリスの議院内閣制についても研究を進め、正確な知識を持っていた。

岩波書店が発行する総合月刊誌「世界」の一九九七年八月号に「行政権とは何か」と題する鼎談が掲載されている。鼎談者は菅と松下、五十嵐敬喜《たかよし》・法政大学教授の三人だ。

鼎談の中で、松下は、「戦前型」の行政権中心の三権分立と、「イギリス型」の国民主権を眼目にした三権分立のちがいをわかりやすく説明している。簡単に言えば、戦前型は国会と内閣と裁判所を羊羹のように三つに切り、お互いに干渉し合わないようにさせるという考え方。松下によれば、これは現在の官僚も囚われている「講壇法学」あるいは「官僚法学」だ。

一方、イギリス型の三権分立というのは、国民が選んだ国会議員が内閣をつくり、この内閣が行政すべてを支配するという形になる。つまり、山口二郎が説明していた「立法権と行政権の融合」、小沢一郎が主張していた「与党と内閣の一体化」だ。松下も、山口や小沢も「官僚法学」にだまされず、本来の議院内閣制をきちんと思考していた。

松下のこの考え方になじんでいた菅直人は一九九六年一月、橋本龍太郎内閣の厚生大臣に就任するとほぼ同時に「官僚法学」との闘いを始めざるをえなかった。当時大きな問題となっていた薬害エイズ事件について省内に調査委員会をつくろうとしたが、厚生官僚たちは「前例がない」と言って同意しなかった。その時の言い訳として「知りたいことがあるのなら、大臣には何でも教えますから」ということまで言われた。

そんなエピソードが菅の著書『大臣』(岩波新書)に書かれている。つまり、大臣はたまたま行政側に入ってきたお飾り的存在、だから特別の好意であなたにだけは教えてあげますよ、という感覚がこの時の厚生官僚のものなのだ。

薬害エイズ事件の経験を振り返ったこの著書では、大臣として官庁に入った議員はまさに孤独なお飾り的存在でしかなく、力を発揮できない事情が説明されている。

この事件では、現在の枝野幸男・立憲民主党代表が若手議員として菅の片腕となり厚生省の追及に力のあったことが記されている。枝野のような副大臣や政務次官など政治家チーム十人くらいが大臣の周りに帯同できれば、かなりちがった状況になる。経験に基づいた政治任用をめぐる菅の率直な感想だった。

二〇〇九年九月、民主党政権が成立し、菅は新政権の要、国家戦略局の担当大臣となった。では、菅は過去の経験、長年思考してきたことを十全に生かすことができただろうか。結論を先に記せば、残念ながらそれはできなかった。なぜだろうか。

まず考えられることは、国家戦略局の考案者、松井孝治の政権設計スキームと菅のそれとが一致しなかったという点だ。イギリス型の与党・内閣一体スキームを考えていた菅にとって、大所の予算編成を一手に握る国家戦略局の考え方は唐突なものに映った可能性がある。

第二に考えられることは、菅が手足として考えていた党政策調査会がなくなってしまい、国家戦略局に帯同していく議員の調達が難しくなったということだ。

だが、この二つの可能性は懸命に突破しようと思えば突破できないような問題ではなかったはずだ。イギリス型の与党・内閣一体スキームでも、特定の問題については関係閣僚だけが議論する閣僚懇談会の制度がある。国家戦略局について、予算と財政問題を担当する重要な閣僚懇談会と読み替え、財務相ら経済関係閣僚と有意な各省副大臣、政務官クラスを集めれば、かなり踏み込んだ議論ができたのではないだろうか。

この問題について話を聞きに行った時、菅は「国家戦略局で予算を考えようなんて簡単にできるわけがないんです」と語っていた。

確かに限られた人数の政治家だけで国家予算のすべてを考えていくことは、不可能なことにちがいない。しかし、政官関係を考える時、「官」の問題の中心に座るのは常に財務省であり、予算編成を真に国民本位のものに据えることが最も重要な政治問題だ。

現に民主党政権が成立した二〇〇九年九月下旬、一時期仙谷由人から改革官僚として期待されていた古賀茂明が反対に政権構想から外されてしまったのは、これ以上の霞が関改革を進めれば「予算の越年編成」も余儀なくされるぞ、という財務省による圧力、警告があったのではないか、と古賀自身に推測されている。

しかし、二〇〇九年の秋から冬にかけて、看板の国家戦略局が沈んでいく一方で、民主党政権内では驚くような動きが始まっていた。民主党幹事長室をダイナモとして、まさに政治主導の予算編成が始動したのだ。その中心にいて差配していたのは、党幹事長の小沢一郎だった。

党と内閣を一体化させるために族議員を生みやすい政策調査会をなくし、地方などからの予算陳情を党幹事長室と各都道府県連に一本化させたことは先に触れたが、二〇〇九年十二月十六日、小沢は副幹事長など党の議員二十五人とともに首相官邸に鳩山由紀夫を訪ねた。二〇一〇年度予算案などに関する要望書を手渡すためだった（121頁・写真参照）。

要望書の中では、マニフェストに掲げていたガソリン税の暫定税率廃止について「現在、石油価格は安定しているので、ガソリンなどの暫定税率は現在の租税水準を維持する」と書かれていた。民主党は二〇〇八年一月に「ガソリン値下げ隊」をつくり、暫定税率の廃止キャンペーンを繰り広げていたため、この方針変更については強い批判を受けた。

「あの時は本当に苦しかった」

私のインタビューに答えた鳩山由紀夫はこの時の経緯を振り返って、こう回顧した。

「自分としては、政権を取る時に、こういった暫定税率はもうやめにしようと話をしていたわけですから。しかし、財務省からはいろいろと資料を見せられて、また、暫定税率をなくすとガソリンがたくさん使われて環境に悪いというメッセージもたくさん流れてきて、私はここは非常に迷いました。その時に、小沢さんがスパッと助け舟を出してくれたというふうに理解しています」

一方の小沢も、「その意味で党も泥をかぶりました」と言葉少なに認めている。

民主党幹事長室が小沢を中心に政治主導の予算編成作業を始めるのは、しかし、ここからだった。

政府の方からは内閣官房副長官の松井と内閣府副大臣兼国家戦略室長の古川元久、党幹事長室からは筆頭副幹事長の高嶋良充と副幹事長の細野豪志という四人が夜な夜な集まり、暫定税率の維持でどのくらいの財源が浮き、子ども手当の地方負担の制度設計をどのようにするかなどの予算編成上の問題をA4紙二枚くらいに詰めていく作業を続けた。この時、官僚がわきで計算をしてくれたが、作業は思いの外順調に進んだ。

「結局、予算編成の最終局面は国家戦略室長の古川さんと官房副長官の私、小沢さんの配下二人の四人が実務を担って、小沢さんと鳩山さんというツートップの予算に対する大きな意志をどう反映し、さばいていくかというプロセスになりました」

松井は、山口二郎、中北浩爾らがインタビュアーを務めた『民主党政権とは何だったのか——キーパーソンたちの証言』（岩波書店）という本の中でこう証言し、続けて語っている。

「その際わかったのは、小沢さんには極めて明確な財務省の計算がバックについているということでした。というのは、小沢さんが言っていることを予算化して落としてみると、ほとんどコンマ一兆円という単位まで当時の財政フレームのなかにピシッと入るのです。確かに、予算編成の仕方が変わり、政府・与党が一元化し、幹事長の力を借りて予算編成を乗り切ったのですが、自分が目指した一元化とは明らかに異なるものでした」

松井のこの回想は実に重要なことを語っている。

これも先に記したが、小沢はそれまで聖域とされていた農水省の土地改良予算をバッサリ削り、代わりに農産物自由化を視野に入れた農家戸別所得補償制度の財源を確保した。また子ども手当や高校授業料の無償化制度を導入した。これらの予算は完全に国民の生活、国民経済を背中に背負った政治の意思である。

つまり、松井が設計した国家戦略局の形は取らなかったものの、政治主導の予算編成というものが、小沢の力によって実現していたのだ。あるいは、小沢が裏の国家戦略局長となり、配下の議員四人を使って政治の意思による予算編成を実現した、とも言える。

実質的な国家戦略局機能がここで働いていたわけだが、松井の言うように、ここで首相の鳩山と党幹事長の小沢の意思通りの予算編成ができていたとすると、かつて小沢が『日本改造計画』の中で言及していた「内閣と与党が頂点で一つに」なるという形にも近づいたと言える。

ただ、『日本改造計画』と異なるところは、この時小沢は幹事長として閣内には入らなかったという点だ。この点にはまた別の重要な問題が伏在しており、後の方の文脈で触れることにする。

別の歴史の歩み方を考えてみることも重要だとする丸山眞男の教えに従うならば、こういうことも考えられる。イギリスの内閣のあり方を模して、国家戦略担当には鳩山を首相兼務で就け、もう一人の担当として小沢一郎を党幹事長兼務で就ける人事配置が本当はベストだったのではないだろうか。

このあたりで小沢一郎自身に話を聞いてみよう。一九九八年の金融国会で菅直人代表の民主党が自民党と妥協し、その年の十一月に小渕恵三総裁の自民党と小沢党首の自由党とが政策協定に合意したあたりから時間の順を追って質問してみる。

自由党と自民党の連立。小渕氏にだまされた

——小沢さんたちの自由党が合併する前の民主党でしたが、一九九八年の金融国会で民主党はなぜ自民党と妥協してしまったのでしょうか。

小沢　まだ考えが旧体制から抜け出していなかったのではないかと思う。古い官僚の考えに丸め込まれてしまっていたんでしょう。こういう状態が続いてしまうと、日本はいつまでたっても夜明け前の状態を脱し切れない。

たしかに金融危機だった。しかし、そうは言っても旧来の官僚のやり方ではもう治まらない段階に来ていた。それを新しいやり方で治めようというのが民主党だったではないか。それが我々のやり方だったではないか。

そこで、何で自民党と妥協しなければならないんだ、自民党を倒して、我々の考えで大胆な政策を展開して乗り切ればいいんだ、と私は思っていた。

——しかしまったく皮肉なことに、小渕政権の方から、今度は小沢さんに「助けてくれ」と言ってくるわけですね。それが後の自自公の連立政権につながっていくわけですが。

小沢　そうです。自民党との間でこんな大きな合意書を書いたんです。

——その合意書につながる最初のエピソードが、当時官房長官だった野中広務さんの口で語られています。

（一九九八年）8月の下旬、たしか23日ころだったと思いますが、亀井静香君が「一度、小沢さんに会ったほうがいい」と誘ってくれた。東京品川の高輪プリンスホテルに亀井君が部屋をとってくれて、小沢さんと3人で会いました。／そこで私が「過去にいろいろありましたが、ここはひとつ大局的な立場に立って、ご協力をお願いしたい」と言ったら小沢さんは「まあ、個人的なことはもういいじゃないか。天下国家のことを考えよう」と言ってくれました。私は感動するとともに、胸をなでおろしたことを今もおぼえております。そこからどういう形の連立政権をつくっていくかということになったわけです。ところが、小沢さんは原理原則の人ですから、特に外交や安全保障問題についていろいろ言ってきた。（五百旗頭真ほか編『90年代の証言　野中広務　権力の興亡』朝日新聞社）

――ここのところは覚えていますか。

小沢　よく覚えていないけれども、誰に対してもぼく自身始終言っていることですから。そういう主義で筋道を通してやってきています。

――その筋道を通して、一九九八年十一月十九日に小渕さんとの間で合意文書にサインされましたね。

小沢　大変な合意だった。国際安全保障のことも認めるし、こちらの主張を何もかも認めるという合意書だった。だから、これはいい、よかろう、ということになったんです。これで改革は出来上がったも同然だと、そう信じてしまったわけです。

ぼくも、こういうところは本当に甘いと思う。自民党は約束を守るわけないのに、それを信じてしまった。

しかし、自民党は最初からやる気がなかった。だから、ぼくも連立して一カ月か二カ月でもう駄目だと思いました。小渕さんのあのあいまいな態度にだまされたと思いましたよ。

それで、ぼくは小渕さんに迫ったんです。「どうしてくれるんだ、あの政策は。あなた、自民党総裁としてサインしたろう」と。「やれ、と指示しなさい」と言ったんです。そうしたら、「いっちゃん、

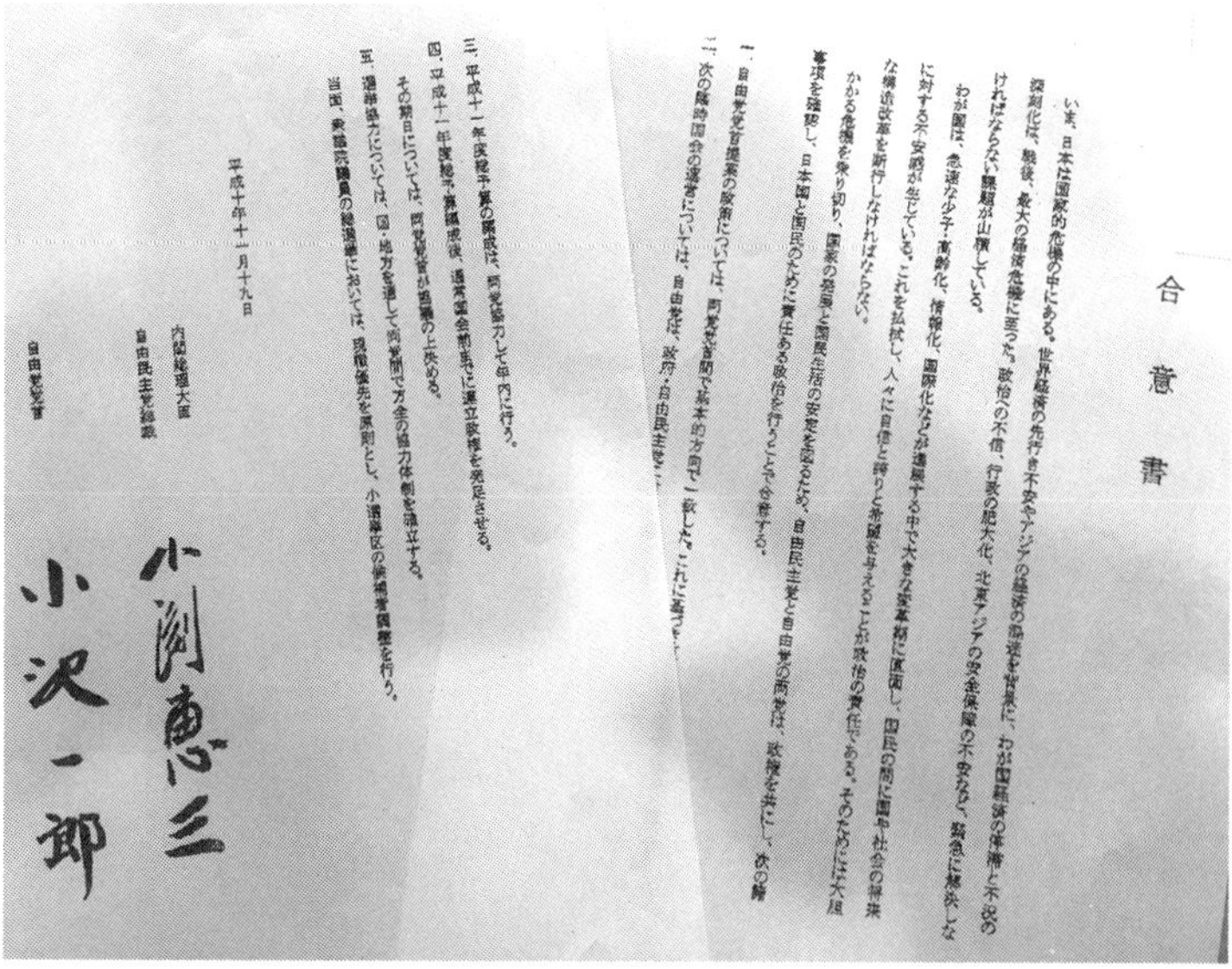

合意書

いま、日本は国家的危機の中にある。世界経済の先行き不安やアジアの経済の崩壊を背景に、わが国経済の停滞と不況の深刻化は、戦後、最大の経済危機に至った。政治への不信、行政の肥大化、北東アジアの安全保障の不安など、早急に解決しなければならない課題が山積している。

わが国は、急速な少子・高齢化、情報化、国際化などが進展する中で大きな変革期に直面し、国民の間に国や社会の将来に対する不安感が生じている。これを払拭し、人々に自信と誇りと希望を与えることが政治の責任である。そのためには大胆な構造改革を断行しなければならない。

かかる危機を乗り切り、国家の発展と国民生活の安定を図るため、自由民主党と自由党の両党は、政権を共にし、次の諸事項を確認し、日本国と国民のために責任ある政治を行うことで合意する。

一、自由党党首提案の政策については、両党党首間で基本的方向で一致した。これに基づ

二、次の臨時国会の運営については、自由党は、政府・自由民主党

三、平成十一年度予算の編成は、両党協力して年内に行う。

四、平成十一年度予算編成後、通常国会前までに連立政権を発足させる。
その期日については、両党党首が協議の上決める。

五、選挙協力については、国・地方を通して両党間で万全の協力体制を確立する。
当面、衆議院議員の総選挙においては、現職優先を原則とし、小選挙区の候補者調整を行う。

平成十年十一月十九日

内閣総理大臣
自由民主党総裁　小渕恵三

自由党党首　小沢一郎

小渕恵三首相と小沢一郎自由党党首がともに署名した「合意書」。第一項目には「自由党党首提案の政策については、両党党首間で基本的方向で一致した」とある

申し訳ない。ぼくはそういうことはできないんだよ」と言うんです。

そこで改めて思い出したんです。「ああ、そうだった。この人はこういうことができない人だった。この人を信用した自分が馬鹿だった」と思い直してあきらめてしまった。「申し訳ない。すまん」と小渕さんは言うわけです。

――そういう言い方をするんですね。

小沢　小渕さんは人の良さそうな感じがしますが、なかなかしたたかなんです。竹下（登）さんの子分でしたから。

――ところで、この自民党と自由党の連立政権は、実のところ公明党を連立に引き入れるための自民党のひとつの手段だったんですね。

小沢　そうです。

――ここのところ、野中さんの回想ではこうなっています。

私は亀井君と一緒に小沢さんに会ったとき、はっきり言いましたよ。「自民党が公明党と連立すると、数のうえでは参議院で救われる。しかし、公明党は『ストレートに連立というわけにはいかない』と言うので、失礼だけども自由党と連立させてほしい」と。（同前）

――このことはどうでしょうか。

小沢　それはそうかもしれない。しかし野中さんの言っていることは覚えていません。ぼくは政策の方を重要視していましたから。簡単に言えば、ぼくが小渕さんと野中さんの口車に乗っかってしまったということです。

――しかし、結局、その政策合意で実現できたものもあり、実現できなかったものもありということですね。

小沢　自民党は最初からやる気なかったですね。ぼくが「もう連立を解消する」と言って、ようやくクエスチョンタイム（党首討論）ができただけです。

――そして、二〇〇〇年の四月一日、小沢さんは連立の解消について小渕さんと会談しますね。この翌日の未明、偶然にも小渕さんは緊急入院されて約一カ月半後に亡くなられたわけですが、会談の途中、特別変わったようなことはなかったですか。

小沢　まあ、その日の前に合意内容を実行しないことについては詰めていましたから。それで、小渕さんは「ぼくはできない」と言うわけですから、「それじゃ仕方ない。もうお別れだね」という話になったんです。そうしたら、本当にお別れになってしまったんですが。

連立協議に合意し、連立政権に向けた会談を前に握手する小沢一郎自由党党首（左）と野中広務官房長官＝1999年1月13日、国会内

――大きい改革はできなかったかもしれませんが、やはり小沢さんたちの努力でいくつかは実現したものもありました。党首討論もそうですが、政府委員制度（国務大臣の代理答弁などをする各省庁の職員の制度）の廃止も実現しましたね。

小沢　今は元に戻ってしまいました。政府参考人とかになっています。

――「政と官」の問題に関して、ちょっと歴史を振り返りたいんですが、小沢さんは一九九三年五月に出された『日本改造計画』の中ではっきり書かれていますね。この本の中で、例えば政権党から政府に百六十人ほどの議員が行くとか閣僚懇談会の事例とか、そういった与党と内閣の一体化の話が具体的に書かれています。非常に先見的で驚くんですが、これはかなり勉強会を重ねて書かれたものですよね。

小沢　そうですね。メンバーは十人くらいで、政治家はいませんでした。官僚は時々参加する程度で、学者が中心でした。北岡伸一さんとか御厨貴さんとかよく記憶しています。

――中心テーマ中の中心テーマである与党と政府の一体化は、どなたか研究されている学者はいたのですか。

小沢 いや、その類いのことはぼくですね。

――本当ですか。

小沢 はい。英国の議会制度を模範にすべきだという意識はずっと前からぼくは持っていますから。党から政府に百数十人行くという人数は別としてもね。日本では、官僚がお上、政府という意識ですから、本来は国会議員自身が自分たちの政府を構成しているのに自分たちの政府だと思っていないんですよ。だから、自民党では、政府と交渉してこれだけの予算を自分たちは取ったなんてやっているでしょう。

その時の政府というのは官僚なんです。本当におかしな話です。与党と内閣とが掛け合い漫才しながらやってきたわけです。だから、そんな馬鹿なことはやめるべきだとぼくは言っているんです。自分たちの政府じゃないか。自分たちでいろいろに責任を持って決めるべきことだとぼくは言うんです。だから、与党の中に政調会なんてものがあるのはおかしいんです。政策の決定権が党の中の政調会と内閣と二つになってしまうんです。その意識の奥底には、政府というものは自分たちのものではなく官僚のものだという考えがあるんです。

そういう考えでは、大臣というのは官僚の単なる経路でしかない、操り人形でしかない。だから、基本はそういう日本人の意識改革をしないと駄目なんです。

ただ、意識改革を待っていたんじゃいつになるかわからないので、まず形から変えていこうとしているわけです。選挙制度もその通りで、制度を変えることによって意識を変えていくしかないと思うんです。そういう議論はぼくの持論ですから、ぼくの意見がかなり入っていると思います。

――英国の政治制度について、小沢さんはいつごろから強い関心を持ち始めたのでしょうか。

小沢　やっぱり象徴的なものは小選挙区制ですが、これはもう選挙に出る前から考えていました。うちの親父（小沢佐重喜《さえき》）も小選挙区制論者でしたから（183頁・写真参照）。

――お父さんの佐重喜さん自身も小選挙区制論者で、一九六二年には自民党の「党近代化のための脱皮」を目指す調査会で三木武夫会長下の副会長として選挙制度改革の調査にあたっていますね。また小沢さんが議員になる前と言いますと初当選の二十七歳より前ですから、司法試験の勉強をされていた学生のころから関心があったということですね。

小沢　はい。基本的には英国の議会制民主主義を模範にすべきだと考えていました。官僚のシステムも同様です。官僚は、実力とそれなりのステータスを持っていながら国会や政治の場には絶対に出てこない。そういう自分たちの分に応じた職責別のきちんとした仕事の分類ができる、そういうことを考えていました。

――内閣については、議院内閣制ですから、第一党の議員たちの中央委員会であるべきだと、それが内閣となって政府と一体化するんだという考えですよね。

小沢　うん。それと同じことですからね。

――なるほど。そして実際に自民党議員として政府を内外から眺めながら、まるで掛け合い漫才のようなやり方では駄目だと実感してこられたわけですね。

小沢　うん。それはだから、この世界に入ってきて余計にわかるね。

――特に、年末になると繰り広げられる予算折衝ですね。

小沢　最初はわからなかったけど、団体でビラを配ったりしているのは、みんな役所が作ってるんだからね。

かつて毎年恒例になっていた年末の次年度政府予算案編成において、自民党本部の会議室前は党政調会の議員に重点復活項目を書き出したビラを配る圧力団体でごった返していた。

――あれ、役所で作ってるんですか。

小沢　はい。もう驚くべき実態ですよ。だけど、そこまで詳しくわかったのはやっぱり部会の幹部になってからですね。特に部会長になると、役人が、運動の目標はいくらにしましょうかと相談に来るからね。それでその通りにビラを配るんです。

――ちなみに、その部会というのは、小沢さんの場合、何という部会だったんでしょうか。

小沢　ぼくは一番若かったから、科学技術と水産部会というあまり人気のない部会をさせられていました。

――ちょっと話が脱線しますが、その科学技術部会で小沢さんが原子力政策について何か重大な疑問を呈したことがあると平野貞夫さんが回想していました。

小沢　政務次官の時ですが、最終廃棄物処理の問題です。ガラス固化体で本当にいいのかと疑問を言ったんですが、官僚はこれから技術を改良進歩させてちゃんとやりますという説明でした。だけど、いまだに同じですね。

――おっしゃる通りですね。わかりました。話は戻りますが、そういう英国の政治制度について、自

ヒラリー・クリントン米国務長官と握手する小沢一郎民主党代表＝2009年2月17日、東京都内のホテル

民党政治のあり方を眺めながら研究されていたわけですね。

小沢　別に学術的研究をしたわけじゃないけど、英国に何度も行って話を聞きました。

——何度も行かれたんですか。

小沢　十数回は行きました。細かいことをいっぺんには聞けないんですね。いっぺんに聞ければ聞くほど日本と違うところとか、反対に同じやり方のところとかだんだん実態がわかってくるんです。何度も行って政党や政治家、官僚、それから軍人にも話を聞きました。

——一九九七年にブレア政権になるわけですが、その前からずっと行かれているんですね。

小沢　ブレアとクリントン、オバマは似ているね。やっぱりパフォーマンスの政治家ですね。クリントンは頭がいいそうだけど、妻の方が政治家ですね。

――実際に話してみてそう感じられたんですか。

小沢　三、四十分会った印象だけど、政治家という感じを持った。クリントンはオールラウンドの知識を持っているんだけど、フォーカスして決定する力は妻の方が強いって上院議員のロックフェラーが言ってました。

――上院議員のロックフェラーさんも、小沢さんは親しいんですよね。

小沢　親しいわけじゃないけれども、何度か、二、三度か会いました。ぼくも、自民党にずっといればそういうお付き合いをやっていたんだろうけど、もう戦いの方がずっとありますから。

――話は行ったり来たりして申し訳ないんですが、『日本改造計画』を準備している時は一年とか一年半ぐらいかけて勉強されたんですね。

小沢　うん、それぐらいやりました。それで集大成して、ぼくが推敲を重ねて作った本です。その出版が、自民党と離党する時に重なったんです。

――どのくらい売れたんでしょうか。

小沢　七十万部以上売れました。

――すごいですね（笑）。田中角栄さんの『日本列島改造論』より売れたんでしょうか。

小沢　田中先生の場合は与党の実力者の段階で出したわけだから、総理大臣一歩手前のわけで、各市町村なんかでもみんな読みますからね。次の政策に関係してくるだろうということでね。ぼくの場合は純粋に一般の人相手でしたから。

――小沢さんとしては「夜明け」というタイトルを考えていたんですよね。

小沢　それも候補の一つだったかな。島崎藤村は「夜明け前」だ。日本はいまだに夜明け前ですね（笑）。そうしたら、出版元の講談社の人たちが、そういうのはモテないというんですね。それでぼくが、「日本改造計画」はまるで北一輝みたいじゃないかと言ったんです。北一輝は「日本改造法案大綱」だからね。

——なるほど。小沢さんは北一輝をお読みですか。

小沢　全部持ってるよ。

——あのみすず書房の著作集三巻本ですか。

小沢　三巻どころじゃない。ぼくはほとんど読んでるよ。若い時に読みました。今はくたびれて駄目だけどね。そういう政治思想家とか政治リーダーのものはほとんど読んでますね。

——北一輝の精神というものは、やはり共鳴するところがあるんじゃないですか。「天皇の国民」ではなく「国民の天皇」だとした北の主張は感銘を受けますよね。

小沢　二・二六事件の青年将校たちに影響を及ぼしたところですが、悪気で書いたものではないからね。だけど、あの文章がなかなか難しくてくたびれるね。

——わかります。しかし小沢さんが北一輝をそんなに読んでいたというのは新しい発見というか驚きですね。

小沢　いろんなものを読んでますよ。革命家のものも読んでいます。レーニンやトロツキーから始まってね。

——そういうものも読まれているのですか。トロツキーは実に面白いですね。

小沢　うん。トロツキーもちょっと学者肌的な要素があってね。しかし、あのスターリンの陰謀家には敵わないね。

民由合併から小沢代表へ。激動の民主党と自民党の大連立構想の舞台裏

一九九八年十一月、自民党の小渕恵三総裁と自由党の小沢一郎党首は政策協定に合意し、翌九九年一月に自自連立政権発足。しかし、政策協定の実行を迫る小沢に小渕はあいまいな対応を続けたため、二〇〇〇年四月に連立解消。この時の小沢の努力で国会審議の際の政府委員が廃止され、党首討論が導入された。しかし、政府委員はその後、政府参考人という名称で復活した。

——小沢さんが学生時代から考え続け、著書の『日本改造計画』でも展開された政治改革のいくつかが自自連立政権の時の国会審議活性化法で一部生かされました。そしてさらに、民主党政権で大きく生かされていきますね。

小沢　そうしようと思ったんだよ。

——そうしようと思った、まさにそこなんですね。

小沢　実現させようと思っていたんだよ。だけど、そこを（検察に）邪魔されたわけだから。いよいよこれで実現できるっていう時になあ。

——わかります。しかし、自自連立から民主党政権にかけて、小沢さんが考えていた政治改革の重要な施策がいくつか実現していきますね。

小沢　はい。だけど、民主党の中でも自分たちが主張していたことを本当に理解している人はそう多

くはいなかったような気がしますね。

――そうですか。

小沢　だから、マニフェストは間違いだったという人もいるようですが、それは違うと思います。マニフェストが間違いだったら、民主党政権そのものも間違いだったということになってしまいますから。

――本当ですね。

小沢　政治改革の理念から言うと、そういう理想と理念が一番純粋な形ではっきりしていたのは自由党の時だったですね。だから、そういうところが評価、支持されて六百万票も入りました。しかし、それじゃ過半数は取れない。だから、民主党と一緒になったんです。もっと幅広い支持を集めて過半数の票にならないと。

――そのところで聞きたいのは、二〇〇三年の自由党と民主党の合併の時の話です。前年の二〇〇二年十一月二十九日の夜、民主党代表だった鳩山由紀夫さんが記者会見をして、民主党と自由党の対等合併を打ち出しました。当然、その前に小沢さんと鳩山さんの間で合併の話があったわけですが、どんな話をされたんですか。

小沢　それほど特別な話はないですよ。鳩山さんの方が合併を言い出して、ぼくは、その話は結構ですねと答えたわけです。さっきも言いましたように、自由党だけでは過半数には届かないから、鳩山さんが言い出したことについて、いいですよと答えたんです。簡単な話です。

――鳩山由紀夫さんとは以前から親しいとかそういう関係はなかったんですか。

小沢　ぼくが田中派のベテランだったころ、鳩山さんは田中派の新兵だったから、親しく話をするような関係ではありませんでした。

——鳩山さんが新兵だとすれば、小沢さんはすでに大佐級だったという感じですか。

小沢　いや、そんなにはなっていないでしょう（笑）。何期か違うんですよ。だから、それほどは知らないし、話も以前はしていません。弟の邦夫さんは田中先生の秘書だったから、以前から知っていましたが。

——どういう形で連絡が来たんですか。

小沢　普通の形で秘書に連絡が来たんじゃなかったかな。それで会って話したんだと思います。特別印象に残ってないくらいですから、大変な策略でも何でもないんですよ。

その時は、ぼくは割り切っていましたから。自由党のままいるのが政治思想的には一番きれいな姿だが、それではもう大勢を制することはできない。だから、民主党から話があれば一緒になることは必然だと思っていました。鳩山さんの方でも、一緒にならなければウイングを広げられないと思ったのではないですか。

——ところが、その民主党の代表が鳩山さんから菅直人さんに代わってしばらく経ってから、一転して合併を断ってきましたね。

小沢　その時はぼくは直接出ていなくて、当時の幹事長が話を受けたと思います。

——それで二〇〇三年三月に両党で政権構想協議会を作って話し合い、五月になって打ち切りになったわけですね。断ってきた理由は覚えていますか。

小沢　いや、覚えていないですね。それほど高いレベルの話ではなかったような気がします。

——そして、その夏になると、今度は菅さんの方から一緒になろうと再び言ってきたんですね。そのあたりの事情については、小沢さんは別のインタビューでこう語っています。

小沢一郎のインタビューをまとめた『90年代の証言　小沢一郎　政権奪取論』（五百旗頭真ほか編、朝日新聞社）では、小沢はこの時の自由党の事情をこう話している。

「自由党の面々にとって、民主党との合併はほんとはものすごく不利な話なんです。衆院選の比例区で自由党は五、六百万票を獲得しています。だから、時間はかかるけれども、小選挙区で当選者を一人ずつ増やしていこうと考えていた。ところが、民主党と合併して政党が大きくなると、民主党の候補者と一緒に比例区名簿に名前が載るから、自由党議員が当選できなくなる可能性が大きくなる。だから、みんな腹の中では合併に反対だったんです。（略）だけど、僕は『政権をとるためならしょうがない』と言って、みんなを説得した。民主党との話し合いで、僕は何も異論をはさまないで、民主党の言うとおりにしたんです」

――このあたりの事情は覚えていますか。

小沢　その通りですね。

――そして、小渕自民党政権との連立の時は小沢さんは政策論を出したんだけど、この時はその政策論も出さなかったということですね。

小沢　この時は、政策的にも民主党の政策に賛成してもらわなければいけません、と言われました。それほどすごい政策論だとは思いませんでしたが、まあよかろうということになったんですね。

――菅さんの再度の申し入れは政党の合併ではなく国会での統一会派を作るという案だったということ

とですが、小沢さんはそれには反対したわけですね。

小沢　そのいきさつはよく覚えていませんが、反対したと思います。当時の自由党は単独で六百何十万票取っていますから、民主党もこれに比べて桁違いに取っているというわけではなかった。だから、最終的には一緒になった方がいいという意見が大勢を占めたんだと思います。

自由党と合併した新民主党は二〇〇三年十一月の総選挙で百七十七議席を獲得して躍進した。二〇〇四年に菅に代わって岡田克也が代表に就任。しかし、二〇〇五年九月の郵政解散・総選挙で百十三議席と、小泉自民党に惨敗した。引責辞任した岡田に代わって前原誠司が代表に就いたが、二〇〇六年四月、「偽メール事件」の責任を取って辞任、代わって小沢が新代表に就任した。

――小沢さんが民主党の代表に就任して政権を取るまでのことをお聞きします。この時のことを民主党の事務局の方に聞いてみました。

菅さんや岡田さん、前原さんが代表だったころから民主党事務局に在籍していた主要スタッフの方は、小沢さんが代表に就任して党内の空気がガラッと変わったことに驚いたと言うんですね。それまでは「朝令暮改」が多くて、選挙準備などでも一度決めたことが後で覆されるようなケースが結構あったそうなんですね。

しかし、小沢さんが代表に就任するとともに、幹事会などの意思決定機関の会合時間が短くなって「無駄話」がなくなったと言うんです。「以前は機関決定したものが代表の意向で急に変わってしまうことが結構あったが、それがなくなった。決めた通りに物事が執行され、機能的、効率的になった」

政府連立与党首脳会議に臨む（左から）小沢一郎民主党幹事長、福島瑞穂社民党党首、鳩山由紀夫首相、亀井静香国民新党代表、菅直人国家戦略担当相＝2009年9月28日、首相官邸

とスタッフは私に話してくれました。このあたり、組織の動かし方について特別考えるところがありますか。

小沢　いや特別に考えるということはないが、民主党というのは若い政党でしたから、みんな経験が少ないし、ある意味で勝手なことばかり言い合っているような感じなんですね。見方によっては中学生のホームルームみたいな感じもありました。だから、政権、選挙、政権という目標を掲げることで引っ張っていくしかないんですね。ぼくが代表になってすぐに衆院千葉七区の補選がありましたから。

——そうですね。

小沢　太田和美さんが九百票か一千票の差で勝ったんです。ぼくは政権交代とマニフェスト作りに全力を挙げました。民主党と合併して、こちらの方が新参者なわけだから、最初の人事はその前の通りにやりました。その後もそんなに変えなかったと思います。

——その千葉七区補選の時の話なんですが、小沢さんは、国会議員の選挙対策委員長にいったん情勢判断を聞いて、その後ですぐに担当の事務局にも情勢を聞いているんですね。これも民主党の元スタッフに聞いた話ですが、それまでの代表と違うところは、小沢さんは仕事を下に振って終わりではなく、自分で別の角度からきっちり裏を取って確認しているのですね。いろいろなところの情報網から確認して、その全体的な進行が小沢さんの頭の中で組み立てられて物事を動かしている、というような話でした。このあたりはいかがですか。

小沢　物事は詰めなければだめなんです。いい加減にしていたのでは何もできないんです。何でもそうだけど、物事はきちんと詰める。そういう癖をつけないといけないと思いますね。いい加減で妥協してしまうと、その結果事実関係ができてきた時に困っちゃうんだ。最後まで詰めていないからですね。

だから、いつも指示するのは、いったん口で約束したとしても、具体的事実をきちんと挙げて「じゃあ、こういう場合はこれでいいですか」「こんな場合はこういうことでいいですか」と確認を取らなければいけないということです。単なる約束だけでは全然だめなんです。

何事も確認、きちっと詰めていかなければだめです。その作業はやっぱり選挙でも大事なんですね。

――小沢さんの頭の中ではいろいろな問題が整然と整理されているんじゃないか、という気がしますね。

小沢　ぼくは論理的にきちんと整理されていないのはだめだという考えが強いですね。いい加減なところで妥協すると頭の中もごちゃごちゃになってしまうんです。きちんと詰めていけば必然的に整理される。

――この期間、重要な出来事がいくつかありましたが、二〇〇七年十月から十一月にかけての自民党との大連立構想は注目を集めました。

二〇〇七年夏の参院選では、第一次政権を率いていた安倍晋三総裁の自民党が三十七議席という歴史的大敗を喫し、小沢代表の民主党が六十議席を獲得して参院第一党に躍進。このため衆参ねじれが起こり、安倍政権は、アフガニスタン攻撃の米軍を後方支援するためにインド洋に派遣していた自衛隊艦船を引き揚げざるをえない袋小路に追い込まれた。自衛隊派遣の根拠法であるテロ特措法がその年十一月に期限切れを迎え、法改正には参院第一党の民主党を説得しなければならなかった。

しかし、国連中心主義の小沢は駐日米大使の言葉にも考えを変えず、窮地に陥った安倍首相は体調不良もあって首相を辞任。安倍の後を継いだ福田康夫首相と小沢は十月三十日と十一月二日に会談。福田が法改正への協力を請い、小沢が拒絶、次いで福田が小沢の意向を全面的に受け容れて、自衛隊の海外派遣は国連総会決議などを条件とすることで合意した。

福田と小沢の話し合いはさらに進んで、民主党が政権に参加する大連立構想にまで及んだが、この結果について、民主党内から猛烈な反対が巻き起こり歴史的な大連立は現実のものとはならなかった。

――大連立構想は私もびっくりしたんですが、民主党内でも驚きが広がりました。驚きは猛反対へと変わりました。その時の反対論の大勢というのは「このままいけば民主党は単独で選挙に勝てる。いまさら自民党と連立を組んで何の意味があるんだ」というようなものでした。

しかし、私も深く反省するのですが、その後の民主党政権を踏まえて考えれば、実はあの時政権に参加して行政経験を積んでおいた方がよかった、ということが言えるんですね。

小沢　大連立はやった方がよかった。それでも選挙は勝ったと思う。それどころか余計に勝っただろう。ぼくが権力の座に就くとかという意味では全然ないんです。とにかく当時は経験の少ない若い議員が多かったから、少し行政経験を踏んでおいた方がいいだろうと思った。政権を取った時にまるきり素人が行政に入るより多少行政経験を積んでおいた方がいいに決まっているんです。

――なるほど。みんなあの時、そこまで頭が回らなかったですね。

小沢　回っていなかったと思います。

――例えばイギリスの議院内閣制では、政権交代する野党が与党となる前に、一定期間官僚と交流して行政事務などを勉強する期間があります。たぶん、あの時大連立をやっていれば、それと同じくらい、あるいはそれ以上の勉強時間を積むことができましたね。

小沢　そうです。とにかく、あの時の民主党は行政の知識が少ないわけだから、やってみればよかったんです。だから、政権を取ってみて何か高級なおもちゃを預けられたような状態になってしまったんです。官僚との関係が悪くなってしまった原因のひとつもそこにあると思います。

大連立は二つの要素でいい結果を生むはずだったんです。ひとつはもちろん政権を取るためにいいということです。もうひとつはやっぱり、みんな行政を勉強する期間を取った方がいいということだったんです。

福田さんが本当にいい方だったんですね。素直ないい方です。だから、あの時に大連立をやっていれば、日本政治はいい方向に変わったと思いますね。

――福田さんとは自民党時代に交流はあったんですか。

小沢　ありません。ぼくは福田さんのお父さんの福田赳夫さんの時代から政治活動をやっていますから。だけど、あの前後に福田さんと話してみて、とても素直な方だと思いました。

――あの時、直前の参院選で民主党が勝って衆参ねじれが起こりました。福田さんとしては非常に困った事態に直面していたわけですが、話し合いは福田さんと小沢さんとどちらが先に声をかけたんですか。

小沢　あちらからです

――福田さんの方ですか。

小沢　いや、ナベツネ（渡辺恒雄）さんです。

　渡辺恒雄は読売新聞政治部記者から読売新聞グループ本社代表取締役主筆。読売ジャイアンツの球団オーナーでもあり「球界の独裁者」とも呼ばれる。中曽根康弘元首相との親交が特に有名で、時々の政界の動きに合わせて「フィクサー」的な役回りをするとも言われる。通称「ナベツネ」と呼ばれている。

――ナベツネさんですか。

小沢　ナベツネさんが間に立って、その間にさらに立った人もいるんだけど、仲介したんですね。だから、福田さんと会談した時に「そっちからの話でしょう」と言うから「冗談じゃない。それじゃぼくはやめた」と言って席を立ったんです。そうしたら、福田さんは「いえ、ちょっと待ってください。待ってください」って言うんですよ。だから、間に立つ人というのはいつでも両方にいいことを言うんですね。

――なるほど。間に立ったナベツネさんが双方にいいことを言ったということですか。

小沢　いや、ぼくはナベツネさんとは直接話していない。ぼくが親しい人といろんな話をしているうちに、こうなればどうかなという話をしたんです。それがその親しい人からナベツネさんに伝わって「それはいい」ということになったんだと思います。それで、ぼくの方から申し入れたという形になって福田さんに伝わったんだと思う。

二〇一〇年六月二十八日、民主党と自民党の再「大連立」問題が浮上した際、私は読売新聞本社に渡辺恒雄を訪ね、改めてインタビューした。渡辺は長嶋茂雄やV9時代の巨人軍色紙が壁に飾られた会長室で最初の大連立のことに触れ、「小沢さんという人はアイデアマンで決断力があった。福田さんが『やる』と言えば自民党は一本になった」とこの時のことを振り返った。

――それで、福田さんの方が「まあまあその話はともかくとして」という話をして、だんだんと本筋の話になっていったわけですね。

小沢　そうです。それで、ぼくとしては先ほど言った理由から「まあ、いいでしょう」と。「そちらが連立しようと言うんだったら、ぼくはいいよ。だけど党に持ち帰って聞いてみないといかんから」と言いました。

――福田さんの方から「連立はどうですか」という話だったわけですね。

小沢　そういうことですね。ポストも好きなものを選んでいいという話だった。当時の民主党はまだ難しいものはだめだから、建設とか農林とか現業官庁をもらえればいいと思っていました。選挙にも影響しますからね。民主党にとっては一方的にプラスになる話だった。福田さんにしてみれば、とに

会談に臨む小沢一郎民主党代表（左）と福田康夫首相。「大連立」が話し合われた＝2007年11月2日、国会内

かく何とかしなきゃならないから協力してくれという話でした。

――歴史的に見れば、何か幕末の時の江戸城無血開城みたいな話でしたね。

小沢　向こうは無血開城の気はなかっただろうけどね。

――やっぱりなかったんでしょうか。

小沢　それはない。政権延命のための話ですから。だけど、福田さんはとても素直でした。ぼくは、ものすごくいい印象を持っています。誠実そのものの感じでした。

――小渕さんと話された時とは印象が違うわけですね。

小沢　小渕さんより、ちゃんと自分で実行しようとしていました。小渕さんにはついつい情にほだされてしまいました。福田さんは何か問題があると「じゃあ考えて、すぐに役所とも相談して」と言って、安全保障のことなんか一生懸命文章にして持ってきました。「これでどうでしょうか」なんて言って。本当にまじめでした。ちょっとぎこちない文章でしたが、懸命でしたね。

――小沢さんは世間では「豪腕だ」と言われていますが、あの時強引に大連立をやってしまうという選択は考えなかったですか。

小沢　ぼくはあの時、強引にやってしまえばよかったかな、と考える時もあります。いやな人は役員を辞めてくれと言って。そうしても、絶対に党分裂にはならなかったと思います。政治家は政権に就く方がいいに決まっていますから。だれでも大臣になりたいという気持ちはあるんです。だけど、ぼくはみんなの意見をちゃんと聞いてるんです。だから、あの時はみんな反対だって言うわけですから。ぼくが自分で作った党だったらまだもっとやったんでしょうが、そういう状況ではなかった。だから、あまり強くは言いませんでした。

財源はいくらでもある。マニフェストを自己否定したのが失敗

小沢一郎は「夜明け前」という表現をよく使う。旧態依然として、いまだ近代以前の昏《くら》さの中にある日本の政治状況を揶揄した時の言い方だ。政治改革へのプログラム、青写真を描いた著作『日本改造計画』のタイトルにも当初、「夜明け」という言葉を考えていた。

「だから、いつまで経っても日本は夜明け前なんだ」

旧勢力に踊らされた人々が小沢の改革の行く手を阻んだ時、あるいはそのような妨害によって改革が挫折した思い出を語る時、小沢の口をついて出る言葉だ。その口吻《こうふん》は、「近代主義者」と皮肉られた日本政治思想史家の丸山眞男が「日本に近代なんて時代が本当にあったのか」と憤った時のそれを彷彿とさせる。

小沢は、この昏さを打ち破り「夜明け前」の明るさをもたらそうと改革を打ち出すが、そのたびに

昏さを隠れ蓑にして甘い汁を吸い続ける旧勢力に妨害される。あるいは意識無意識を問わず旧勢力と手を結ぶ人々に邪魔され攻撃まで受ける。

二〇〇九年九月、民主党は地滑り的な総選挙勝利の結果、自民党からの政権交代を成し遂げた。小沢にとっては一九九三年八月に政権交代を実現させた細川護熙内閣以来二度目のことだった。

細川内閣では、旧態依然とした五五年体制を打破する小選挙区比例代表並立制をはじめとする政治改革を導入したが、同内閣はわずか九カ月で挫折。民主党政権での政治改革は、編成作業が眼前に迫っていた二〇一〇年度政府予算で集中的に表現された。

——二〇〇九年の政権交代、民主党政権誕生は、小沢さんにとって旧来の自民党政治に対する二度目の挑戦、言ってみれば国民にとっても二度目の挑戦になったわけですが、挫折しました。その挫折の要因について、小沢さんはどのような思いを抱いていますか。

小沢　それはある意味でわかりやすいことです。端的に言いますと、自分自身が作ったマニフェスト(政権公約)、それを掲げて政権を任されたマニフェストについて、それが間違いだった、無理だったと言うわけですから、国民の信用を失うのはやむをえないと思います。

ぼくは、そのマニフェストの細かいところまで分析して判断しているわけではないけれども、そういうマニフェストを掲げて努力を続ける政治スタンス、政治姿勢を国民は期待していたんだと思います。しかし、それが間違いだったと途中で言ったのでは、最初から自己否定になってしまうんです。それが象徴的だったと思います。

——その自己否定の遠因となったのは、やはり財源の問題でしょうか。

小沢　それは違うと思います。そんなことは自民党の宣伝に乗せられている話です。今の安倍政権をご覧なさい。何十兆円もむちゃくちゃ使っているではないですか。財源はいくらでもあるんです。ぼくはそのことをよく知っている。第二次安倍政権になってからどれだけお金を使っているか。それはどこから出ているのか。特別会計のこともあります（31頁・図1参照）。民主党政権が潰れた後の安倍政権を見れば「財源はあるんだな」ということがよくわかります。

――二〇〇四年、岡田克也代表の時に迎えた参院選では3パーセントの消費税増税を言っていたのですが、小沢さんが代表になって消費税は上げないという決断となりました。この時、岡田さんや菅直人さんたちが増税路線を主張して論戦になったという回顧がありますが。

小沢　そんなことはありません。論戦や激論などはなかったですね。増税しないということについてはみんな賛成しました。岡田さんも菅さんも、逆立ちしても鼻血が出ないくらい改革してから増税の話になると自ら発言していると思います。

――私の推測では、小沢さんは、やはり消費税は絶対に上げないというのではなく、その前に徹底的にやるべき改革が政府にはあるでしょう、という立場だと思うのですが。

小沢　そういうみんなの合意でした。ですから、民主党が政権を取っても、最初の任期中は消費税増税などは考えないで、無駄を省く改革に全力を挙げようということでした。そういうことをみんな一生懸命話し合っていました。

――改めておうかがいしたいんですが、一九九四年の細川内閣の最後のころに国民福祉税の問題がありました。そこでは、国民福祉税という形で消費税を上げるということでしたが、民主党政権のところでは上げないという判断となりました。このあたりのことは小沢さんの中でどのように整理されているのでしょうか。

小沢　どういうことはないです。それは、状況の違いによります。最初に消費税を導入したのは竹下（登）内閣ですが、その時にぼくが（当時内閣官房副長官として）尽力して作ったんです。自由党の時には消費税と同時に大減税をやって所得税と住民税を半分にしようと唱えていました。だから、増税や減税というものは政治そして経済の状況によるわけです。

民主党の場合は、とにかく政治主導、国民主導ということを第一に考えて、無駄を省こう、役人主導はだめだということをみんなで合唱していました。だから、民主党はそういうことを言った以上はその約束は破ってはいけないとぼくは言っていたんです。単純な話です。

――なるほど。そういう判断を含めて、政権を獲得するまでに自民党と一時的に大連立を組んで、財政も含めて経験を積んでおけば、政権担当能力という点でかなり違った展開になったでしょうね。

小沢　それは一つの点としてあります。むしろ一番大きい。しかし、それと同時にもう一つ、大連立によって逆に政権に近づけるという狙いもあったんです。庇《ひさし》を借りて母屋を乗っ取る、という話です。

――それは、何か具体的なプランがあったのですか。

小沢　いやいや、あるも何もない。政権の座に就けば予算の編成、執行をはじめとして何でもできます。それと、国民の期待感が一緒になれば一番いいということです。

繰り返しになるが、民主党政権発足後、最も注目されたのは、予算編成権を財務省から政治の側に取り戻す使命を負った国家戦略局の動向だった。しかし、この国家戦略担当大臣となった菅直人は積極的な姿勢を見せず、結局、新政権最大の目玉は歴史の渦の中に消えていった。

国家戦略局が消えていく一方、政治の側に予算編成権を取り戻す側面で格段に重みを増していくセクションがあった。小沢一郎を主とする民主党幹事長室だった。小沢は、族議員を生みやすい政策調査会をなくし、党と内閣を一体化させるために地方などからの予算陳情を党幹事長室と各都道府県連に一本化させた。

鳩山由紀夫内閣が次年度の二〇一〇年度予算案を決めきれず立ち往生している時に、予算の大所の交通整理をして助け舟を出したのは小沢だった。

——今でもそうだと思いますが、自民党の政務調査会は議員の利権を生みやすい業界ごとの族議員を輩出しています。民主党ではそれが政策調査会に当たりました。小沢さんはこの政調会をなくしましたね。

小沢　それは当然のことなんです。要するに、与党に政策決定機関があるということがおかしいことなんです。まず自民党はずっと一党で政権に就いていましたから、自民党と政府つまり役人との掛け合い漫才をするための政調というものが必要だったんです。「いやあ、難しいところを党が頑張って予算を確保した」とか、そういう話を聞かせる役割を自民党がやっていたわけです。

政権党と政府というのは本来は一体ですから、議論の余地はないんです。政府でみんなやればいいんです。だからイギリスでは政調会というようなものはありません。

——なるほど。

小沢　野党時代のシャドウキャビネット（影の内閣）がすべての政策を決定し、本物のキャビネットになったらそこにみんなが入って実行すればいいんです。議院内閣制ですから、当たり前の話なんです。しかし、そこがみんなわからないので、ものすごく困ったんです。

——一番わかりやすいのは、年末に自民党本部で行われる党税制調査会、いわゆる党税調に対する陳情ですよね。私も何度か取材しましたが、会議室に入っていく議員に鉢巻きなんかした業界団体がビラやチラシを渡して気勢を上げますよね。あの租税特別措置の陳情合戦が非常にわかりやすい図ですね。

小沢 あのチラシなんかはみんな役人が原稿書いてるんですよ。

——以前にもそうおっしゃっていましたね。全部書いてるんですか。

小沢 ええ、全部です。スピーチの中身まで全部渡されるんですよ。すべて役人がやってるんです。役人の演出で議員は操り人形で踊っているだけです。それで、いかにも党は頑張っているぞというのをパフォーマンスで支持者に知らせるわけです。

——なるほど。

小沢 事実は、全部役人がやっているんです。だから、議院内閣制ではそういうものは必要ないんです。おかしいでしょう。党と政府の決定が違っていたら、自分たちの内閣ではないということになるでしょう。

——そういうことですね。

小沢 民主党の議員も含めて、日本人にとっては政府というのはいわゆる「お上」になっちゃっているんです。だから、役人と対抗しているというパフォーマンスをするために政調がほしいということなんです。本当の姿というのは政府に行った議員がすべて決定すればいいんです。おかしなことです。

だけど、その理解が進まないんです。

——その関連でもうひとつお聞きしたいのは、幹事長室への陳情の一本化です。小沢さんは新人議員には「選挙区を回れ」とよくおっしゃいますね。私はそのことは非常に大事なことだと思っているんです。票を集めるという意味もあるし、その選挙区の事情、それから人々の暮らしといったものをよく知ることができると思うんです。そして、そこで必要な政策がだんだんわかってくるということだと思います。小沢さんが地方からの陳情を党の幹事長室に一本化したことにはそういう意味もあったと思います。まさに党と政府の一体化という考えですね。

小沢 そうですね。陳情は党（総支部長）と県連に一本化しました。それは、地方は喜びました。市町村長の方々や県連のみんなも、クリアになったと喜んでましたね。

——なるほど。

小沢 それで、そのことはぼくが何かの他意があって一本化したと言われているけど、ぼくは陳情をまとめて、党に対して、こういう陳情や要望がありますよ、と政府に伝えただけです。

——そういうことですね。このシステムはよく考えると非常にうまくできているんですね。

小沢 本当にいいんです。これをやれば党の組織もできてくるし、強化できるんです。だから本当にいい話なんだけど、やはり古い五五年体制の頭が民主党にも染みついてるところがありました。結果的に残らなかったんですね。

——このシステムは小沢さんが考案したのですか。

小沢 考案というか、党でまとめてやるべきだと考えたわけです。今までは、陳情と言っても役人が全部やらせていたわけですから。地方の人も国会議員も全部役人に踊らされてやっていたわけです。

陳情検討会議に臨む小沢一郎民主党幹事長。左は高嶋良充筆頭副幹事長、右は細野豪志副幹事長＝2009年12月2日、国会内

だから、ぼくは陳情や要望はすべて地方で取れと指示したんです。そして、そういう本当の陳情をまず県連に上げる。それから、それを本部に上げなさいとやったわけです。

――上がってきた陳情はどうしたのですか。

小沢　同類項は同じものとして分類整理して政府に伝えたんです。

――例えば、あそこに橋を架けてくれとか、この道路を整備してくれとか、そういう陳情を整理したわけですか。

小沢　個別の陳情はありません。

――個別はないんですか。

小沢　ありません。そんなことをやっていたらキリがありませんね。個別の陳情は県連の方には来ましたが、そういうものは例えば道路財源ということになります。道路をどうするか、河川をどうするか、農業をどうするか、そういう類いの話ですから。

あと個別の話で言えば、ガソリン税の話があったりしました。また、ぼくは、高速道路は都道府県にやらせようということを考えて入れました。だけど、ぼくが幹事長を辞めたらそういうものは消えてなくなりましたけど。

――民主党本部の幹事長室で作業したのですか。

小沢　大概、院内でやったんです。それで担当を決めて、院内でも陳情を受けました。県連から来るものもありますが、院内に陳情に来る場合もあるから、それも窓口で受けなさいと言いました。

――なるほど。直接来る人もいたわけですね。

小沢　います。団体と言っても県知事会とか市町村会というものもあるし、医師会とかそういう団体もありますから。そして、筆頭副幹事長の高嶋良充さんがトップで、その下に細野豪志さんがいました。それからまだ何人かいて、それぞれ全部担当を決めていました。だから、みんな本当に面白くてハッスルしていましたよ。

――そして、その分類したものを官邸に持って行って鳩山由紀夫さんに手渡したというわけですね。

小沢　はい、そうです。

二〇〇九年十二月十六日、小沢は副幹事長など党の議員二十五人とともに首相官邸に鳩山由紀夫を訪ねた。二〇一〇年度予算案などに関する要望書を手渡すためだった。

要望書の中では、マニフェストに掲げていたガソリン税の暫定税率廃止について、維持の方針が要望されていた。廃止から維持に方針を切り替えて批判を浴びていた鳩山政権に対する小沢民主党幹事長の「助け舟」だった。

繰り返しになるが、鳩山由紀夫はこの時の経緯を振り返ってこう答えた。「私はここは非常に迷いました。その時に、小沢さんがスパッと助け舟を出してくれたというふうに理解しています」
――鳩山さんにお話を聞きましたら、暫定税率の問題は非常に頭を悩ませていたので、本当に助かったとおっしゃっていました。

小沢　その意味で党も泥をかぶりました。というのは、その前に政府が予算の枠を決定しちゃったんですよ。これも、財務省の言う通りにやってしまったんですね。枠を決定してしまったらもう動かせないじゃないですか。仕方がないからつじつま合わせです。つまり、党が泥をかぶらざるをえないわけです。言い方は悪いですが、そのあたりが素人だな、とぼくは思いました。

朝日新聞政権取材センター編『民主党政権100日の真相』（朝日新聞出版）には、この日、要望書を提出して報道陣が退室した後、小沢が鳩山内閣の面々にこう苦言を呈したことが記録されている。同席者への取材による。

「政治主導と言いながら、ほんとに政治主導じゃないんじゃないか。疑問だ。予算編成にあたっても、形ばかりじゃなくて、政府高官は研鑽《けんさん》を積んで自ら決断し、実行してほしい。そうでなければ、民主党に対する国民の期待がしぼんでしまうということになりかねない」

「苦言を呈して恐縮だが、選挙あっての政権ではないか。自分が憎まれ役を買って出たような形だが、みんなの意見を代弁している」

自民党の「聖域」土地改良補助金をバッサリ削る

日本最大級の巨大なしめ縄の下を背広姿の一人の男が歩いてきた。島根県出雲市の出雲大社、二〇一〇年五月二十日午後三時前。長年の願望だったお参りと見学を終えた民主党幹事長の小沢一郎は、初夏の強い日差しが照りつける参道で、待ち構えていた記者団を前に語り始めた。

「出雲と大和とは二つの大きな文化圏だったのだろう。二千年近くも前にこれだけ大きな国家の力、高い文化水準があったことは驚きだ」

記者団の中でボールペンを走らせていた私のメモにはそうある。私はそのころすでに、小沢が歴史に深い造詣を持ち、知られざる読書の大家であることを知っていたので、出雲大社関係者の案内に貪欲に耳を傾ける小沢の姿に格別の驚きはなかった。

古代大和朝廷とは別に、荒ぶる神スサノオノミコトの流れをひく出雲文化圏に強い関心を持つ小沢はこの時、直後の七月に投開票のあった参院選を「政治改革」のための重要な選挙と位置づけ、自ら島根、鳥取両県の山陰地方応援の旅に出た。

私はこの応援旅行に同行取材したが、出雲大社見学の後の連合島根幹部との打ち合わせでは、冒頭にこう挨拶していた。

「明治以来の中央集権、官僚支配を変えるのは容易なことではない。民主党が衆参で過半数を獲得しないと旧体制の抵抗を打破することはできない。参院選は最終戦だ」

実際の選挙は、この時首相を務めていた菅直人の不用意な「消費税10パーセント増税」発言で自民党に惨敗したが、その裏で日本政治はかつてない大きな変革の第一歩を経験していた。

まさに小沢の挨拶の言葉通り「明治以来の中央集権、官僚支配を変える」「旧体制の抵抗を打破する」試みの大きい一歩。それは政治の力で予算の「聖域」を破壊することだった。

そして、この変革を仕掛けて実現させたのは、他ならぬ小沢だった。

二〇一〇年度予算に大ナタを振るった小沢は、長年自民党候補者を育てるカネと言われてきた土地改良の補助金をバッサリ削り、前年度に比べてわずか36・9パーセントにまで落とし込んだ。

土地改良の補助金はそのまま農家個人の水田整備に直結するため、農家の票を動員しやすかった。このため、全国的には土地改良の歴史的役割はあらかた終わっているはずなのに、いつまで経っても大きい予算枠を保持し続けていた。

そして、これこそが自民党＝農水省構造改善局の文字通りの「金城湯池《きんじょうとうち》」だった。

構造改善局は現在は存在せず、土地改良事業は農水省農村振興局に引き継がれている。土地改良をはじめとする補助金と自民党の集票構造を分析した名著『補助金と政権党』（広瀬道貞著、朝日新聞社）によれば、データは古いが、一九八〇年の参院全国区に立候補した自民党公認、元農水省構造改善局次長の四十七都道府県の集票割合と、同じ四十七都道府県の土地改良事業予算の配分割合とは「ただならぬ」ほど一致していた。

つまり、土地改良補助金が出ている割合がそのまま自民党の集票割合となっている構図だ。まさにこの構造を変えない限り、国民の金である税金の使い道は国民の側に戻ってこない。

ここに初めて大ナタを振るった小沢は、国民の側に立った、まさに現代のスサノオノミコトだった。

全国土地改良事業団体連合会の会長は、自自連立の時に小沢を利用した野中広務だったが、野中が直接陳情に訪れても小沢は顔を見せることさえなかった。

歴史的な役割を終えているにもかかわらず自民党の集票構造にガッチリ組み込まれた土地改良事業の補助金。この無駄金の大半を削って小沢が持って行った先は、農業の自由化に備えた新しい制度、農家戸別所得補償だった。

農産物の自由化は避けがたく、欧米諸国が採用しているように、農家への戸別所得補償はいずれ必要になる。その資金に歴史的な役割を終えた資金を持ってくることは実に合理的だ。小沢はこう言っている。

「財務省の官僚はいろいろなことを言ってもやはり賢明だから、きちんとした論理的なビジョンを持って説得すれば、きちっとした仕事をするんです」

これこそ本物の「政治主導」の言葉と言えるだろう。予算編成権を政治の側、国民の側に取り戻すというのは、こういうことではなかったか。

——民主党政権のマニフェストに関連して、私が一番印象に残っているのは、農家戸別所得補償制度です。小沢さん自身がこの制度案を立案して、農水官僚から民主党議員（現国民民主党議員）になった篠原孝さんがまとめました。そして、小沢さんがこれを断行したわけですよね。

小沢　あれは絶対やらなければならないと思ってやりました。

——そして、その財源が圃場《ほじょう》整備などの土地改良予算でしたね。

小沢　バッサリ削りました。半分以下にしましたね。

——あれは本当にすごいなと思いました。土地改良事業はとっくに歴史的な役割を終えているのに自

青森市で開かれた全国土地改良事業団体連合会の集会に出席した同連合会名誉会長の野中広務氏（左）と、会長の二階俊博自民党総務会長（右）＝2015年10月15日

民党の集票のために延々と続いていました。そういうことが幅広く指摘、批判されていたのに、誰も政治的に手をつけられなかったんですよね。それを小沢さんがバッサリやったんで、これを他のところでもやれば予算はすごいことになるな、と思ったんです。戸別所得補償だけはまずやらなければならないというお考えだったんですか。

小沢　そうですね。戸別所得補償と言っても、もっと生産性を重視したものにしようと考えていたんだけど、農水省の官僚の壁があってそうは徹底できなかったですね。政権が続いていればぼくがきちんとしたんですが。本当はもっと大規模に、全国的に農協や自治体も巻き込んでビシッと適地適産にしないとあの制度は完全ではないんです。農水省の官僚だけでできることではないんですね。

市町村と農協の協力を得て適地適産をする。そのためには、ここで何を作れ、ここでは何を作れ、というふうにある程度指導をしなければなりません。

ぼくの記憶では、いま大豆も小麦も欧米に比べて反別の収穫量は半分ですからね。それで、その反別収穫量を上げて、欧米と同じくらいの収穫になるまで二、三年猶予期間を置こうということです。だから、ぱっといっぺんにはできないけど、何年かかけて努力すれば主要穀物は全部国産できるんです。自給できます。やればできる。

――すごいですね。そして、その先には農産物の自由化があるわけですね。

小沢　ＴＰＰ（環太平洋経済連携協定）などは駄目です。アメリカのルールですから。だけど、農業に限って言えば、戸別所得補償と自由貿易とは何も矛盾しません。農林水産物自体は全部まかなったからと言ってそれほど金のかかるものではありません。ＧＤＰの中で十二兆円から十三兆円ですから。食料自給のためには過保護とかそういう問題ではないんです。

――そうですね。

小沢　だから、ぼくは自由化には基本的に賛成だけど、ノンルールの自由化をすると農家はみんな潰れてしまい、食料は自給できなくなってしまうと言っているんです。もちろん、それでは駄目です。イギリスの産業革命の歴史を見れば、自給体制を作らなければいけないということがわかります。イギリスは一時、食料自給率が20パーセントから30パーセントに落ちちゃったのが、一時期七割に戻しているんです。ところが、日本は四割を切っているんですよ。

――そうですか。

小沢　あの産業革命で、自給率が落ちて、イギリス社会全体が結果的にうまくいかなくなってしまった。それで農業の自給体制はやっぱり作らなければいけないということで再び自給を目指して政策展開をしたんです。だから、自給体制を作るには、やっぱり最低限の再生産のシステムを作らないと駄目なんです。

――そういうことですね。

小沢　土地改良予算を削ったことも、それだけが目的でやったんではないんです。戸別所得補償制度をのませるためにやったわけです。財務省は、土地改良を削ることには賛成ですから。ぼくが「（土地改良を）切れ」と言って、財務省が「わかりました」と答えたわけです。

財務省の官僚はいろいろなことを言ってもやはり賢明だから、きちんとした論理的なビジョンを持って説得すれば、きちっとした仕事をするんです。

ただやみくもに駄目なことを言ったって、反論されて言いくるめられちゃうだけです。きちんとした論理ときちんとしたビジョンを持って、こういうふうでこうだからこうやれって言えば、最終的にちゃんと言うことを聞くんです。

――農水省やその周辺には改良事業でメシを食っている人たちがいっぱいいるでしょう。相当抵抗はなかったですか。

小沢　そりゃ抵抗しますよ。

――するんですか。

小沢　大変だったと思います。だけど、ぼくはそういう人とはしゃべりませんから。財務省は基本的に削るのは喜ぶわけだから、あの時は本当に大変だったと思いますよ。

――小沢さんの耳にはそういう声は入って来なかったですか。

小沢　（声は）上がってきました。地元の人たちにもいっぱい会いますから。

――そうですね。私も二〇一〇年の参院選の時、小沢さんについて山陰地方に行きましたが、その時に、山陰の農業者の方から圃場整備事業について随分話を聞いたんです。けっこう文句を言っていました。半分圃場整備をしたんだが、まだ半分残っている、どうしてくれるんだというような話でしたね。

小沢　だけど、あれは全国的に言えば土地改良の食いぶちになっているんです。だから、ぼくは基本的には土地改良と農協の組織を一緒にしたらどうかと言っているんです。これは政権を取っていればできることなんだけど「権限を持たせて町作りに農協をかませろ」と言っているんです。農協は一番の地主ですから。

——それは面白いやり方ですね。

小沢　ところが、そうなると今度は国土交通省と農水省の権限争いになるんです。それで、町作りや区画整理などでやることはいっぱいあるんだから、農協をスリムにして余計なことをさせないで「権限を持たせろ」と農水省に言ったんです。

　それで交渉をやらせたんだけど、最初から権限争いで大変な騒ぎで、そう簡単にはできなかったですね。このころは検察の邪魔もあったし、かえすがえすも残念無念です。

——さきほど財務省のお話がありましたが、財務官僚は小沢さんの前では「お金がない」とは言わないということでした。小沢さんが財務省自体や国の財政の実態をよく知っているから、ということでしたね。

小沢　その代わり、ぼくはむちゃくちゃなことは言いません。基本的には「不要なものは切れ」ということです。

——国の財政で言うと、少し問題は違いますが、一般会計と特別会計の問題があります。財務相だった塩川正十郎さんが「母屋（一般会計）でおかゆをすすっている時に、離れ（特別会計）ですき焼きを食べている」とうまい表現をした特別会計の問題ですが、役人の隠しポケットになっているとよく指摘されますね。

財務省によると、令和二年度予算の場合、約百兆円の一般会計の他に合計三百九十兆円以上の特別会計が国には十三会計ある。単純合計すると約四百九十兆円となるが、一般会計と特別会計相互間で資金が出たり入ったりしているため、実際には一般会計と特別会計の純合計額は約二百四十兆円規模と財務省は説明している（31頁・図1参照）。

しかし、それら会計間の入り繰りが非常に複雑なため専門家でも追跡が難しく、「謎の特別会計」とも呼ばれる。「母屋」に比べて「離れ」の方が規模も大きく、その先に特殊法人やそのファミリー企業などがたくさんぶら下がって「霞が関」の隣の天下り伏魔殿「虎ノ門」村を形成すると言われている（33頁・図2参照）。

小沢　あれはまた全面的な改革の話になります。単年度予算の話じゃないから、それはそれでまた別の改革の話です。

――小沢さんは、そういう実態をかなり深くご存じのわけですよね。

小沢　はい、知っています。改革はできますよ。ただ、そこで給料をもらっている人がいるわけだから、すぐに辞めてくれとは言えないんです。だから、改革を一回、どんとやることが必要です。官僚だって生活があるわけですから、ただ天下りが駄目だと言うだけでは解決しません。

きちんと恩給をつけなければいけないんですよ。イギリスが典型ですが、ドイツでもフランスでも官僚の恩給は高いんです。だけど、金品をもらっての天下りは駄目だというようになっている。
恩給をつけてあげた方が、天下りを放置しているよりも国民にとってもはるかに負担が少なくて済みます。だから、欧州では恩給をもらうわけだから、再就職のことなんか全然心配しないでボランティアでいろいろなことをやるわけですよ。

――そっちの人生の方がずっといいですよね。

小沢　ずっといいんですよ。だから、ぼくは、そういうことを役人に話すんです。話してきたんです。すると、官僚も「ああ、そういうようにしていただけるなら結構なことです」「天下りなんかする必要はありませんから、そうしていただきたい」と喜んで言います。

――それはもう、完全な「虎ノ門」改革になりますよね。「虎ノ門」には特殊法人やファミリー企業がたくさんありますが、そういうものは小沢さんの頭の中に入ってるんですか。

小沢　ぼくはいろんなところを調べたりしていますが、全部頭の中にインプットしています。そうした改革をしたら、官僚はみんな喜ぶと思いますよ。

――でも、もしかするとそういう改革がむしろ怖いと思うような官僚もいるかもしれませんね。

小沢　ぼくと付き合っている優秀な官僚はみんなOKと言っていました。「そういうことですね。わかりました」と。ただ、ぼくも全員と付き合っているわけじゃないから、ぼくの考えをよく知らない人は「ただ天下り先をなくすだけ、特会をただやめさせるだけ、それだけじゃないか」と思って恐怖心を持つ人がいるかもしれない。

――わかりました。小沢さんがどうして霞が関の枢要な官僚にも支持者がいてお付き合いをされているか、理解できたような気がします。結局そこなんですね。ただ天下りは駄目だとか言うのではなく、しっかりと代替案を考えて現実的に約束を守っていくという姿勢がよく伝わるんですね。

小沢　政治家は自分の保身ばかり考えていては駄目なんです。やっぱり、身を捨ててこそ、という姿勢は本当に大事なんですよ。約束したことは、たとえ自分の地位を失っても守らなければいけない。そういう姿勢が政治家には必要なんです。

――先ほど、土地改良事業費と農家戸別所得補償制度の関連について詳しくお話をうかがったんですが、民主党のマニフェストではもうひとつ、子ども手当のことも強い印象を残しました。

子ども手当は民主党マニフェストに提示され、月額二万六千円支給とされた。しかし、財源問題などのために実際には一万三千円の支給となった。その後、野田内閣によって自民党政権時代の児童手当に戻された。

――民主党政権時代を回想したいろいろな本を読んでみると、月に一万六千円だった当初の原案が、小沢さんの判断で二万六千円になった、ということのようですが。

小沢　本当は、ぼくは三万円って言ったんです。

――三万円と言ったんですか。

小沢　当時、フランスは円換算して三万円だったんです。ドイツもそうだけど、フランスもそのくらい出しているんですよ。それで出生率が回復したんです。

財源がないとマスコミが言うのは仕方ないけど、役人に言われた政治家がそういうことを言ったら駄目なんです。ぼくは、財源はいくらでもあると言っていたんです。安倍政権を見てください。どんどんお金が出ているではないですか。これはどこから出ているんですか。極端な話、政府はいくらでもお金を印刷できるんです。

——たしかに。

小沢　金は天下の回りものという考えもありますが、無駄金もジャブジャブあるんです。特会の方に入って、使われないで眠っているお金があるんです。だから、財務省の官僚はぼくの前では「お金がありません」などとは決して言いません。

——そうですか。

小沢　あるいは、国債を出しているでしょう。これは無責任にはできませんが、今はほとんど無制限にやっているじゃないですか。日銀買い入れの国債を出しているんですから。

——ほとんど財政法第5条違反ですね。

財政法第5条
すべて、公債の発行については、日本銀行にこれを引き受けさせ、又、借入金の借入については、日本銀行からこれを借り入れてはならない。（後略）

国債を中央銀行に引き受けさせると、その国の財政節度を失わせ、悪性インフレーションを引き起こす恐れがあることから、そのような発行方法は禁止されている。ただ、安倍政権の場合、発行直後の国債を短期間民間銀行に引き受けさせ、その後すぐに日銀が引き取るという形で実質的な日銀引き受けが実行されている。

小沢　実質的に法律違反を平気でやっているんです。言葉を換えて言えば、政府はそういうことまでできるんです。

——なるほど。

小沢　民主党は役人に「お金がない、お金がない」と言われて、それで終わってしまった。まったく惜しいことをしたと思います。権力を取ったんだけど、ただそれがおもちゃのままに終わってしまった。

——本当に惜しいですね。

小沢　だから、もう一回やろうと思っているんです。

——それは、絶対にお願いします。

小沢　もう一回やる、必ず。このままじゃ死ぬに死ねない。もう一度ひっくり返す。それは、別に自民党に恨みつらみがあるんじゃなくて、国のためです。このままでは、民主主義はもう日本に定着しなくなってしまう。そうなったら日本はもう本当にアウトです。絶対にもう一度やる。それで、反対に自民党の方もしっかりしてもらいたいんです。

安倍さんは悪い人間ではないと思うが、トップリーダーとしていいかどうかは別の問題です。安倍さんは福田（康夫）さんより情緒的に走るところがあるから、その意味ではトップリーダーとして駄目なんです。福田さんは日本人的人柄の「和」の心の一面を持っていますが、安倍さんは一方的情緒に走ってしまうからトップリーダーには向いていない。

——人間の資質ということで言えば、小沢さんの下で政治の勉強をしていた山本太郎さんは、骨のある、素晴らしい気概を感じさせますね。

小沢　それで素直な人なんです。跳ねっ返りとかそういう性格の人ではないんです。「自分は保守です」と言っているくらいですから。それで全国にファンが多いんですよ。

選挙に出る時、最初からぼくのところに相談に来たりしていましたから。一緒にならなければ、それでもよかったんだけど、ぼくと一緒にやってそれはマイナスにはなっていなかったと思います、多分。

――それはそうでしょう。

小沢　彼もぼくも、両方よかったんじゃないかな。とにかく、それもこれも含めて、（政権交代は）もう一回だ、もう一回。

国家戦略局・設計者、松井孝治がみた小沢一郎の功罪1

何度か指摘したが、第二次安倍政権になって議論のレベルが格段に低下した問題領域がある。あるいは、安倍政権が提起する論議があまりに低レベルなため、問題自体がいつのまにか蒸発して消えてしまった感さえある。それは、明治以来の日本政治の「通奏低音」とも言うべき「政官関係」である。実質的に「官」の側が持つ予算編成権を「政」の側が取り戻す。これは、明治の天皇制官僚国家機構に対して政党側が挑み続けてきた最大テーマだった。

挫折したとはいえ、二〇〇九年に誕生した民主党政権は、日本政治史上ほとんど初めてその総合的な構想を目に見える形にし、現実の二〇一〇年度政府予算案でも、国民経済の側に立って政治の力を大きく振るった。

歴史的使命を終えていたにもかかわらず、ほとんど自民党の集票目的のためのみに存続していた土地改良補助金をバッサリ半分以下に切り落とし、削った分を農産物自由化の将来に備える農家戸別所得補償制度の創設に回した。

将来の日本経済にとって本当に必要なところに財源を回していく。このことこそ、本来の「政治主導」の姿であり、小沢はその大胆なモデルを示したとも言える。

そしてもうひとつ、予算編成権を「政」の側に取り戻す構想を描き、そのシステムを現実のものとして見せる役割を果たしたのは、当時の民主党参院議員で鳩山内閣の官房副長官を務めた松井孝治(現慶應義塾大学教授)だった。当然と言えば当然だが、松井は、同じ「政治主導」の方向性を志向する小沢について、次のように振り返っている。

民主党政権樹立期に、マニフェストに規定した政策決定の政府与党一元化に理解を示した唯一の大物指導者は、小沢一郎幹事長であった。(「世界」二〇一五年二月号・岩波書店)

「政治主導」を別の言葉で言い表す「政府与党一元化」を本当に理解していたのは、菅直人や鳩山由紀夫、岡田克也らではなく、小沢ひとりだけだったと断言しているのだ。国家戦略局という、予算編成権を政治の側に取り戻す構想を描いた松井の言葉は重い。

この言葉は、「政治主導」の意味を現実政治の中で真に理解し、実現させる努力を払っていたのは小沢ひとりだったということを意味している。だが松井は、この言葉のすぐ後でこう続けている。

しかし小沢氏は、この表看板に則り党の政調会、その各部会を廃止しつつも、みずからの下に業界や地方からの陳情要望本部を一元的に組織化し、選挙時の組織的協力体制とセットで、今や自民党内でも珍しいほど中央主権的に予算査定に辣腕をふるった。（同前）

ここで松井が「陳情要望本部」と呼ぶのは、先に小沢のインタビューとともに紹介した当時の民主党幹事長室の仕事のことだ。

二〇一〇年度予算案編成をめぐり民主党政権が立ち往生している事態を受け、党幹事長だった小沢が「助け舟」を出したことはそのインタビューで明らかになった。個別の陳情は受け付けなかったことも小沢は証言している。

また、「辣腕をふるった」のは、先に紹介した土地改良補助金の大幅削減や農家戸別所得補償制度の創設などの分野で、これこそはまさに「政治主導」の典型的な政策と言える。このため、「中央主権的に予算査定に辣腕をふるった」という表現は当たっていない。

この部分は、私の見る限り、松井が将来的な社会の形として目指す「分散・ネットワーク型の公共政策のモデル」＝「新しい公共」の姿を理想として念頭に置きながら、古い政治モデルが永田町のあちこちに色濃く残る二〇〇九年の現実政治の中で苦闘していた小沢らの営為を裁断する「勇み足」的評言と言える。

しかし、これら一連の言葉に見られるように、松井は民主党内の対立から距離を置き、「政治主導」を目指す民主党政権を客観的に眺めていた。

何より、民主党政権の大きい目玉であった国家戦略局を設計した当人であり、なぜこの目玉政策が実現しなかったのか、その経緯をつぶさに語ってもらうことは、安倍政権以後の日本政治を考える上で重い意味を持つ。

——一九九六年九月の橋本首相の行政改革スピーチはかなり注目されました。松井さんが書かれたわけですが、かなり思い切った案ですよね。

松井　首相官邸機能の強化や省庁の半減などを相当思い切って書いています。その中で、予算編成の機能や幹部公務員人事の機能を総理の下に置けないかという問題提起についても、橋本総理自身の言葉で明言しているものですから、当時は相当話題になりました。

——予算編成から人事、行政管理の機能を官邸の下に置き、省庁横断的な強力なプロジェクトチームを官邸に設置して、無任所大臣を活用できないか、ということですから、これは国家戦略局の姿に近いですよね。

松井　私自身は、実は国家戦略局と内閣人事局が官邸主導の車の両輪だと思っていて、それは、予算編成とか人事のすべてを総理がやるわけではありませんけど、やはり財政的資源配分と人的資源配分の枢要なところは官邸が司

松井孝治氏。通産省（現経産省）から内閣官房に出向、羽田孜、村山富市、橋本龍太郎各内閣を支えてきた。「橋本行革」に深くかかわり、民主党参院議員になってからは鳩山政権時にその行革の見識が生かされた

令塔機能と権限を持つということが非常に大事だと考えています。

縦割りの弊害を是正するためにも、国民主権の発動という意味でも、戦略的に国が取るべき方向性というものを首相が明確にリーダーシップをもって示していくことが必要だと思います。私自身、橋本行革前に官邸に勤務していて、そこが日本の政治の中で一番大事なところだと痛感していました。

――私も大蔵省（現財務省）の記者クラブなどで毎年のように年末の予算編成を見ていて、こういう形でいいのかなと疑問に感じていました。そこで、一九九六年十月に、内外情勢調査会の年次総会で、橋本首相が再び踏み込んだ提言をされましたね。歳入・歳出、財政投融資、地方財政、社会保障などの審議会を統合して総理に直結した機関による運営を図れないかと。さらに無任所大臣を設置して、機動的、弾力的に当たるということですね。これも、ベースになるものは松井さんが書かれたんですか。

松井　はい。九月十一日の記者クラブの演説の反響が非常に大きかったものですから、そこをもう少し踏み込んでいくということでした。九月十一日のものを具体化していくために、中身についてさらに踏み込んで提言できないかという話で、総理秘書官と話をしながら書きました。

審議会統合の問題意識は、国会答弁などで総理もおっしゃっていたものですから、そこをベースにしてちょっと踏み込んで書いてみたということです。草稿をご覧になった橋本総理は「こういうことなんだよな」とまさにおっしゃっていました。

その後、私も橋本行革にコミットしますけど、この表現のあたりが経済財政諮問会議の創設につながっていくところだと思います。

――実際に経済財政諮問会議ができて、実際にそれを大いに活用したのは橋本さんではなくて、小泉純一郎さんだったわけですね。

松井　そうですね。経済財政諮問会議は、行革会議の中ではさほど論点になったわけではないです。そこは比較的スムーズに決まっていくんです。そんなにスポットライトが当たっていたわけでもないですね。その後二〇〇一年の総裁選で、橋本さんは小泉さんと戦って敗れ、小泉さんが経済財政諮問会議を非常に上手に活用されたんだと思います。

――経済財政諮問会議を外側から見ていて「大蔵省は何を考えているのかな」とよく考えました。経済財政諮問会議は予算編成機能の大きなところを捉えていましたので、大蔵省自身も「あれ？」と思ったんじゃないか、という気がするんですが。

松井　橋本行革の時、予算編成が官邸主導になることについて、大蔵省はすごく警戒していました。けれども、経済財政諮問会議程度であれば、使う首相は使うだろうけど、それが大蔵省の位置づけを変えるほどのものではないと考えていたと思います。当時は、財政と金融の分離問題が非常に大きなイシューでしたから。

そこを、小泉さんと、担当大臣の竹中（平蔵）さんが、予算編成の前の大きな枝振りを決める骨太方針というものを置いて、そこから予算編成に入っていくという政策立案の新たなプロセスを採用しました。初年度あたりには、大蔵省も焦ったのではないかと思います。

しかし、彼らのことですからそこは上手に活用したと思います。財政の健全化とは矛盾しませんから、うまく活用すれば財政健全化に有効に働きます。上手にこれを使わない手はないと方針転換したんじゃないですかね。

――財金分離については一九九八年のころ、私は直接取材して、政治の動きもダイレクトに目撃しましたが、そちらの方が大蔵省としては厳しい話だったわけですね。

松井　内閣財政局や国家戦略局を作るということであれば大蔵省にとっては大変なことだったでしょうが、経済財政諮問会議というある種の審議会を作るという話ですから、自分たちの存立を危うくするようなものではないと考えていたでしょう。財金分離こそが、大蔵省にとっては、橋本行革の中で死活的な課題であったと思います。

――そうすると、経済財政諮問会議は、松井さんが考えていたものよりも少しマイルドな形のものだったのですね。

松井　最初の橋本総理のスピーチでは「予算編成、人事、あるいは行政管理の機能を官邸の下に置けないものだろうか」と述べていますが、発想は国家戦略局と同じです。司令塔を置くということですので。ただ、その経済財政諮問会議を内閣官房ではなくて、内閣府というちょっと外側の組織に置いて、しかも審議会という形を取っているので、最初の原案に比べれば多少マイルドにはなっていると思います。

私も行革会議に出向していましたが、橋本総理も、どうしても内閣に財政局みたいなものを作っていくんだという発想ではなかったし、仮に内閣財政局を作ったとしても、大蔵省から予算編成機能を取り上げるとかというものではなく、首相直轄の組織は骨格編成にとどめ、予算自体はその骨格を踏まえて大蔵省が作成するという二段階にするという趣旨だったと思います。

経済財政諮問会議については、大きな前進だと思っていました。骨太方針から予算編成への流れもさることながら、三位一体改革とか郵政民営化など、各省のイニシアチブ待ちではなく、重要事項について官邸と民間委員の意思疎通の中で、意思決定のバイパスやお白洲の機能を発揮しましたから。

ただ、その後の政権交代とかを見越して、やっぱりそれを強化していきたいという気持ちは持っていました。

——念のためにおうかがいしたいんですが、例えば年末の予算編成などを毎年見ていて、どのあたりについて「これでいいのかな」と疑問を持たれたのですか。

松井　国の予算の枝振りを決めるというところですね。財務省の皆さんはすごく優秀だし、官僚中の官僚だと思います。財務省は各省との関係でオールラウンドにすべての省の予算を見ています。

主計官とか次長、そして主計局長がいますが、各省との官僚同士の折衝でどこか特定のところに恥をかかせるわけにはいかない。どうしても霞が関の各省庁の収まりというものをある程度考えて調整をしていく。その調整の限りではやっぱり大ナタは振るえないんですね。そこは政治家が大ナタを振るって、大胆な選択と集中を政治が責任を持ってやらなければならないと思っていたんです。

特定の政策を重点化するために最初からどこかの役所に少し割を食ってもらう、財源の捻出のためにどこかの部署に財政的に皺寄せせざるを得ないというようなことは、政治の意思、しかもトップリーダーの意思で決めるものです。そういう政治決断のシナリオを作っていく部署が、小さい部局でもいいから必要で、そこが財務省と密接に連携してやっていく、ということです。

そういうものがなくて各省の官僚任せだけで議論していると、隈取りのぼやけたような予算や切れ味の悪い政策にとどまってしまうケースが多いのではないかという思いを持っていました。今でも、やっぱり必要だと思います。

——よくわかりました。そして、いよいよ民主党政権になって鳩山由紀夫さんからの特命で「ちょっと書いてくれ」となりました。その前に、民主党のマニフェストをずっとチェックしていくと、その構想は、内閣財政局、それから国家経済会議となり、呼び方は違いますが、経済を主眼として、最後は国家戦略局となっていきます。基本的な疑問ですが、これは経済財政だけが担当ですか。それとも、外交ということも考えていたのですか。

松井　もちろん外交もありうると思っていましたが、基本的には、内政改革にずっと関心を持っていたものですから。内閣を満遍なくミニチュアにして何でもかんでも国家戦略局を司令塔にするというよりは、やっぱり内閣財政局的なものが中心のイメージでした。

国家戦略局という名前からしても、まさにＮＳＣ（国家安全保障会議）的な組織こそ必要ではないかという議論もあって、もちろん否定はしませんが、私がずっと追いかけてきたのは、財政を中心にした内政面での司令塔ということでした。

松井は別のインタビューで、現実政治の中で国家戦略局が挫折した原因を問われて、こう答えている（丸括弧内は著者注）。

「国家戦略担当相の菅（直人）さんが、予算編成にかかわることに消極的だったことが、一つの原因でした。（二〇〇九年）九月一八日に内閣総理大臣決定ということで国家戦略室が設置されましたが、その際の文書には「税財政の骨格」と書かれていますから、予算編成について経済財政諮問会議で言うところの「骨太方針」のようなものを出すことを最低限やらなければならなかったのですが、菅さんからはその意思はあまり感じられませんでした。むしろ行政刷新会議の仙谷（由人）さんの方が、財務省の役人を使って事業仕分けに入り、そこから予算編成の方に突っ込んでいくというかたちになりました」（山口二郎、中北浩爾編『民主党政権とは何だったのか——キーパーソンたちの証言』岩

波書店）

——国家戦略室が実際にスタートしてみると、松井さんは別のインタビューに率直に答えられていますが、菅さんが消極的だったということですね。これはやはり驚かれましたか。

松井　いや、後になってみればそんな驚くようなことではなかったですね。菅さんのお立場は、その後に財務大臣をやられて、さらに総理をやられて、当然変わっていくわけです。ご自分が直轄チームを率いて独自の予算編成をやることにあまり関心がないということは、政治家としての菅さん自身のスタイルなのかもしれませんね。予算編成について注文を出すことはあってもご自分のチームで枝振りを決めていこうという発想ではないのです。

最初は藤井（裕久）さんが財務大臣でしたが、そこに国家戦略大臣としての菅さんが踏み込んでいって基本方針のようなものをご自分が作るということについてはあまり乗り気ではなかった。そもそも菅さんが国家戦略担当大臣になるとは私は思っていませんでした。

——そうなんですか。

松井　私はもちろん閣僚人事にはタッチしていませんから、だれになるかはわからないとは思っていましたが、適任は仙谷さんだよねと古川元久さんとは話していた。菅さんは、鋭く批判やコメントをすることは得意でも、基本方針を作るようなタイプとは少し違うようには思っていました。菅代表の時の民主党政権プランには内閣財政局というのは一応入れてはいましたが、菅さんはそこにそんなに強く反応しておられたわけではなかった。さあどうなるかな、と思っていたら、菅さんが最初に指摘されたのは、国家戦略室が官僚主導になるのを警戒しているんだということでした。

――なるほど。

松井　私は、国家戦略局（室）を作る時に、官僚の中からも本当に能力の高い方々、将来の事務次官候補を連れてきて、民間からも優秀な人を入れて、それで混成チームを作るんだという話をしていたんです。古川元久さんが菅さんの下で担当の副大臣だったので、古川さんとは、いつもその話をしていたんです。

古川元久は一九八八年に大蔵省入省、九六年に民主党に参加。鳩山内閣で内閣府副大臣となり、菅副総理の下で初代国家戦略室長となった。現在、国民民主党の衆議院議員。

松井　古川さんはいつも「菅さんはあまり自身で予算編成をやりたいっていう感じではない。霞が関から優秀な人が来ると霞が関に取り込まれてしまうと心配しているようだ」ということを言われていました。それに対して、私は「霞が関の人材だけでやるんじゃなくて、霞が関にも睨みが利くような人をハントして、混成チームでやる。各省とも協力すると言っている」と言っていたんです。

現に、霞が関の主要官庁とは、各省の将来の次官候補を国家戦略室に出向させるということで合意ができていました。結局、菅さんが受け入れないので、年明けに彼らは官房副長官補室においでいただくことになります。財務、総務、経済産業の各省からおいでいただいた三人の人物はいずれも後に事務次官に就任する逸材ぞろいで、菅さんはみすみすそうした人材を自分の配下で使う機会を喪失したことになります。

結局、菅さんはそういう構想には乗られなかった。「やっぱりそうかな」とガッカリした、失望した覚えはありますね。菅さんが後でちょっとおっしゃっていると思いますが、総理が自分の予算を編成するという時に、国家戦略という司令塔がいたら二重権力になってしまう、という心配があるということですね。これはこれで一つの考え方です。

ただ、私は歴代内閣を見ているのですが、大蔵省は、総理の予算なんだからなんでも仰ってくれという姿勢を取るかもしれないが、実際には、総理は超多忙で、総理自身が自分の内閣の予算を編成するなんていう時間はないんですよ。結局は、財務大臣に頼んで、各省と財務省が調整するということになる。そうなると内閣の個性が発現される部分はおのずと限られる。だから、そこは総理が自分の側近を使ってでも自分で予算の骨格編成を行うというようにしないとなかなかブレイクスルーできないんです。

しかし、菅さんはそう判断しなかった。それで菅さんが財務大臣になるとますます国家戦略局で予算を作るという雰囲気が遠ざかっていってしまったのです。菅さんはもともと財務省の考えに近かったのでしょう。それから、どこかで早晩、鳩山さんの後継になるという意識もあったのかもしれません。

――菅さんが首相になった時に、国家戦略室の予算編成司令塔の機能撤回を表明する、という問題がありました。松井さんは菅さんに直訴されたわけですが、どんな経緯だったのですか。

松井　そういうこともありましたね。古川さんからそのような話を聞いて、ツイッターに「とにかくこれはひどいじゃないか」と書いたんです。随分反響がありました。もともとマニフェストには「総理直属の『国家戦略局』を設置し、官民の優秀な人材を結集して、新時代の国家ビジョンを創り、政治主導で予算の骨格を策定する」と明確に記述しています。ところが、その国家戦略室がその機能から撤退するなどというんですから、ひどい話です。

菅さんは国家戦略室を何か知恵袋的なポリシー・ユニットとして使いたいということだったんです。しかし、それでは従来の経済企画庁の政策提言みたいなものにしかなりません。絶対に力は持てないんです。

財源配分のような実質的機能を持つがゆえに司令塔機能を果たせるのです。例えば経済財政諮問会議も、そこが政策の骨太方針を議論するような機能を付与されるがゆえに、非常に重要な議論の場になってきたわけです。「予算編成の骨格を抜きにしたら本当に機能しませんよ」と菅さんに直接言いました。菅さんは「とにかく君の意見はわかった。それはそれとしてちゃんと考えるから」というような返事でした。

私としては菅総理の本心はともかくも、少なくとも自分としては、単に批判するだけではなく直接総理に意見をぶつけるのが自分の使命だし、動いておかないと後悔するからということでの行動ではありました。

しかし、結局、元には戻らなかったですね。震災後、担当大臣をどうするかとか、そこのスタッフを増やすとかという話をする中で、それならこの目玉政策は下ろせと野党に言われて下ろさせられたわけです。閣議決定したものを意味なく下ろさせられた。体よく葬り去られたわけです。

――はっきり言って、菅さんには肝心の予算編成を中心とする政治主導の問題意識がなかった、理解していなかったということですね。

松井　そうですね。総理になってしまえば、そんなものは余分だということだったのかもしれません。セカンド・オピニオン的な自分の腹心のチームを持っておくというのは悪くないという考えだったのかもしれませんが、それなら霞が関にとっては脅威でもなんでもありません。結局そのポリシー・ユニットがどういう機能を果たしたのか、最終的にどんな働きをしたのか、ぼくにはわかりません。

菅内閣の予算編成過程は、シーリング方式に復することになります。国家戦略局を見送った菅内閣の予算編成プロセスはどのような結果となったのか、冷静に評価する必要があると思います。

国家戦略局・設計者、松井孝治がみた小沢一郎の功罪2

政治の問題領域は様々にあるが、それらが集約的に現れてくるのが、国民の税金を集めてどういうところに使っていくかという政府予算の分野である。

この予算使途をめぐる争奪戦が明治期以来の最も重要な政治課題となってきた。むしろ、古代政府ができて以来の人類史における枢要な政治テーマと言える。

総選挙で自民党に大勝し政権交代を成し遂げた民主党政権は、この政府予算編成権について、国民を代表する「政治」の側が、政府と与党の一体化、一元化によってしっかりその手に摑み取ることを至上命題とした。

その最重要拠点となるべく設置したのが国家戦略室であり、後に国家戦略局に格上げする予定だった。鳩山由起夫内閣は、その重要なポイントとなる担当大臣に、民主党のシンボル的存在だった菅直人を充てた。ところが、菅は衆望の期待を裏切り、予算編成権を政治の側に取り戻すことについて熱意を見せず、国家戦略局は歴史の彼方に消えていった。

菅自身はその後、財務大臣から首相となり、さらに野田佳彦に首相職が引き継がれていく。その過程で、予算を国民の側が取り戻すという問題領域自体が忘れ去られ、民主党政権は自民党政権の亜流と堕していった。

先に、民主党幹事長だった小沢一郎が、迫り来る二〇一〇年度予算案編成で「政治の大ナタ」を振るい、自民党の主要な集票構造を支えていた土地改良予算をバッサリ削った経緯を小沢自身に詳しく回顧してもらったが、国家戦略局の設計者、松井のインタビューと合わせて考えてみると、名称や肩書こそないが、小沢自身が実質的な国家戦略局長の役割を果たしていたことが浮かび上がってきた。

しかも、松井や小沢の回顧によれば実質的な司令塔・小沢には財務省主計局が極力協力していた。「財務省の官僚はいろいろなことを言ってもやはり賢明だから、きちんとした論理的なビジョンを持って説得すれば、きちっとした仕事をするんです」という小沢の言葉が思い出されるが、整合性のあるビジョンに基づいた政策の方向へ財務省をはじめとする官僚群を主導していくスタイルは、まさに今後再スタートしなければならない「政治改革」の教科書となるべきものだろう。

国家戦略局の設置、首相補佐官枠の増員、政治任用の拡大などを盛り込んだ政治主導確立法案は、二〇一〇年二月に鳩山由起夫内閣によって国会に提出されたが、衆院で継続審議となった。さらに同年夏の参院選で自民党が勝ったことにより、翌二〇一一年五月、菅内閣が撤回した。

――国家戦略室を国家戦略局に格上げする重要な政治主導確立法案は、最後は撤回という寂しい結果となりましたね。

松井　政治主導法案は、野党時代から松本剛明議員などごく少数の方々と内々議員立法の叩き台を用意していたのですが、私はこの手の法案は閣法で出すべきとの信念があり、内閣官房に特命チームを作成して臨時国会中に大車輪で起草作業を進めていくことにしました。

最初の臨時国会で出せないかとも思いましたが、最終的には政府与党一元化に向けて副大臣や政務官、首相補佐官を増員する構想の具体的人数や、国会審議活性化法の経緯にもかんがみ、閣法で出すか議員立法で出すかなどの調整に時間を要して、結果的には越年しました。当初から、法律の裏付けがなくても、デファクト（事実上）で税財政の骨格を編成すべきではないかと思って、政権発足直後に国家戦略室を作るんですが、まず菅さんが、そこを有効に使って予算編成の基本的な枠組みをやろうじゃないか、というふうにはなっていかないんですね。

仕方ないので、行政刷新会議の事業仕分けの方で、予算編成に対して官邸主導である程度ものが言えないかという方向に、十月以降転換していくわけです。

でも、それでは無駄を削るというある種のパフォーマンスとしてのショーはできるけど、予算編成の骨格を作るというところまではできません。シーリング方式を廃止して、本来は国家戦略局がそこを埋めて予算編成方針を作っていくということになるんですが、その国家戦略局がワークしていないものですから。行政刷新会議は世の中には訴えるんだけど、予算編成方針にはなりません。

そんな中で、シーリング枠だけは外されたものですから、巨額の予算要求が各省から出てきて、歳出削減については、前原誠司さんが国土交通省の予算を削減する努力をしたほかは、厚労省にせよ、文科省にせよ、総務省にせよ、政治主導を主張して、官僚折衝で要求官庁と財務省が事務レベルで落としどころを探ることを認めない。藤井裕久先生は政権交代前には、政権さえ取れば十兆単位の予算削減は可能とおっしゃっていたけれど、予想通り、そんな魔法のような歳出削減策はないどころか、歳入欠陥が大きすぎてどうにも予算編成に苦労しました。

古川元久さん（内閣府副大臣）と相談し、例えば子ども手当の地方負担や事業者負担の在り方なども、私のところに総務省、厚労省の幹部官僚たちに来てもらって知恵出しを図るのだけれど、大臣を含めた政務三役のところに上げると妥協するなと怒鳴られるとか、困難を極めるわけです。

最後に一番有効に機能したのは、皮肉なことなんですけど、小沢さんの陳情要請本部（民主党幹事長室）で、結局、陳情や要望を一括して受けるというその枠内で、どう収めていくかという形でサポートしてもらいました。

だから、小沢幹事長が仕切る与党の陳情要請本部の方でどうプライオリティをつけるかというところが、内閣の予算方針を作っていく上で大きな助けとなりました。ぼくらから言うと、それは政府与党一元化と言えば言えるんですけど、当初思っていた政府主導の一元化とは違い、与党主導の一元化ということで決着していくわけです。

——二〇一〇年度の予算編成の形を最後の方までお話しいただいたんですが、少し前の方に戻ってお聞きしたいと思います。国家戦略局に来てもらう人材について、松井さん自身が主要官庁と話をつけて、将来次官級になるような枢要な人たちに来てもらうことになっていたということですね。

松井　当初、民主党の政権交代には求心力がありましたから、「ぜひ、この人が欲しい」というようなことを申し上げました。

——松井さんがおっしゃったんですか。

松井　はい。のちに財務省、経産省、総務省それぞれの次官になるような方々に目を付けて、当時、内閣官房副長官補室にそれら三省から三人のエース級の審議官に張り付いてもらいました。本来国家戦略局になる前提の国家戦略室に出向していただくということで各省の人事当局とお話ししていたんですが、国家戦略担当大臣が、そうしたエース級の人材を採ると官僚主導になるからという理由で、いつまでたっても首を縦に振られないので、年明けに、しびれを切らせて、とにかく補室に来てもらったんです。

その方々については、結局、予算編成がらみの仕事はさしてなく、しかし、C型肝炎問題や温暖化対策立法の問題を筆頭に各省調整事務に関しては様々な調整困難案件があったので、大活躍されることになります。

――菅直人さんと大蔵省（財務省）との関係では、私にも首を傾げた経験があるんですよ。一九九八年の財政機能と金融機能の分離問題の時に、仙谷（由人）さんに請われて不良債権問題に関して協力したんですね。その際に、民主党代表だった菅さんに何度か会って「財金分離を嚆矢《こうし》に霞が関改革、政権構想を打ち出せば政治主導のチャンスを握れるじゃないか」と説得したんですが、菅さんの答えは「大蔵省問題は十個ある問題のうちの一つに過ぎない」という素っ気ないものでしたね。

もうひとつは、やはり二重権力の問題ですね。国家戦略局はやはり戦前の企画院のような屋上屋を作ってしまうのではないか、という問題意識が当時民主党の中にあって、そのレポートまで作られて菅さんや小沢さんのもとにも行ったんですね。しかし、松井さんはそのあたりもお見通しで、結局「総理は一人では予算編成などはできない」ということですよね。例えば、経済財政諮問会議の例で言えば、小泉純一郎さんにとっての竹中平蔵さんのような形が必要だということですね。

そのあたり、民主党内で意思の疎通がうまくいっていれば、また違った形になったかな、という気がしますが。

松井　意思の疎通というより、やっぱり、最後はそこにどれだけエネルギーを注ぎ込むかという思いが民主党の皆さんにあったかどうかということだと思います。

鳩山さんも二〇〇九年の代表選挙の時に国家戦略局を取り上げたんです。鳩山さんはその後も、これは大事な法案だとおっしゃっていましたが、普天間問題とかでドタバタしている時に、本当に「これだけは仕上げなきゃ」という執念があったかと言うと、なかったと思う。それは、ぼくらが鳩山さんにどれだけその重要性について説得できていたかということの反省点です。

――政治主導確立法案を閣法で出すか議員立法で出すかという問題ですが、小沢さんの考えでは「国会改革の一環だから議員立法が筋」ということでした。そのあたりはどうだったんでしょうか。

松井　その考えはわかるんです。ただ、議員立法にすると、できる限り、全会派の一致で物事を進めるというのが原則となり、与党・多数党だけでは話が前に進みません。だから、こういう戦略的な法案を議員立法で出すと成立が遅れるのは当たり前の話です。

国家戦略担当だった菅直人は結局、最後まで政治主導で予算編成権を握ることに積極姿勢を見せなかった。その一方で、予算編成権を改めて政治の側に握り直していく画期的な努力が払われつつあった。小沢一郎の民主党幹事長室だった。

国家戦略局という、想定していた基礎地盤がない状況に放り出された官房副長官の松井と国家戦略室長の古川は、党の筆頭副幹事長の高嶋良充と副幹事長の細野豪志と四人で二〇一〇年度予算案を詰めていった。党側の二人は小沢の決裁を仰ぎ、松井たちは鳩山に報告して、政府与党の予算に対する意思を反映していった。

二〇一〇年度予算案編成に関して、「司令塔役」、実質的な国家戦略局長を務めた小沢一郎自身は、どう考えていたのだろうか。私は、松井が語った証言（『民主党政権とは何だったのか――キーパーソンたちの証言』）を踏まえた上で、小沢に質問してみた。小沢はその歴史的文脈を認めた上で次のように回顧した。

――松井さんの回想では、高嶋さんと細野さんが小沢さんの決裁を仰いで、その予算案は細かい数字にいたるまでうまく収まっていったということです。松井さんの推測では、小沢さんは財務省と話をつけていて、その財務省の緻密な計算がバックにあったんだろう、ということです。そのあたりはどうだったのでしょうか。

小沢　ええ、そうですね。あの時は勝（栄二郎）さんが主計局長でした。ぼくは予算編成とか大きい枠組みをどうするかということはよく知っていますから、ポイントだけ勝さんに言っておけばよかったんです。これはこう、というように言っておきました。ぼくは、財務省には親しい人がいっぱいいますから。

――なるほど。そういうことだったんですね。そうすると、勝さんに対してポイント、ポイントについて、こうしなさいと言ったわけですね。

小沢　こうしなさい、ではなく、こうこう、こういうことでいいでしょう、と。ぼくは無茶なことは言いませんから。きちんと筋道の通ったことしか言いません。

――なるほど。

小沢　それで、「わかりました」となるわけです。

松井のインタビューに戻ろう。

——松井さんは二〇一〇年度予算編成の際に苦労した時のことを思い出して「小沢さんには極めて明確な財務省の計算がバックについている」と回顧されていますが、実際にこの時のことを小沢さんにお聞きしましたら、その通りだったということでした。

結局、組織の名称とかということを全部抜きにして考えると、実質的な国家戦略局長の役割を果たしていたのは小沢さんだったということになりますよね。

松井 そうですね。そうだったかもしれませんね。

——そこで、いろいろ先回りしてお聞きして申し訳ないんですけど、松井さんは月刊総合誌でも「そもそも党の幹事長は入閣するとマニフェストにも書かれていたのになぜ小沢さんは入閣しなかったのか。重量感のある小沢さんが、無任所大臣という形でも閣内にいて政府内で調整作業に当たっていたら、その後の政局も違った形になったのではないか」という趣旨の問題提起をされています。

非常に面白い問いかけだと思うんですね。名称はともかく、実際にそういう形にしていたらまさに理想的な国家戦略局長の仕事をされたと思います。そのあたりはいかがですか。

松井 そうだったかもしれません。結局、政治というものは、要は資源配分のプライオリティをどうつけるかという問題なんですね。例えばガソリンの暫定税率の問題にしても、民主党の支持基盤、例えばトラック協会を説得できて、なおかつ財政的に実現可能な対案を作ることができたのは、小沢幹事長やその配下の高嶋副幹事長の助けがあったからだと思います。

あるいは、政治的判断で農業土木のところで何千億円もの財源を生み出す。これは当時、全国土地改良事業団体連合会の会長だった自民党の野中広務さんが直接陳情に行きたいとかということもあり

小沢一郎民主党幹事長は、鳩山由紀夫首相を訪ね、2010年度予算案と税制に関する要望書を渡してガソリン税暫定税率分の維持などを求めた。このころから幹事長室が存在感を増していった＝2009年12月16日、首相官邸

ましたが、そういう敵の一番痛いところをビシッと突くことができる。これは小沢幹事長以外できません。

四人で予算を詰めている時、例えば高嶋副幹事長から「こういう裁きでどうだろう。こういうものはこれくらいのことにして、これは残して、その代わり交付金はちゃんとつける」というような話が出てくるんですね。ぼくは財務省から来ている秘書官に対して、「これを実際にやってみたらどのくらいの予算の出入りになるか、ちょっと計算してみなさい。きっとピタッと合うよ」と言ったら、本当にピタリと合うわけです。

全体のフレーム、赤字国債は四十四兆円の範囲でというような財政フレームが決まった段階で、どういうプライオリティのつけ方をしたらその範囲に収まるかということを小沢さんは財務省に計算させているでしょう。それは従来の予算編成とはだいぶ違ったものですが、応援団である各種団体も納得させられるもので、結局そういうものが出てきたのは、小沢幹事長室を中心とした予算調整プロセスの助けがあったからです。

閣内でいろいろな閣僚がワーワー言っていてもそのような収束感は出てこないんです。当時、各大臣は「ここだけは絶対守る」とか言っていましたが、それじゃ収まらないところをどうやって収めていくか。政府と与党と相談していく中で、小沢、高嶋、細野の各氏と私と古川さんで話をして調整していくと政策ごとの財源規模が一定の枠内に収まっていくわけです。

そうしたフレームの中で、子ども手当であれば、総務省の平嶋審議官を中心に、制度設計の知恵出しをお願いして、児童手当をベースにした二階建て方式のような知恵が出されてくる。よく聞いてみると、彼らは上司の大臣には上げずに、上げると反対されて潰されるから、総務・厚労両省を中心に相談をして官邸に相談して、また官邸と幹事長部局が協議して「これだと何とか現実的な財源の範囲内に収められる」ということで、収束していく。しかもその予算の仕上がりは従来の予算とはずいぶん違った枝振りで収まっていくんです。

そういう大きい枝振りをどう変えていって、しかも財政的なフレームにどう収束させていくか。予算編成はそういうことをしなければいけませんが、結局その時の各大臣の意向だけではできませんでした。党の陳情要請本部（党幹事長室）の意向を受けて、「こんなものでどうだろうか」と党と政府ですり合わせていく中で軟着陸できたんです。

だから、軟着陸する時の司令塔役を小沢幹事長が果たしてくれたということは事実です。それがなかったらうまくいかなかった。

――そうですね。だから、本当に小沢さんが閣内に入っていたら、その後の展開は非常に違った形になっただろうと思うんですね。

松井　あの時、大きい問題となったのは政策調査会をなくしたことで、これが大きなしこりを残したんですね。政調を廃止して各部会ごとに調整するというプロセスを排除したんですね。加えて、小沢さんが幹事長の下に業界や地方の陳情や要請を集約するプロセスを一元化し、さらには予算編成の調整機能までを集約したので、それは政府与党一元化ではなく「小沢一元化ではないか」という反発がすごく出たんです。

――ありました。

松井　それで、二〇一〇年六月に小沢さんと鳩山さんが辞めた後、民主党政権の残りの二年間で政調機能を復元して、どんどん昔の自民党方式に戻っていくんですよ。

――そうでしたね。

松井　いろんな意味で教訓を残しました。ある意味で小沢さんの力が強すぎて、やっかみがあったんだと思います。私が思ったのは、むしろ小沢さんが入閣していて、政府内で調整してくれていれば、それこそ国家戦略局を通じて政府与党一元化の形を作ることができたんじゃないか、ということです。

――そうですね。私も考えるのは、松井さんが制度的にずっと考えてこられて非常にいい形を整えたにもかかわらず、うまくいかなかった。それはやはり、政治というのは制度という形だけではなく、人の問題というものが大きいな、ということですね。

松井　そうですね。

――例えば、国家戦略担当が菅さんではなくて小沢さんだったら、完璧に決まりだったろうなと思いますね。

松井　ぼくらは、鳩山さんと小沢さんが話し合われる中で、小沢さんが幹事長として党務を統括し、入閣しないということにどうしてなったのか、わかりませんけどね。

――小沢さんのお話では、鳩山さんに呼ばれて行って、そこで「党の方をやってください」とはっきり言われたということでした。

松井　本当にいろいろな意味で、そこが分かれ道だったのかもしれませんね。小沢さんが入閣することに、ある種の恐怖感があったのかもしれませんね、鳩山さんか菅さんに。

――鳩山さんにはなかったと思います。鳩山さんにお聞きしたら「自分が小沢さんを恐れる理由はない。むしろ私を助けてほしいと思っていた」という趣旨のことをおっしゃっていました。

松井　でも、本当にもっと初期の段階で、思い切った予算編成の調整が閣内でできていたら、やはり違った展開になっていたような気がしますね。制度を使いこなすのはやっぱり人ですね。制度がどんなに立派なものであっても、使いこなす人がいなければいけませんからね。

――そうですね。そのお話を小沢さんとした時に、小沢さんは本当に悔しがっていました。

松井　ぼくなんかは、与党が陳情や要望をあまり多く吸い上げて、それが内閣の方針をダイレクトに規定していくというやり方から、少しでも抜けていく政治のあり方が求められると思っていました。ただ、政治は政治ですから、やっぱり選挙で勝たなければいけない。当然、与党が陳情、要望を吸い上げて、国民の声を吸い上げて、それらをある程度納得させていくというプロセスが必要なことはわかっています。

それがあまりにもバラバラに多元的に行われているのが自民党政権の長年の問題でした。それを民主党政権がもっと一元的に集約して、取捨選択して収めていく。そういう風に変われるかどうかという意味では、小沢さんがまとめた幹事長室という部局の機能を内閣にもっと組み込めていればよかったんですね。

現に二〇〇九年十二月にできた次年度の予算案はメリハリのついた予算案でした。リーマン・ショックの後でしたから歳入欠陥が甚だしく、赤字国債も大きかったけど、シーリングなしの政治判断であのプライオリティづけができたというのは、立派なことだったと思います。それが新しい意思決定の仕組みの下でできていたら、展開も変わったかもしれませんね。

――ですから、松井さんと古川さん、高嶋さんと細野さんのご努力はあったけども、やはりあの時、小沢さんが閣内に入っていたら、非常にうまい具合に仕組みの第一歩になっていたかもしれませんね。

松井　まあ、歴史の「イフ」の話になりますが、確かにそうだったかと思います。小沢さんが重要閣僚だったとすれば普天間問題についても平野官房長官に担当させるという判断にならず、異なる展開に発展した可能性もありますし、予算編成プロセス、政策決定プロセス、さらに言えば政官関係ももう少し成熟した関係を構築できた可能性はあります。

鳩山由紀夫に「民主党政権の挫折」を聞く1／国家戦略局

十一年前の二〇〇九年という年。それは明治以来の長い日本政治史上画期をなす年として輝き続けるだろう。日本国民が初めて自分の意思を投票を通じて明確に表現し、一野党に過ぎなかった民主党に地滑り的な勝利をもたらし、自民党を完膚なきまでに打ちのめした。

十一年という年月は、国民全体がその歴史的意味に気がつくまでにはまだ短すぎるのではないか。

この二〇〇九年後半、政界の中で、長く日本政治史に残るような政治イベントとなったことが二つある。双方とも広く喧伝されてはいないが、ひとつは二〇一〇年度予算案編成に示された政治の側の編成権の取り戻し、そしてもうひとつはその制度保証となるべき国家戦略局の創設の試みと挫折だ。

前者の中心となったのは小沢一郎、後者の青写真を描いたのは松井孝治だった。

これまでの一連のインタビューで、当時のことを二人にそれぞれ詳しくインタビューし、「事前の調整がうまくいき国家戦略局の担当者がもっと使命感を持ってくれていたら」「小沢一郎が閣内に入り、国家戦略局長の役割を担ってくれていたら」という、「歴史のイフ」を伴う後悔、反省となった。

もちろん、「国家戦略局」などという名称の問題ではなく、長年日本の政治改革を主導し、政界にも官界にも信奉者の多い小沢が、直接首相という立場に立たなくても、政官関係を統率、改革する立場に立って行動することができていれば、民主党政権のその後の展開、日本政治のその後の行路はかなり違ったものになっただろうということだ。

私は、松井のインタビューと前後して、当時の首相、鳩山由紀夫にも長時間のインタビューを試みた。そのインタビューの中でも同様のことが明らかになった。鳩山は、普天間問題をはじめとする内政外交問題でもっと小沢の力を借りたかったが、当時の検察の無謀な動きと世論の動向によってそれが阻まれたと内実を吐露した。

民主党政権は、二〇〇九年の政権交代による高揚のしばらく後に鳩山首相が退陣し、菅直人、野田佳彦と首相が続くとともに改革の機運は薄れ、旧来の自民党政治にどんどん近づいていった。

この民主党政権の挫折は、まず国家戦略局の失敗を象徴例とする政権構想の調整不足、そして検察の根拠のない無謀な暴走という二つの大きな挫折と誤算にその因を求めることができる。このことは、日本政治の改革という側面ではるかに劣後してしまった安倍政権の後、もう一度改革の道を目指す新政権のために大いに参考になるに違いない。

鳩山由紀夫は戦後の首相、鳩山一郎を祖父に持ち、大蔵次官から参院議員、外相となった鳩山威一郎を父とする政治家一家に育った。東大工学部卒業後、米国スタンフォード大学大学院でPh.D.（博士号）を取得。一九八六年に初当選、翌八七年には小沢一郎とともに所属していた田中派を離脱し、竹下登を旗頭とする経世会に参加した。

一九九三年には自民党を離党し、武村正義らと新党さきがけを結成。細川護熙非自民連立政権には内閣官房副長官として参加。九六年に菅直人や弟の鳩山邦夫らと旧民主党を結成。二〇〇三年には自由党代表だった小沢一郎とともに民由合併を手がけ、その後、新民主党の幹事長に就いた。二〇〇九年に小沢代表の辞任を受けて党代表に就任し、自民党との政権交代後の首相となった。

「政権交代」を強く訴えた二〇〇九年の民主党マニフェストにおける「鳩山政権の政権構想」の前面に立てられた「5原則5策」のうちの第3策にはこう掲げられている。

「官邸機能を強化し、総理直属の『国家戦略局』を設置し、官民の優秀な人材を結集して、新時代の国家ビジョンを創り、政治主導で予算の骨格を策定する」

——民主党政権の最大の目玉だった国家戦略局は二〇〇九年のマニフェストの5原則5策の第3策で打ち出されました。鳩山さんはそのプログラム作成を当時民主党参院議員だった松井孝治さんに任せましたが、これはやはり松井さんがこの問題をずっと提起されてきていたことを評価、信頼されて任されたのでしょうか。

鳩山　はい。基本的には松井さんを信用、信頼していました。彼はそういう緻密な頭脳を持っていますから。我々とすれば政府主導の仕組みを作りたい。そのためには、元官僚で官僚の仕組みというものをよく知っている人間でないとまずいわけです。官僚のシステムを替えないといけないわけですから。そういうことをよく知り、そういう思いを持っていた人間が政治主導のシナリオを作ってくれるのですから、彼を信頼したいということが基本にあります。

それが、国家戦略局が戦略室になって、どんどん意味のないものにされていってしまいました。本当はもっと大胆に政治主導の法案を成立させていきたかったんですけれども、それが徐々に変わっていってしまいました。

余談になりますが、私は、役人のトップクラス、例えば局長以上の人間に対しては、いったん辞表を持って来てもらって、自分たちの新しい政権の政策に同意してくれるかどうか確かめて、それが可能であれば採用しようというプロセスが必要だと思っていました。

実際には、それは憲法違反だという松井さんの反対があってそのプロセスには入れなかったのですが、そこで自分たちの政策を貫くといっても、今までの役人のスタッフを中心にしては、なかなか難しかったということがあります。

しかし、松井さんを信頼したことは事実で、今でも彼は素晴らしい仕事をしてくれたと思っています。私が辞めたら彼も同じようにその後役職に就かず、それくらいの潔さを持って政治までやめてしまいましたけど、彼自身としても、シナリオ通りにうまく運べなかったという部分を感じているのではないかと思います。

――国家戦略局については、枢要なポジションにあった皆さん、それぞれに考えがずれていたようですね。

鳩山　そうなんです。

――担当大臣だった菅直人さんは、設計者の松井さんとはまったく違う、ポリシー・ユニット、つまりスタッフ機能というように考えていました。予算編成権を政治の側が取り戻すという、制度設計者の松井さんが設定していた本来の任務を考えていなかったわけです。

鳩山由紀夫氏。政権交代後の首相として大胆な温室効果ガス削減目標を打ち出し、米国からの「内政干渉リスト」とも呼ばれる年次改革要望書を廃止した。普天間の県外・国外移設問題では国内外の調整が不足し挫折した

元鳥取県知事で二〇一〇年に菅直人内閣の総務相となった民間人閣僚の片山善博は菅直人と協力関係にあったが、菅から相談を受けていた国家戦略室スタート時のことを客観的、冷静に回顧している。

「（菅さんから）私に検討会に入って手伝ってくれという話がありました。私も喜んで入りましょうと答えました。／ところが私がいくつかの会議に入ってみると、その舞台回しというか基礎部分はほとんど財務官僚がやっているわけですよ。本当に改革するときは改革されるべき当事者たちに基礎部分を

担当させてはいけないんです。国家戦略室に財務省の官僚を大勢入れていたわけですから、最初から大きな作戦ミスを犯したと思います。

（略）そう、事務局にです。私は菅さんにそのことを指摘したんです。すると国家戦略室には正式な定員がない、つまり組織として自前の定数がないんです。そこに財務省はこころよく人を出してくれる。それを「ありがたい」という感じで受けとめておられました。民主党はこういうところが非常に素朴なんですね（笑）。長年続いてきた予算の仕組みを変えようというのであれば、変えるべき対象である財務省という組織とはある程度の距離を置かなきゃいけないですが、それができていなかった」（薬師寺克行『証言　民主党政権』講談社）

――このことはやはりかなり問題だったと思います。民主党政権の第一の表看板について、担当大臣がまったく違うことを考えていたわけですから。菅さんとしては、当時民主党内で少し議論となっていた、内閣との間の二重権力の問題とかを考えていたのかもしれませんが、事前の制度設計とは決定的な違いがあります。国民が政権を託した民主党の骨格部分を文字通り骨抜きにしてしまったと言っていいと思います。このあたりの調整というのは、事前には難しかったのでしょうか。

鳩山　確かにそのあたりの事前の調整はしていないです。議論はしていましたけれども。確かに、菅さんはポリシー・ユニットというイギリスの方式を学んで来られて、それを導入したいという気持ちがあったと思います。

しかし、私はその仕組みよりも、何を目的とするかというところを強調したかったのです。何でも官僚任せにしてきたものから、この国家戦略局で大きな柱というものをきちっと作り上げていこうと思いました。

そこには当然、外交戦略が一番トップクラスに入ってくるというように私は想像していたんです。また、当然そうなるべきで、国家戦略の中に国内の予算だけの話だったらまったく意味がないとは言いませんが、本当の意味では国のあるべき姿を作れないと思っていました。

外交の大きな戦略こそ、ここで開くのだと思っていました。しかし、それは外相の岡田（克也）さんが、それは外務省でやらせてくれと言うわけです。つまり、国家戦略には外交は入らないのだという話で、そこで対立してしまった。

内容もずれて、作り方もずれたということで、内部でそういう状況ですから、法律化するところまで行かなくなってしまったということです。

――岡田さんが、外務省の範囲から外交は渡さないという議論をされたわけですよね。そういう時というのは、自分は首相で自分の内閣なんだから、私の構想ではこうだというふうに押し切ることはできないものでしょうか。

鳩山　押し切る前に、私はこういう人間ですから、まず議論をします。しかし、議論をしながら、そこは外務省の専門だからというような話が常にあるわけです。それに対して私の方の味方もあまりいなかったのかもしれません。

私も大臣になるのは初めてだったものですから、独断で押し切るよりも、やはり和を保ってうまく運営していかなければいけないだろうな、ここで崩れたら終わりだという気持ちがありました。

まさに普天間の問題もありましたから、できる限りみんなと歩調を合わせていきながらという気持ちが強かったですね。小泉（純一郎）さんだったら押し切ったのかもしれませんが、私はそこまでは押し切ることはできなかったですね。

――国家戦略局を設計した松井さんは経済のことがずっと頭にあって、予算編成の大枠とかそういうものをここでやりたいと考えていました。その意味で、実質的に二〇一〇年度予算編成を主導した小沢一郎さんが閣内に入っていれば、その後の民主党政権はだいぶ違った形になっただろうと思います。

小沢さんによると、政権発足の時に、鳩山さんから「政府のことは私がやりますので、政府のことには口を出さないでほしい。小沢さんには党の方をやっていただきたい」と言われたということですが、これは事実ですか。

鳩山　それは基本的には事実です。ただし、口を出さないでくれと言ったつもりはないです。政府・政策と、政務・党務とを分けようではないかということで、それで政策調査会をやめにした時期もあったわけです。そこはうまくいかなかったなと思っているのですけれども。

基本的に、いわゆる政策作りは役所の中できちんとやる。自民党時代、二枚舌的に、政府はこう言っているけども自民党はこうなんだというような形でうまく使い分けていくようなやり方は国民を惑わすことになるのでよくないということです。だから、政策は一つ。政府も党も基本的には同じでなければいけないのだという発想です。

この発想で、こちら側が政策を受け持つから、あとの党務、いかに党勢を拡大するかとか、どう円滑に党を運営していくかということはお任せする、私は一切口出ししませんというふうに分けたのです。その結果、例えば普天間問題も、幹事長としては一切タッチされなかったと思います。

――党と政府の一元化ということで党幹事長も閣内に入るということになっていたのではないでしょうか。

鳩山　私は、幹事長を小沢さんと決めた時、あの時期に小沢さんに入閣してもらった場合、集中攻撃を受けるのではないか、と恐れました。もちろん小沢さんは無罪でしたが、当時はメディアを含めて小沢さんに対する攻撃は本当にひどかった。私に対してもひどかった。私の方は受けざるをえなかったのはわかっていましたけれども。

しかし、私の他に小沢さんもターゲットになってしまって、例えば幹事長が何らかの役割を大臣として務められた時にこの内閣は本当に持つのかなということを非常に危惧しました。それで、小沢さんが答弁に立っていただくことのないようにした方がいいのではないか。そんなような私の配慮ではあったのです。

鳩山由紀夫の場合、母親からの資金提供やすでに亡くなっているはずの故人名義からの献金の問題が発覚していた。これらに加えて小沢冤罪の「陸山会事件」が加わった場合、「内閣が持たないのではないか」と鳩山は恐れた。これが小沢入閣回避の理由だと鳩山は説明した。

鳩山　今から思えば、一週間に二度でも三度でも相談をさせていただいて、小沢さんはどうお考えになっているかというようなことをうかがう機会をもっと頻繁に作っておけばよかったと思っています。自分だけで、政府だけで責任を持つのは当然なんですけれども、それを過重に引き受けて、ここで答えを出そうとしてしまったがために、党のみなさん方とそういった議論ができなかったというのは、今から思えば失敗でした。そうなると、だんだん意思疎通が、お互いに疑心暗鬼になってきてしまうんですよね。そうだったと思います。

――疑心暗鬼というのは、具体的に何か感じる部分があったのですか。

鳩山 たぶん、小沢さんも、鳩山は何をやっているんだというふうに思っておられたと思います。もっとうまくやれよと。たぶん普天間のことに関しても、小沢さんはいろいろとお考えをお持ちだったと思うのです。

しかし、小沢さんも私以上に割と訥々《とつとつ》としておられて、二人の時にもそんなにべらべらお話をされる方ではないので、本当に普天間のことは政府の方に任せているからそれでいいんだなと言われると、任せておいてくださいと私も答えてしまうわけです。

いや、助けてくださいという話をすれば、もっと胸襟を開いていろいろとお話ができたと思うのです。しかし、政務、政策はこちらからは口を出さないからそれでいいんだな、とおっしゃられると、こちらもその通りです、私どもが責任を持ってやりますというふうになってしまった。

たぶん、お互いにそれで満足していないのだろうと思いながら、溝が出来てしまったような気がしました。

――当時の小沢幹事長を閣内に入れないということについては、他の方から入れないでほしいと言われたことはあったのですか。

鳩山 大臣の任命に関しては、基本的に私一人でじっくり考えさせてくれと言っていました。その時期にあまりいろいろな人が入ってくると、自分を売り込みに来ているというふうに思われますから、みんな遠慮していたと思います。基本的には一人で決めていました。

だれかということはわかりませんが、小沢さんはまずいのではないか、という気持ちは伝わってきたことはありました。官房長官、副長官クラスの話ではなかったかと思います。そのあたりの記憶は定かではありませんが、それ以外の人たちとはあまり議論しませんでしたから。

ただ、私が決めた話ですから、だれに言われたから閣僚に入れるのはやめにしたというわけではありません。例えば予算委員会の時などは一日中委員会室に座っていないといけないわけで、毎日そんな委員会に朝から晩まで縛られると党務のほうにも支障が出るのではないか、とも思いました。

政調会長はなくしたわけですが、党の方で政策を担当する人間はいないわけにはいかないでしょうから、そういう意味でこの政調会長をなくしてしまったのは問題ではなかったかな、と思います。

——二〇〇九年十二月になって、当時政治的なイシューとなっていたガソリン税の暫定税率問題などに関して、小沢さんを筆頭に党幹事長室が要望をまとめて官邸の方に来られて、いろいろとお話しされましたね。これは、鳩山さんにとっては、まさにそういう問題に政府が苦しんでいる時に小沢さんたちに助けてもらったという位置づけでしょうか。

鳩山　暫定税率に関しては本当にあの時は苦しかったという思いがあります。政権を取る時に、自分としては、こういった暫定税率はもうやめにしようという話をしていたわけですから。しかし、財務省からいろいろと資料などを見せられて、また国民的にも、暫定税率をなくすとガソリンがたくさん使われて環境悪化につながるというメッセージもたくさん流されてきて、私はここは非常に迷いました。

その時に、スパッと小沢さんが助け舟を出してくれたというふうに私は理解しています。あの時の小沢さんたちのまさに団交的な雰囲気によって、政府と党幹部との間で緊張感が漂っているというように私の目には映りました。

——結局その流れを見ていくと、鳩山さん側つまり政府側は松井孝治さんと古川元久さん、それから小沢さん側つまり党側は高嶋良充さんと細野豪志さん、この四人がまさに一緒になってガソリンの暫定税率の問題や地方交付税の規模の問題や、いろいろな予算の大枠の問題を話し合うんですよね。そして物事がスタッスタッと決まっていくんです。

政府側と党側の事務方代表の政治家四人が話し合って予算の大枠を決めていくという形はまさに政治主導そのものではないでしょうか。名前はもちろん国家戦略局ではありませんが、これは実態としてはすでに国家戦略局の役割を果たしているんですよ。ということであれば、最初からこの形を目指せばよかったのではないか、と思いますね。

鳩山　政治主導とはまさにそういうものですよね。

――松井さんの回想によりますと、小沢さんの考えを予算案にあてはめていけば細かいところまで財務省の数字にはまっていったというのです。松井さんは、小沢さんのバックには必ず財務省がついているに違いないと想像していました。

私はその後、小沢さんに確認してみました。すると、やはり小沢さんは当時の財務省主計局長だった勝栄二郎さんと話し合って、小沢さんが大きい方針を論理的に説明、指示していたということでした。

こういうことを考えると、歴史に「イフ」はないと言われますが、小沢さんを閣内に入れて国家戦略局長の役割を担っていたら話は早かっただろうなと思いますね。松井さん自身も、小沢さんを閣内に入れていたらその後どういう展開になっただろうか、と指摘していますね。

鳩山　そうですね。しかし、当時私は外からの攻撃を一番心配していました。中身の議論よりもそちらの方が先に出てしまいました。たぶん、当時、予算委員会の半分は普天間問題で、あとの半分は自分の政治とカネの問題で埋められていたように、これに当時の小沢さんに対する攻撃が加わったらどうなっていたか、ということですね。

でも、おっしゃる通り、小沢さんが一番役人を心酔させていますから、政治の方針に役人を従わせてリードしていくという力を持った方は小沢さんしかいないと思うんですね。

――そうなんですよね。

鳩山　だから、そのあたりをもっと十分に理解してと言うか、使いこなせていれば違う展開になっていたという考えはあるのですが、そこは本当に難しい判断だったと思います。

――そういうことですね。ちょっと変な質問なんですが、端的におうかがいして、小沢さんの力が怖かったということはありますか。二重権力になってしまうのではないか、という心配とか。

鳩山　ありえないですよ、それは。小沢さんの力がもっと欲しいという感じでしたから。そうでなくても「小鳩内閣」とか何とか言われたぐらいですから。

私は、小沢さんなくして政権交代はなかったと思っている。小沢さんの存在があって初めて、この政党ならば政権を任せてやってもいいという気持ちに国民がなったんだと思います。

それまでは何か、頭の切れはよさそうだけれども、果たしてこういう人たちに任せて大丈夫なのという心細さみたいなものがあったんです。小沢さんが入った時に、何か太い安定した政党だという安心感を国民に与えたのは間違いないのです。

そのことが政権を取れた最大の理由だと思っているので、そういう意味で小沢さんには最大限力を発揮してもらいたかったと思うし、だから私としては小沢さんが総理になってもらえばよかったのです。当然のことですから。

――そういうことですか。

鳩山　それが、間違ったことで無罪の事件に巻き込まれて、大変不幸な目に遭ってしまったために総理になれない、なるチャンスを逃されたわけですから、私は譲ることなんか当然のことと考えています。

私は、自分が総理になりたいと言って強引になっていったわけではないですから。小沢さんに総理的な仕事をしてもらえれば、それで十分よかったんだと思っています。

第2章　辺野古埋め立ては必要か

辺野古埋め立て工事に反対する大規模集会＝2019年3月16日、那覇市

日米関係全体から沖縄を見ると

戦後初めて選挙による政権交代を成し遂げた民主党政権は、一体いつ終わったのだろうか。

民主党三人目の首相、野田佳彦が衆院解散を明言して大惨敗を食らい、第二次安倍内閣が発足した二〇一二年十二月二十六日だろうか。年代記的にはそうだろう。

しかし、野田政権は果たして、自民党に代わる新政権として国民が待ち望んだような政治を進めたのか。この設問には恐らく大方の人が首を傾げるだろう。

それと同じことを考えるならば、民主党政権の初代首相、鳩山由紀夫が辞任した後、その同じ年、二〇一〇年九月十四日に行われた同党代表選で小沢一郎が菅直人に敗れ去ったその日が、実質的な民主党政治の退場の日付だろうと私は考える。

菅は鳩山が辞任した後を受けて、二〇一〇年六月四日に代表選に立候補、対抗の樽床伸二を破って首相となったが、そのほぼ二週間後の十七日の記者会見で、消費税率をその時の税率5パーセントから10パーセントに引き上げることを突然口にした。

消費税増税のことは、民主党が政権を獲得した二〇〇九年のマニフェストには一言も書かれていなかったために非常な驚きをもって迎えられた。

マニフェストには、「民主党の5つの約束」の最初の項目として「税金は、官僚と一部政治家のものではありません。国民の税金を、国民の手に取り戻します」と謳い、その下に大きい活字で「国の総予算207兆円を全面組み替え」と書かれていた。

国の財政状況を考えればいずれ消費増税は日程に上ってくるかもしれないが、その前に国の総予算を「全面組み替え」するくらいの荒療治を施すことが必要だ、と一般には思われていた。マニフェストのメッセージはその世論をバックにしたものだ。

たしかに仙谷由人率いる行政刷新会議が行政仕分けを手がけ、予算改革に手をつけ始めたかにも見えたが、民主党議員の派手なパフォーマンスの割には予算圧縮の数字は上がらず、「全面組み替え」にはほど遠い状況だった。

おまけに消費税増税を打ち出した翌六月十八日には、菅内閣は「強い経済」を標榜する「新成長戦略」を閣議決定した。この「戦略」は明確に法人税減税を打ち出しており、自民党時代の税制戦略と何一つ変わるところがなかった。

消費税増税と法人税減税は歴史的にセットで実施されており、大企業の減税は自民党時代と同様、消費者が面倒を見る構造は、そのまま温存された形となった。当然ながら、この「新成長戦略」の裏には経団連や経済産業省の存在があり、「国民の税金を、国民の手に取り戻します」と謳ったマニフェストに背を向けることははっきりしていた。

菅直人が打ち出したこの消費税増税路線が翌七月の参院選での民主党惨敗につながるが、最終的には、マニフェスト違反を訴える小沢らが党を割る大きい要因となっていく。

二〇一〇年九月十四日の民主党代表選は、このような「経団連返り」をした菅に対して、国民が政権選択をした初心を訴える小沢が挑戦する最後の機会だった。

代表選は、東京・芝公園にあるザ・プリンスパークタワー東京で行われた。参院選で惨敗し過半数を割ったとはいえ、衆参四百十一人の議員数はやはり圧倒的だった。議員の後ろに設けられた記者席からは菅、小沢の姿が小さく見えた。

菅は、いわゆる「二世議員」が比較的少ない民主党の長所を挙げ、自身がその代表に当たる点を訴えたが、参院選直前に消費税増税を打ち出した残念な政治観を見せられた後ではかなり色褪せた文句に聞こえた。

私は明確に記憶しているが、一方の小沢は朴訥な調子で米軍普天間飛行場の辺野古移設問題を取り上げた。首相だった鳩山が当初「国外、最低でも県外（移設）」と打ち出しながら結局は辺野古に持って来ざるをえないと結論を出した後だけに、一般的には「辺野古で決まりか」と思われていた。しかし、その空気の中で小沢は再度、辺野古問題を取り上げ、「まだ話し合いの余地はある」と訴えた。

「日本政府は、まだ米国と本当には話し合っていない。だから、米国とはまだ話し合いの余地はある。沖縄県ともまだまだ十分に話し合っていかなければいけない」

私は朴訥に訴え続ける小沢の声がいまだに耳に残っている。そして、短い言葉ながらも問題の本質を突いた本物の「政治の声」だと直感した。小沢に首相を任せれば、本当に普天間問題は解決の糸口が見えてくるかもしれない。そんな考えに支配された。

代表選の結果は、議員票が僅差で菅の勝利、地方票が意外にも大差で菅勝利に終わった。首相の菅は辺野古問題については実質的に匙を投げており、解決の道を探るには小沢が首相になるしかなかった。

代表選のほぼ一週間前の九月八日、東京・永田町の衆院第二議員会館の大会議室で小沢の記者会見が開かれた。

「海兵隊をはじめ実戦部隊を前線にはりつけておく必要はない、ということが米軍再編の戦略です。最終的には日米合意になったが、話し合いの余地はある。沖縄の県民のみなさんが理解しないとできない。強制執行などできないわけです」

会見で述べたこの言葉が、小沢の考えを要約していた。

私は、元外務官僚で普天間・辺野古問題に詳しい佐藤優に話を聞きに行った。佐藤は、外交・民族問題、宗教問題などに該博な知識を持っているが、母親が沖縄県久米島出身のためもあって、沖縄問題については実に的確かつ深い指摘をしていた。

「小沢さんは正しいですよ。結論から言えば、県外移設は可能です」

佐藤は私を事務所に迎え入れるなり単刀直入にこう断言した。

佐藤によると、米軍の実態を知る外務官僚たちの本音は「県外移設は可能」ということだった。佐藤がまず指摘したのは、沖縄にいる米海兵隊は米国本土や中東、東南アジア、オーストラリアを次々に移転するローテーション部隊だという事実だった。

二〇一九年三月三十一日付の朝日新聞は一面トップで、沖縄に駐留する米海兵隊の中核を担う「第31海兵遠征部隊」（31ＭＥＵ）の実態を報道した。部隊の動向を記録したコマンドクロノロジー（部隊年報）の情報公開を米海兵隊に求めていたが、一九九二年の配備から二〇一七年までの年報や関連資料など約三千六百ページが開示された。

それによると、ほとんどの年で百日以上、沖縄を離れて日本国外に出ていた。二〇〇九年の年報を見ると、一月沖縄、二月タイ、沖縄、四～五月フィリピン、沖縄、七月オーストラリア、沖縄、十月フィリピン、インドネシア、十一月沖縄、というローテーションで、この年は少なくとも約百六十日海外で訓練などをしていた。しかも歩兵を中心に半年ごとに交代するため、主に米国本土から隊員が来るたびに訓練を繰り返している。

つまり、沖縄駐留の米海兵隊は必ずしも日本防衛の任務を担ってはいない。佐藤とは別だが、米軍の任務に詳しい自衛隊関係者はこう解説した。

「これを言うとみんなびっくりするんだけれども、海兵隊のミッションは二つなんです。日本に限らないが、まずひとつは、その国におけるアメリカの要人の保護救出。これはファースト・プライオリティ。そのリストの一番目は駐日アメリカ大使です。だけど、これはたびたび問題になるんだけど、その大使の配偶者というのは番号が低いらしい」

これはむしろ想定内で、それほど「びっくり」するような話ではないが、本当に驚くのは二つ目の任務だろう。

「そして、第二のミッションというのは、当地におけるアメリカ政府に対する敵対的政権が誕生した時、その政権を力によって排除する部隊が海兵隊なんです。以上です。はっきり言って他のミッションはないです。オスプレイの飛行ルートを記録しているジャーナリストがいるかどうかわからないが、オスプレイは市街地上空を飛んでいる。なぜか。まさしく飛行訓練です。何かあった時に日本を再占領するための訓練なんです」

にわかには信じがたい任務ではあるが、米軍と日米地位協定の問題が集約された沖縄の歴史と現状を見ると、その話は異様な現実感を持って迫ってくる。

次ページの写真をご覧いただきたい。

一九六四年八月二十六日、現在オスプレイのヘリパッド建設予定地として激しい反対運動の起こっている沖縄・東村高江《ひがしそんたかえ》の写真だ。

ベトナムで激戦が続いている時代で、高江の住民たちはベトナム人やベトコン役をさせられて、海兵隊の襲撃を受ける役割を演じさせられた。仮に作られた「ベトナム村」を見下ろしているのは、当時のワトソン高等弁務官をはじめとする米軍の将校たちだ。

オスプレイの複数のヘリパッドは高江の集落を囲む形になっており、この「ベトナム村」の歴史的記憶が住民に甦っている。

日米地位協定問題を追及してきた沖縄国際大学教授の前泊博盛はその著書『本当は憲法より大切な「日米地位協定入門」』（創元社）で、数々の事例を挙げながら、沖縄だけでなく日本全体が米軍の演習の標的になっている、と指摘している。

例えば一九五八年九月七日には、ロングプリー事件という出来事があった。西武池袋線に乗っていた当時の武蔵野音大生（21）が米軍基地内のロングプリー三等航空兵（19）にカービン銃で狙撃され死亡した。ロングプリーは「カラ撃ちの練習をしたところ実弾が入っているのを忘れて撃ってしまった」と供述、形だけの裁判の上、禁錮十カ月という極めて軽い刑で終わった。

もうひとつ、一九五七年八月三日、茨城県内で自転車に乗っていた女性（63）が超低空飛行で近づいてきた米軍機の後方車輪にひっかけられ、「首と胴体を真っ二つに切断されて即死」したという事件。地元市議会は、米軍機の低空飛行が通行人をしばしば驚かせていたことなどから操縦士の故意の

高台に設えられた「貴賓席」から演習を見守るワトソン高等弁務官ら米軍将校たち。演習にはベトナム人役として乳幼児などを連れた女性を含む約20人の住民が徴用された。写真左側から海兵隊が一列縦隊になって近づいて来るのが見える。最終的にベトコン役の2人が捕らえられて演習は終わった＝1964年8月26日、沖縄・東村高江。沖縄県公文書館所蔵

いたずらと断定したが、これは日米地位協定に基づいて日本側の裁判権が放棄されて捜査終了となった。

前泊の挙げる実例はまだまだあるが、米海兵隊の任務は日本防衛にあるのではなく、米軍全体の日本を見る目も、前泊の指摘するように「演習の標的」という面が多分にあるということだ。

小沢の話に戻ろう。

「米国とはまだ話し合いの余地はある」という小沢の言葉を受けて、私は佐藤優の次に、当時立教大学教授だった李鍾元《リージョンウォン》（現早稲田大学大学院アジア太平洋研究科教授）に話を聞きに行った。米国内政治を視野に入れた東アジアの安全保障体制を研究する李は、菅や鳩山とは食事などを

ともにする仲だったが、小沢とは会ったことがなかった。しかし、小沢の著作などを読み、その考え方を高く評価していた。

「小沢さんは、大枠の戦略的思考のできる人で、国際政治のパワーポリティクスを理解している人だと思います」

米国の軍事力は、第二次世界大戦以降、太平洋を西へ展開し、冷戦から熱戦に転化しがちなアジア大陸近くに前方展開していった。しかし、二〇世紀後半から軍の輸送能力が格段に高まったため、必ずしも前方展開しておく必要がなくなってきた。

かつては大陸近くの海を米空母が遊弋《ゆうよく》していたが、現在は航空機で軽戦車や数千人単位の旅団を輸送できるようになった。このため、有事の際には米本土とグアムの基地から出撃すれば十分間に合う。

米国の有力な防衛問題・地政学ジャーナリスト、「影のＣＩＡ」とも呼ばれるロバート・カプランは、「フォーリン・アフェアーズ・リポート」の二〇一〇年六月号で、中国の海軍力増強に対抗する米海軍力の拠点として、アジア大陸近くではなく、オセアニア地域を挙げている。

李は、米国内のこうした有力な議論や、前方展開から後方へ退きつつある米軍再編の大きい動きを見据えながら、日米間の戦略協議が必要だと説明した。

「米国や日本が、軍や官僚主導ではなく、経済の分野も考慮に入れた政治主導の戦略協議を始め、アジアの望ましい政治、軍事、外交秩序を構築する。その中で沖縄問題の位置づけをしなければ、沖縄の基地の問題は出口が見えないのです」

しかし、李が言及したような本格的な日米協議は鳩山政権や菅政権では一度も開かれていなかった。

「小沢さんは、体系的に肉付けして話していないのでわかりづらいが、考えていることは、日米の大枠を変えることで基地問題の出口を見つける、ということだと思う。正しい考え方です。小沢さんは、こういう構造を見ながら、まだ完全には決着したわけではない、政治主導の議論はまだ交わされていないとみているわけです」

このような日米協議においては、かつて日本の建設市場開放問題をめぐる日米交渉や、日米電気通信交渉で日本側代表となった小沢の経験と知識が非常に重要な鍵を握ってくる。米国内の情勢にも目を光らせている李は、こうも指摘していた。

李は小沢と話し合ったわけではないが、小沢が考えていることを実に正確に解説してくれた。しかし、とは言っても現実には小沢は代表選に敗れ、その高い見識と経験を生かすことなく、菅、野田、安倍の各政権を経て辺野古の海には大量の土砂が投入され、国の天然記念物で絶滅危惧種のジュゴンは死んでいった。

この件で小沢に改めて話を聞いてみると、李の解説がいかに正確だったかがよくわかった。

「アメリカは本当は辺野古にこだわっていない。今だってそう思いますよ。アメリカの基本的な世界戦略、軍事戦略を考えれば当然、辺野古にあのようなものは要らない。たしかに海兵隊は欲しがります。しかし、軍人は欲しがるかもしれないが、政治的に言ったら大したことではない。むしろ、沖縄で摩擦や紛争が起きれば政治的にマイナスになるだけだ。そんなことは政治家ならすぐにわかることです。しかも、海兵隊は事実上沖縄にいない。ほんの少ししか沖縄にいないんです。それで、土地は他にもある。あんな綺麗なところは埋め立てる必要はないんです」

普天間・辺野古問題に関する小沢の知識は実に正確であり、小沢が首相になっていた場合には、もう一つ別の歴史の歩み方を目にしていただろうと思う時、実に残念な気分に陥る。

しかし、党内にこれだけの眼力と勢力のある味方が存在しながら、辺野古問題で追い詰められていった鳩山は、なぜ援軍なり後方支援なりを小沢に頼まなかったのだろうか。

この疑問を解く伏線は、二〇〇九年九月十六日の鳩山内閣発足前にある。この日、小沢は鳩山と党本部の代表室で向かい合っていた。この会談で鳩山は小沢に党幹事長への就任を依頼し、党務全般を任せることを伝えた。しかし、その際に、政策のことは内閣に任せてほしいと釘を刺した。

このことが小沢に響いたようだ。小沢は、これまで見てきたように政策に精通し、民主党が初めて取り組んだ二〇一〇年度予算案編成では、日本史上初めてと言っていいような政治主導の予算案を作り上げた。曲がりなりにも進んできた政治改革も、小沢が『日本改造計画』で素描してきた跡をほぼたどっていると言っていい。小沢は幹事長職にありながらも入閣して、「与党と内閣の一体化」(『日本改造計画』)の一翼を担うものと考えていた。

菅代表の時の二〇〇三年民主党マニフェストには、脱官僚、国益追求の政府を作るために政府と与党の一体化を目指して党幹事長も入閣することが明確に記されている。小沢は、このマニフェスト通りのことを考えていたが、なぜかここで翼を折られてしまった。小沢がなかばかたくなに「政務、政策はこちらからは口を出さないからそれでいいんだな」と繰り返したのは、ここにその理由がある。

「私は、幹事長を小沢さんと決めた時、あの時期に小沢さんに入閣してもらった場合、集中攻撃を受けるのではないか、と恐れました」

小沢の入閣を回避した理由について、鳩山はこう答えた。

小沢が無任所大臣として入閣していれば、普天間・辺野古問題は現在とはまったく違う展望の下に新たな光が差していた可能性が多分にある。小沢の識見と経験、そしてどんな相手にも正しいと信じる主張を貫く胆力。恐らくは当時のヒラリー・クリントン国務長官やオバマ大統領を動かして、いまごろ辺野古の海はそのまま美しい日々を過ごしていただろう。

その意味で、当時の東京地検特捜部が国民生活に犯した罪は限りなく重い。

鳩山は、本来得るべき最大の援軍を失ったまま孤立を深めていった。

「国外、最低でも県外（移設）」という鳩山の言葉は、最終的には徳之島とテニアン島を候補地として残した。

しかし、ここでミステリーじみた不思議な話が持ち上がる。外務省と防衛省などの職員が三人、二〇一〇年四月十九日か二十日、鳩山のもとに三枚紙のペーパーを持って来た。極秘印の押されたペーパーの中で最も重要な部分は、米海兵隊が訓練をする場合には陸上部隊とヘリの回転翼航空部隊が六十五海里（約一二〇キロ）以上離れてはいけないという米軍内のマニュアルが存在する、としている点だ。

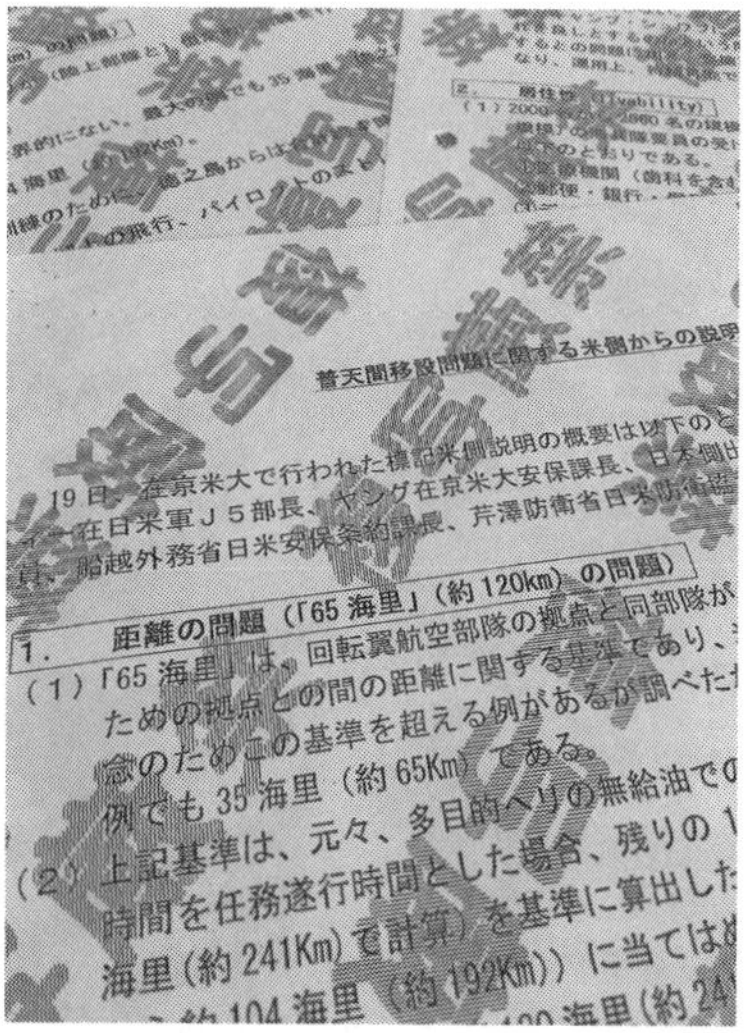

「普天間移設問題に関する米側からの説明」と題された2010年4月19日付の文書。「極秘」の押印がある

　このマニュアルに従えば、沖縄から一〇四海里（約一九二キロ）離れている徳之島は候補から落ちる。実際、鳩山はこの文書を見せられたことで最終的に県外移設をあきらめている。

　だが、鳩山が首相も議員も辞めて後に確認したところ、まず米軍のマニュアルにはこのようなものの存在は「確認できない」という米大使館の回答だった。おまけに外務省も「極秘文書の管理簿にこのペーパーはありません」との返事だった。

この問題に関しては、二〇一六年二月十六日に、ジャーナリストの岩上安身が、鳩山と、鳩山に協力して真相解明に動いた前衆院議員（当時、現衆院議員）の川内博史にインタビューしている（インターネット報道メディア「ＩＷＪ」）。インタビューの中で、ペーパーを持って来た三人が誰なのか、鳩山自身は「私もうろ覚えになっているといけないので今は申し上げないほうがいいと思います」と語っている。

米国の自治領であるテニアン島は、広島、長崎への原爆投下の発進基地となった悲劇の島だが、旧日本軍が建設したハゴイ飛行場（別名ウシ飛行場、現在ノースフィールド飛行場）があり、二千五百メートル級の滑走路四本を持っている。

テニアン市長が普天間飛行場の移設先として受け入れを表明し、鳩山の代理で川内博史らが視察したが、外務省や防衛省は一顧だにしなかった。

川内とは別に、鳩山の人脈から派遣された自衛隊関係者はテニアン島を視察した後、約四千人が沖縄から移転するグアム島を訪れ、海兵隊の高級将校の話を聞いた。その話によると、米軍はテニアン島が最適だという本音を持っているということだった。深い海を埋め立てる辺野古よりもすでに存在するハゴイ飛行場を整備する方がより安全だという認識だった。

その後の経過を見ると、この米海兵隊高級将校の認識は実に正確だった。埋め立て予定地の辺野古の海は想定外に深く、政府の発表では九千三百億円の工費と十二年の工期が必要だ。沖縄県の試算はもっと大きく、二兆五千五百億円の工費と十三年の工期が必要となる。

しかも、これだけの工費、工期をかけても軟弱地盤のために不同沈下の恐れはなくならない。安倍政権は辺野古の海に土砂を放り込み続けているが、埋め立て基地完成後、米海兵隊が使用する保証はない。新たな大きい政治問題となる恐れがある。

しかし、この自衛隊関係者のテニアン・グアム派遣は二〇一〇年五月初旬だった。鳩山が当時の沖縄県知事、仲井眞弘多《ひろかず》に「県外、国外断念」を伝えたのは同月四日。

とても間に合うタイミングではなかった。

けれども、小沢が無任所大臣として嚙んでいれば、米国との交渉の結果テニアン島という現実もありえただろう。

「小沢さんならもっとうまく突破していけた。小沢さんの突破力なら」

私のインタビューの中で、往時を悔やむ鳩山の言葉は尽きることがなかった。

鳩山由紀夫に「民主党政権の挫折」を聞く2／普天間移設

沖縄県名護市辺野古の美しい海に安倍政権が土砂を投入し始めて一年半以上が経過した。政府が米軍普天間飛行場（宜野湾市）の移設先として辺野古を閣議決定してから二十年経ち、日米両政府が普天間返還に合意してから二十四年が経過した。

しかし、辺野古の海埋め立てに対する沖縄県民の反対の意思は固く、その意思を文字通り代表する玉城デニー知事は「民意を無視して土砂投入を強行するのは民主主義を踏みにじり、地方自治を破壊する行為だ。県民が諦めることは絶対にない」（二〇一九年十二月十四日付東京新聞）と記者会見で述べ、その姿勢は変わっていない。

玉城知事の言葉通り沖縄県民の反対の意思表示は明確で、辺野古が争点となった国政選挙、地方選挙では辺野古移設反対を掲げる候補がほぼ完勝している。なぜ沖縄県民の意思は強いのか。そのことを理解するには、明治以来の同県のたどってきた歴史のページを開いてみる必要がある。

一五世紀に成立した琉球王国は、一七世紀に侵攻した薩摩藩と中国・清に両属する形を取ったが、日本が明治維新を迎えるまでは独立王国だった。維新後の一八七九年に明治政府は沖縄県を設置し、首里城明け渡しを命じた。これが明治政府による「琉球処分」と呼ばれる経緯だ。

太平洋戦争の末期、一九四五年四月、「唯一の地上戦」と呼ばれる沖縄戦が始まった。この時、大本営は特別攻撃隊を繰り出し戦艦大和による「沖縄特攻」も行われたが、地上軍部隊の第三二軍は本土決戦に向けた持久戦「捨石作戦」を企図していた。

このため、住民の多くが戦闘の巻き添えとなり、沖縄県の発表によると、沖縄地上戦の犠牲者は、日米合わせた全戦没者約二十万人のうち沖縄出身者が約十二万人、沖縄の民間人は九万四千人に上った。中にはガマ（洞窟）での「集団自決」による集団死も少なくなかった。

戦後、昭和天皇は「沖縄メッセージ」という形で沖縄を米国に差し出した。一九四七年九月十九日、昭和天皇は使者を使って連合国軍総司令部（ＧＨＱ）のシーボルト外交顧問に対し、「天皇は、アメリカが沖縄を始め琉球の他の諸島を軍事占領し続けることを希望している」というメッセージを伝えた。このメッセージはすぐにマッカーサー司令長官、さらにはマーシャル米国国務長官、ケナン国務省政策企画部長に伝えられ、米国の「琉球処分」に深い影響を与えた（進藤榮一『分割された領土―もうひとつの戦後史』岩波現代文庫）

一九五二年四月二十八日、サンフランシスコ講和条約が発効し日本は形の上で主権を回復した。しかし、沖縄はひとり米軍施政下に取り残され、沖縄ではこの日を「屈辱の日」と呼ぶ。住民居住地が強制接収された住宅密集地の普天間基地をはじめ、面積が日本全体の0・6パーセントしかないのに、全国の在日米軍基地の70パーセントが沖縄に集中している。

一九七二年の沖縄施政権返還の時には、佐藤栄作政権とニクソン政権の間で表向き「核抜き・本土並み」条件の返還となったが、裏では「有事の際の核再配備」の密約が取り交わされていた。国内では9条を象徴とする平和憲法が称賛されているが、冷徹な国際政治場裡では、米国の核の傘を含む米軍の圧倒的な軍事力が日本列島の静穏を守護している。この体制の中で、沖縄が列島守護の最大拠点となっている。

一九九五年九月四日、沖縄本島北部地区で十二歳の小学生女子児童が米海兵隊二人、米海軍兵一人の計三人の米兵に拉致され、暴行を受けた。日米地位協定により三人は日本側に引き渡されず、沖縄県民の怒りが爆発した。米軍に対する抗議行動が全島で繰り広げられ、米国は全海兵隊の沖縄撤退や日米地位協定改定の検討まで追い込まれた。

翌九六年四月十二日、日米の問題打開策が合意に達し、当時の首相、橋本龍太郎から沖縄県知事、大田昌秀に電話で伝えられた。

「普天間の返還を獲得しました。ただ、県内の基地内移転です。受け入れてくれますか」(船橋洋一『同盟漂流』岩波書店)

普天間基地の辺野古への移設問題が始まった。住宅密集地の真ん中にある普天間基地を返還はするが、県内から代替地を差し出すという新たな犠牲の要求だった。

橋本政権以後の自民党政権は沖縄の声にはまったく耳を貸さなかった。

しかし、二〇〇九年九月、明治政府の琉球処分以降、沖縄の声に初めて真摯に耳を傾ける政権、首相が日本に登場した。

沖縄政策に取り組んできた民主党は、政権交代の前年の二〇〇八年七月八日、沖縄問題の政策の柱となる「民主党・沖縄ビジョン（２００８）」を策定した。米軍基地縮小や日米地位協定の抜本的な見直し、思いやり予算の削減などを盛り込んでいるが、普天間基地の移転問題についてはこう記している。

「普天間基地の移転についても、県外移転の道を引き続き模索すべきである。言うまでもなく、戦略環境の変化を踏まえて、国外移転を目指す」

――鳩山さんは二〇〇九年七月十九日の沖縄での集会で、普天間基地の移設場所について「最低でも県外。できれば国外を目指す」と発言され、その後大きな政治問題の渦を巻き起こしました。しかし、前年七月に策定された民主党の「沖縄ビジョン」にはまったく同じことが明記されています。大げさではなくて、沖縄にとっては明治以来初めて沖縄の声に耳を傾けてくれる首相、政権の誕生となったわけですね。

鳩山　そうです。ですから、そう言ったことについて、私は間違ったことを言ったとは考えていません。党の「沖縄ビジョン」にもはっきり明記されているわけですから。

――その県外移転を目指して、国内では徳之島が有力候補に挙がりました。その経緯はどのようなものだったのでしょうか。

鳩山　それは、徳之島の方から、ぜひ来てほしいと言ってきたのです。ところが、そう言われて動いてみたらとんでもない反発が起きてしまって、それでみんな変わってしまいました。

本来ならば、県外であっても国内的にあのような騒乱状態にならず冷静を保つことができれば、地元としては来てもらいたいと思っているところがあったわけです。そこはメディアの難しさだろうと思うのですけれど、危険だということが大きく喧伝されてしまうと反対の方向に行ってしまう難しさがありました。

そのあたり、小沢（一郎）さんがこの問題で登場していたらどうなったかということは、私にもよくわかりません。いろいろ批判されていますが、例えばもっと早い段階で徳田虎雄さんに会っていたらどうなっていたかとか。確かにもっとうまく段取りを組んでいれば、違う結論になったかもしれません。

——徳之島の方から最初に言ってきたというお話でしたが、徳田虎雄さんから言ってきたのですか。

鳩山　いや、最初私は徳田さんに言わなかったのです。それが、早い段階で「徳之島からこういう話が来ているので、ぜひ成就させたい。ついては力を貸してください」と徳田さんに頼みに行けばよかったんです。

二〇〇九年十二月ごろだったと思いますが、徳之島の方から青年たちがやって来て、それから町長もやって来て「ぜひ」という話があったんです。そういう話は当然表に出ると危ないので、どうやったらうまく落ち着かせることができるだろうかと考えた時はあったんですが。そのころに徳田さんに連絡をして、うまく地元を押さえてほしいということをお願いしていれば、うまくいった可能性もなくはないと思っています。

ただ、今から考えると、米軍基地はこれ以上国内に増やす必要はないと思っていますので、徳之島に決まらなくてむしろよかったと思っています。

もちろん、当然辺野古でもない。つまり海外に代替地を求めていくべきであると思っています。だから、結果は徳之島でなくてよかったのかもしれませんが、その時のやり方、段取りとして、もっとうまくやっていれば落ち着かせる可能性はあったと思います。

——鳩山さんはその後、徳田さんにお会いしていますよね。

鳩山　ええ。二〇一〇年五月の段階だと思います。

——五月ですか。

鳩山　ぎりぎりですよ。その時にALS（筋萎縮性側索硬化症）を発症されていますから、眼だけで信号を送っておられて、それで「もう今となっては遅い」というお返事でした。亀井静香先生あたりから、徳田さんと連絡を取ってうまくやるべきだというお話を前からいただいていたのですが、遅くなってしまいました。そういう意味で非常に残念だったと思っています。

——そういうことですか。なるほど。

鳩山　ただ、私が最終的に国内をあきらめたのは、沖縄の基地と訓練場所が六十五海里（約一二〇キロ）以内でなければならないという話を外務省から聞かされたからです。

自分としてはこれで万事休すと思ったわけですが、このことも、例えば小沢さんだったら「そんな話はないぞ」とか、米国との交渉の過程で「そんなものはない、外務省から出ているだけの話ではないか」とか、そんな風になったかもしれない。小沢さんであれば、そういう突破力を持っていたかもしれません。

——その「沖縄の基地から訓練場まで六十五海里以内」という話は外務省から出た話なのですか。それとも、米国から出た話なのですか。

鳩山　外務省が、米国から言われて、という話です。

——外務省がそう言うのですね。

鳩山　これはアメリカ側と交渉させた中で、六十五海里以内でないと移せませんということをアメリカ側から外務省が示されたということでした。基地から訓練場に行くまでの時間が二時間かかるので、訓練の準備ができないという話でした。

問題の文書「普天間移設問題に関する米側からの説明」は二〇一〇年四月十九日付の日米担当者の会合記録で、「極秘」指定されている。米側出席者は、「ウィルツィー在日米軍J5部長、ヤング在京米大（米大使館）安保課長」、日本側出席者は、「須川内閣官房専門調査員、船越外務省日米安保条約課長、芹澤防衛省日米防衛協力課長」となっている。

「米側からの説明」はまず「距離の問題」を挙げ、「『六十五海里』は、回転翼航空部隊の拠点と同部隊が（陸上部隊と）恒常的に訓練を行うための拠点との間の距離に関する基準であり、米軍のマニュアルに明記されている。念のためこの基準を超える例があるか調べたが、全世界的になく、最も距離のある例でも三十五海里（約六十五キロ）である」としている。

海兵隊ヘリ部隊訓練場の沖縄中部訓練場・北部訓練場と徳之島の距離は約一〇四海里（約一九二キロ）。このため、米軍のマニュアル上、徳之島への海兵隊基地移転は不可能であるという結論が導き出される。

「米側からの説明」は他に、徳之島が二千人から二千五百人の海兵隊を受け容れた場合の「居住性」の問題なども挙げ、徳之島不可の結論となっている。

しかし、この米軍マニュアルについて、鳩山の委託を受けた衆院議員の川内博史や朝日新聞記者などが米軍に問い合わせたところ、そのような基準は存在しないという回答を得ている。

鳩山　アメリカの訓練の問題でこれだけは絶対だと言われると、こちらも反論できないわけです。そんなはずはないだろうとか言っても、結局六十五海里と言ったら、訓練場のある沖縄を出られないじゃないか、という話になって普天間か辺野古かということになってしまったわけです。しかも、この話の出所が不詳なんです。

――不詳なんですか。とんでもない話ですね。しかし、海兵隊は計一万九千人のうち九千人が海外に移駐し、そのうち四千人から五千人がグアムに移ることになっていますよね。沖縄に残る一万人をグアムに比較的近いテニアンに移すというアイデアもありました。まさに海兵隊基地と訓練場をテニアンに移設すれば、その距離の問題も含めてすべて解決したはずですよね。

テニアン島への移設については、鳩山周辺では最後まで模索が続けられた。川内が視察に訪れたが、それとは別に派遣された自衛隊関係者の一人は島全体をオートバイで七、八周走り、旧日本軍が残したウシ飛行場（現ノースフィールド飛行場）なども視察した。同飛行場滑走路は現在は荒れているが、当初から深く掘られているために、整備すればすぐに使える状態だという。

この自衛隊関係者はグアムのアンダーセン基地で、高位にある米海兵隊将校から話を聞いた。それによると、軍事的観点から見た海兵隊の本音は「テニアンへの移設が最も合理的」ということだった。「アンダーセン基地に海兵隊のヘッドクォーターがあるのに実戦部隊が沖縄にいる意味はない。さらに言えば普天間にいるのは実戦部隊ですらない。沖縄に危険な滑走路を新たに作るよりも、テニアンのウシ飛行場を整備した方がより安全だ。しかも、テニアンには今やグアムにさえないジャングル内の訓練場がある」

これが海兵隊将校の語る「本音」だった。

鳩山　そうなんです。海兵隊全部をワンセットで全部グアム、テニアンに移せばいいんです。それはあり得る話だと思うのです。その方向にしていけばいいのです。中国や北朝鮮をもし仮想的な脅威だと見るのならば、近すぎたら簡単にやられてしまいますから、むしろこのくらい遠い方が安全だということですよ。

——もともと海兵隊ですから、彼らのミッションには日本防衛というのは入っていませんからね。

鳩山　入っていない。だから、私も抑止力などという言葉を間違えて使ってしまいました。

鳩山は二〇一〇年五月四日、沖縄県知事の仲井眞弘多に対し、「県外、国外」移設断念を伝えた際に「抑止力の観点から」という言葉を使った。

——あの言葉は、お間違えになったのですか。

鳩山　これは、辺野古に戻ることを理屈づけるために、どう正当化するかということで、自民党さんも言っていますけど、抑止力という言葉を使ってしまったのです。ただ、海兵隊が抑止力とは言えないから、海軍や陸軍、空軍を含めたいわゆる四軍全体の存在が抑止力になっているという言い方をしたのですけど、それが叩かれました。

――それは鳩山さんが急遽考えられたのですか。

鳩山　私自身が急遽考えた。しようがないです。辺野古に戻るという苦渋の選択と言うか、してはいけない選択をすると言った時に、それを理屈づけるためにあえて用いた言葉でした。

――二〇一〇年の四月から五月にかけて、議員の川内さんが実際にテニアンに行かれていますよね。これは、鳩山さんが行ってほしいという希望をされたのですか。

鳩山　だったと思います。

――政治家ではない方も行っていますが、その方が米軍の高級将校に話を聞くと、米軍の本音はテニアンの方がいいのだという話だったそうですね。

鳩山　テニアンの市長なども、ぜひ来てもらいたいという思いがあったと聞きました。だから、あの時点でそこまで大転換をすればよかったのですけども、頭の中は、海外は難しいから国内で、最低でも県外でということで、その「最低でも」の部分に入り込んでしまっていました。

そこで原点に戻ってみたいな話は私の頭の中で十分には構築されていかなかったのです。それは、アメリカとしては「はい、わかりました」という話ではないだけに、これからアメリカと相当やりとりをしなければいけない話だなと思いました。「普天間の代わりにグアム、テニアンだ。アメリカでどうだ」という話を作っていくには、また最初からスタートする話なので、間に合うかという思いがあって、その議論には十分には乗れなかったのです。

――鳩山さんは二〇一三年二月二十日の沖縄での講演でこう話しています。

「オバマ大統領からは、政権交代をしたのだから見直しをするということは率直に支持をしますという返事がありました。ロードマップの修正が必要になることだってあるでしょうと言われました。ただ、基本だけは守ってくださいという話がありました。マスメディアは私に対してかなり厳しく批判的な論調でしたが、私はその当時オバマ大統領はかなり柔軟だ、可能性もあるのではないかと思いました」

これは、二〇〇九年十一月にオバマ大統領が来日した際に鳩山さんとかなり打ち解けてお話しされた時の感想です。この感想の中にある「基本だけは守ってください」というオバマ大統領の言葉の意味はどういったことなんでしょうか。つまり、その「基本」とは何を指しているのでしょうか。

鳩山　日米安保の重要性の中で、普天間基地の危険性はわかっているので、その問題を解決する場合に、日本がきちんと答えを出してくれということ、つまり、代替地を早く決めてほしいということだと私は理解しました。

――わかりました。つまり、その基本を踏まえれば、オバマ大統領はかなり柔軟であるという解釈ですね。

鳩山　日本に米軍基地が存在していて、思いやり予算の中で彼らが仕事をしていることも理解してほしい、そういう解釈だと私は思いました。ですから、米軍にどこかに行けという話ではなくて、全体のストラテジーみたいなところは大きく変えるなということだと思います。

――わかりました。もう一つお聞きしたいのは、基地と訓練場のワンセット移設の問題は、政府内でどこまで話し合われたのでしょうか。つまり、閣内で外相の岡田（克也）さんや官房長官の平野（博文）さんたちとどういう風に話し合いをされたのでしょうか。

鳩山　アメリカから出されたという文書を岡田さんにしろ防衛相の北沢（俊美）さんにしろ、あるいは平野さんもいたと思いますけど、それぞれが、これは守らなくてはならないものだと理解をされたと思います。しかし、そこに誰がいたかということははっきりとは覚えていません。

――例えばグアム、テニアンの件は岡田さんや北沢さんとはそれほど話されてはいないのですか。

鳩山　していませんね。それは、岡田さんたちは、そういうものは最初からあきらめている。と言いますか、議論にはならなかったです。

――そうすると、最初から、彼らに言ってもだめだなと思って言わなかったということでしょうか。

鳩山　まったく説得できる状況ではないと思ったし、もっとこちらの方でちゃんと可能性を確かめてからでないと無理だという思いがありました。それを確かめる間もなかったです。

――そうしますと、「沖縄ビジョン」には「県外、国外」が明確に書かれていたにもかかわらず、鳩山さん一人の孤軍奮闘状態だったわけですね。そして、二〇一〇年五月四日に仲井眞さんに会われて、県外、国外は無理だというお話をされますが、その前日の三日に小沢さんに会っているのですね。この時に、断念したお話をされたのでしょうか。

鳩山　簡単には報告しました。

民主党政治は小沢と鳩山で終わった

不祥事と事件を繰り返しながら、コロナウイルス対策への備えもせず、安倍政権が実りのない旧態依然とした政治を延々と続けている。

この日々の中でふと考えるのは、民主党政権に地滑り的勝利をもたらした、日本政治を変えていかなければいけないというあの国民的熱意は一体どこへ行ってしまったのだろう、という疑問だ。

言葉を換えて言えば、世の中を変革したいという希望と正義感に満ちた若い元気な国民が、何をしたって世の中は変わらないという諦念と小さい利己心に押し潰された老い先短い狡猾な国民にそっくり入れ替わった。こんな国家的なミステリーに包まれている国、それが現在の日本だろう。

こんな風に国民の心理的側面が大きく入れ替わったその日付は、前にも記したように、二〇一〇年九月十四日だろう。この日は、民主党代表選で小沢一郎が菅直人に敗れた日だ。

菅直人はすでにこの年六月四日に党代表となり、辞任した鳩山の後を継いで首相となっていたが、突然消費税率を5パーセントから10パーセントに引き上げることを口にして世間を驚かせた。その目指す政治は、内政面で言えば、消費税増税、法人税減税の経団連政策、外交面で言えば、沖縄・普天間基地の辺野古移転をそのまま認めたことに象徴される米国追随政策だった。

「日本政府は、まだ米国と本当には話し合っていない。だから、米国とはまだ話し合いの余地はある」

東京・芝公園にあるザ・プリンスパークタワー東京で行われた民主党代表選で、小沢は朴訥な調子で普天間飛行場の辺野古移設問題についてこう語り始めた。

鳩山が「県外、国外」をあきらめ、「辺野古で決まりか」と思われていた時期だけに、私は意表を突かれる思いがした。同時に、本物の「政治の声」だと思った。

前述したが、私は、評論家の佐藤優や立教大学教授だった李鍾元に話を聞きに行った。両氏とも、後方展開を大きい方針とする米軍再編の中で、海兵隊を沖縄から外へ移す小沢の考え方を肯定していた。

しかし現実政治の動きは菅直人に代表選勝利を与え、社会的には、これまでに紹介したような画期的な予算編成プロセスや、海兵隊基地の国外移設への悪戦苦闘などは何もなかったかのように忘れ去られていった。

そして安倍政権になって、ついに大量の土砂が青い海に投げ込まれ始めたのだ。

普天間問題の側面から浮き彫りにされる民主党政権の挫折。鳩山由紀夫と小沢一郎はなぜ力を合わせて問題に当たらなかったのだろうか。

——鳩山さんが首相を辞任された後、二〇一〇年六月四日と九月十四日に民主党代表選が実施されました。九月の代表選では、菅直人さんと小沢一郎さんの一騎打ちとなりました。私はその時の小沢さんの演説をよく記憶しているのですが、「普天間問題はアメリカとまだよく話し合っていない。これからまだ十分話し合っていく余地はある」と話しました。また、小沢さんは個人的には「辺野古には作らせてはいけない」と何度も発言しています。そうすると、鳩山さんは孤軍奮闘するのではなく、小沢さんの協力を得ていれば、かなり違った展開になったのではないでしょうか。

鳩山　そうかもしれません。もっと私の方から積極的に助けを求めて、「小沢さん、どう考えておられるのですか」という話をすればよかったのでしょう。しかし、そのチャンスがなかったですね、あの時。

——そうですか。

鳩山　本当に任せていいんだなと小沢さんがおっしゃっていたことはあったので、その時にこちらも、

日本記者クラブ主催の討論会で議論を交わす菅直人首相（右）と小沢一郎民主党前幹事長＝2010年9月2日、東京都千代田区、プレスセンタービル

いや大変苦しんでいるので力を貸してくださいと申し上げていれば、そこで変わっていた可能性はあります。

アメリカの考え方はもっと柔軟であるということは小沢さんはわかっておられたと思うのですよ。そこで突破口を開いて穴を開けることが、小沢さんならできたかもしれません。

普天間基地を「県外、国外」に移すことについては民主党が政権を取る一年前に策定した「沖縄ビジョン」に明記されていた。政権を取るに当たっての同党の沖縄政策の柱の一つだった。

しかし、いざ政権の座についた直後、その旗を高らかに掲げていたのは首相の鳩山ただ一人だった。外相の岡田克也も防衛相の北沢俊美も努力するふりさえ見せずに早々に尻尾を巻いて退却していた。

国家戦略相から財務相となった副総理の菅直

人は終始沈黙を守り、首相になってからは普天間問題の所在さえ菅やその周囲の人の口の端に上らなくなった。

問題の所在を明確に頭に刻み、現在においても問題意識を持ち続けているのは、旧民主党の要職に就いていた政治家の中では、鳩山を除けば小沢一郎ただ一人だ。小沢は現在、どう考えているのか。

——二〇一〇年の民主党代表選で小沢さんが語った「普天間についてはアメリカとこれからまだ話し合う余地がある」という言葉を、私はよく覚えています。小沢さんの当時の考えとしては、米国は辺野古に本当はこだわっていないんじゃないかと。そういう風に思われていたのですね。

小沢　今だってそう思いますよ。辺野古に基地は要りません。これは、アメリカの基本的な世界戦略、軍事戦略を考えれば当然のことです。海兵隊、軍人は欲しがるかもしれません。しかし、軍人が欲しがったって政治的には大したことではない。沖縄で深刻な摩擦が起きればマイナスになるだけです。そんなことは政治家ならすぐにわかることです。

——しかも、米国の基地再編戦略は、前線から後方に引いていくというものですよね。

小沢　事実、引いています。それから、海兵隊そのものが沖縄にはあまりいない。

——そうですよね。そもそも沖縄にいる海兵隊はローテーション部隊ですね。

前述のように、沖縄駐留の海兵隊の中核、「第31海兵遠征部隊」（31ＭＥＵ）の実態は、部隊の動向を記録したコマンドクロノロジー（部隊年報）によると、一九九二年の配備から二〇一七年までのほとんどの年で百日以上沖縄を離れて日本国外に出ていた。

小沢　沖縄にはわずかしかいないんです。それで、土地は他にもあるんです。あんな綺麗な海は今でも埋め立てる必要はないんです。

――そうですか。それで、鳩山さんが「最低でも県外、あるいは国外」と発言された時には、小沢さんとしてはその考えに賛成だったわけですよね。

小沢　ぼくは、辺野古には要らないという意見です。しかし、そのためには、日本はきちんと米国にそのことを言えなくてはならない。

ただ、それを言うためには、国土防衛のための軍事的な負担をしなければならない。自分は寝ていて、他人にいいことをしてもらおうという気持ちではどうしようもないんです。それをぼくは国民には言いたいんです。

――なるほど。ということは、小沢さんが閣内に入って政府内で発言権があれば、普天間問題も、辺野古移転を抜きにして進展した可能性があるわけですね。

小沢　進展したというか、間違わないで済んだと思います。相談を受ければですね。

――小沢さんが幹事長になられた時のことを鳩山由紀夫さんに聞いてみました。なぜ小沢さんを幹事長として閣内に入れなかったのか、という質問に対して、鳩山さんは、「当時自分に加えて小沢さんへのバッシングが激しかったため、二人そろえば風当たりが相当強くなってしまうのではないかと危惧した」という趣旨のことをおっしゃっていました。そのあたりのことはいかがですか。

小沢　それは天下国家のことではありません。バッシングと言ったって、その前にあれだけ叩かれて、それでも天下を取ったんです。何も怖がることはなかったんです。

あの時、党本部の代表室で、鳩山さんと菅さんがいましたね。輿石（東）さんもいたかもしれませんが、それはちょっと忘れました。そこで鳩山さんに「政府のことには口を出さないでほしい」と言われました。マニフェストには幹事長も閣内に入ると書いてありましたから、これもマニフェスト違反なんですね。

——エッと思われましたか。

小沢　意外に思いました。マニフェストとは違って、そういうことになるのかという意外さはありました。けれども、鳩山さんは代表であり総理ですから人事権を持っているわけです。

——「なぜですか」と聞いてみなかったのですか。

小沢　聞いてみたってしょうがないじゃないですか。理由を聞いたって意味がないです。「こうしてくれ」と言われているわけだから、どうしようもないでしょう。もともとぼくは、ポストなどどうでもいいと思っていましたから。

けれども、鳩山さんは対立する人も閣内に取り込んでうまくいくと思っていたのかもしれませんが、何かの時に、閣内でかばってくれる人は官房長官の平野（博文）さん一人になってしまったわけです。当時、平野さんでは党内はとてもコントロールし切れないと思いました。

——国家戦略局のケースと同じで、やはり小沢さんが閣内に入っていれば、普天間、辺野古は今とは違った形になっていましたか。

小沢　ぼくは日米交渉は何度もやっていますから。だから、ぼくが閣内に入っていれば「これはこうで、これはこうなる」というように言えるし、相談もすぐにできました。だけど、「政府には口を出さないで」と言われていましたから、仕方ありません。

——例えば小沢さんが総理であれば、まず最初に米国と交渉しますか。

小沢　まずアメリカと話をします。話をつければいいんです。最初に「県外、国外」というように発言せずに、まずアメリカと話さなければどうしようもないでしょう。

——なるほど。まず第一にそこですね。しかし、米国と話をするにしても、辺野古以外の候補地というのは必要になるという考え方もありますね。

小沢　それはわからないではない。しかし、軍人と政治家とではまた考え方が違うんです。だから、話してみなければわかりませんが、軍人は欲しがるでしょう。後でわかったことですが、軍（海兵隊）も実は必要としていない。だけど、政治家はそんなリスクを抱え込むのはかえってマイナスだという判断になるとぼくは思います。

——海兵隊はグアムに本部があるわけだし、グアムとテニアンに移ればいいだけの話なんですよね。

小沢　そうなんです。自衛隊もいて、嘉手納の基地もあるわけですから。

——米国の軍人も本音のところではテニアンが最適地だと思っている。テニアンに視察に行った自衛隊の関係者からそう聞きました。そうすると、安倍政権はなぜここまで辺野古に固執しているのでしょうか。よく指摘されるように、辺野古を埋め立てる利権といったものが背景にあるのでしょうか。

小沢　政府がそういう理由だけでやっているわけではないと思いますが、外務、防衛省を含め、推進する者の中にはそういう利権絡みの話も出ていることはまちがいがありません。

だけど、安倍さんの感覚は、一度日本政府でやると言ったことだから「やるんだ」ということではないでしょうか。それともう一つは、日米同盟の強化を演出する必要があるということでしょう。その二点だと思いますね。

――しかし、鳩山さんの後、菅さんも野田（佳彦）さんも沖縄の声をまったく素通りしてしまいましたね。

小沢　役人の言う通りでした。

――沖縄の意思を第一にするという最初の志は、カケラも見えなかったですね。

小沢　国民から見放されるのは仕方ないと思いました。

――小沢さんが米国と話をしようとする場合、交渉相手は誰を想定されますか。

小沢　直接的には国防総省だろうけど、政治的な話は国務省ですね。

――話は少し変わりますが、小沢さんは個人的な草の根国際交流も重ねているんですよね。

小沢　個人的にアメリカの高校生を日本に呼んだり貧しい黒人地区の小学生を呼んだりしています。かわいらしい小学生たちです。けれども、本当に生活が厳しい家の子どもたちなんです。

草の根の国際交流のジョン万次郎の会（現財団法人ジョン万次郎ホイットフィールド記念国際草の根交流センター）の会長もやっています。

――中国との交流も個人的に努力されていますね。

小沢　日中友好の「長城計画」や「日中至誠基金」などで中国の学生たちを招待していることは中国共産党の幹部はみんなちゃんと知っています。

ぼくは、本気で日中関係の友好に取り組んでいますから、そういうことを知っている中国は、ぼくが何を言っても怒らないんです。他の人には言われたくないが、ぼくの言うことは素直に聞くと言うんですね。

――外交をめぐる小沢さんの逸話の中で一番驚いたのは、中国の最高指導者に対して、「中国はこの

辞任表明あいさつの前に小沢一郎民主党幹事長（右）と握手する鳩山由紀夫首相。小沢氏も幹事長辞任を促され了承する＝2010年6月2日、国会内

ままでは先行きは危ないぞ。何とか今の体制を考え直さないといけないのではないか」と歯に衣着せず忠告したことなんですね。世界のトップリーダーの中でも、こんなことが言えるのは小沢さんしかいないのではないでしょうか。

小沢　そういうことはしょっちゅう言ってます。「共産党独裁はいずれ滅びる。だからもうコペルニクス的転換をするか滅びるかどちらかしかない」とはっきり言ってます。胡錦濤（元中国共産党中央委員会総書記、元国家主席）にも言ったし、ほかの人にも言いました。多くの幹部たちに酒席の場でも言いました。そうしたら、みんなうなずいてましたね（笑）。

――うなずいてた？（笑）

小沢　独裁と腐敗の権力は絶対に崩壊すると言いました。

――しかし、世界中で、中国首脳にそんなことを言える人っていないんじゃないでしょうか。

小沢　本当のことですから。韓国で国際会議があった時、中国について話してほしいと呼ばれたんです。それで、ぼくの持論を話したんです。

中国の歴史というのは漢民族の膨張の歴史だ。だから覇権主義が色濃くある。というような話から始めて、共産党の独裁、腐敗は絶対に長くは維持できない。だから、われわれ日本と韓国、アメリカ、イギリスなど中国に関係のある国々は中国を何とかソフトランディング、民主化できるようにサポートするのが務めだ、と話したんです。

そうしたら後で中国の人たちがやって来て、「まあまあ、あんまりみんなの前で言わないでくださ い」と言ってきたんですね。それで、ぼくは「いつも言ってることじゃないか」と話したんです。

ぼくは本気で日中関係をやっているのを彼らは知っているから怒らないんです。プライベートな面でも日中友好に取り組んでいますから。「ぼくの言うことは忠告と思って聞きなさい。憎くて言ってるんじゃない」とぼくも中国政府の人には言っています。

だけど、中国はトップにまでそういう情報がちゃんと入っていますが、アメリカの政府の要人は残念ながらそういうことを知りません。アメリカ的民主主義の欠陥ですね。だから、ぼくのことをアメリカ人の中には「反米」などと言う人もいますが、全然的外れな見方ですね。しかし、アメリカもいずれちゃんとわかるでしょう。

第3章　自民党権力の中枢で何が起きたのか

自民党総務会で幹事長就任のあいさつをする小沢一郎氏。中央は海部俊樹首相。1989年7月の参院選で自民党は大敗を喫し、宇野宗佑首相は退陣、党執行部も橋本龍太郎幹事長らが辞任した＝1989年8月9日、東京都・永田町の自民党本部

弁護士を目指して司法試験に挑むが、父の急死で選挙へ

ひとつの時代には必ず一人の中心人物がいる。かつての歌謡界には美空ひばりがいたし、時代を下っては山口百恵や松田聖子がいた。野球界に長嶋茂雄が登場し、時代が下ってサッカー界にカズや中田英寿が君臨した。時代が一人の人間を作り出し、その人間は時代の空気を誰よりも大きく吸い込み、誰よりも生き生きと手足を伸ばす。

戦後の米ソ冷戦が実質的に終焉し、世界中の目がベルリンの壁の崩壊を目撃した一九八九年、日本の政権党である自民党幹事長室に座っていたのは、四十七歳の小沢一郎だった。

世界歴史の巨大なコーナーを曲がり切ったところで、世界は初めての戦争を経験した。イラクがクウェートに侵攻した湾岸戦争で、憲法9条を抱える日本も戦後初めて、国際社会から何らかの形で戦争に参加するよう呼びかけられた。憲法の平和主義を深く知る小沢は懊悩した。その懊悩は現在に至るまで日本国民につきまとっている。

時代が大きく変化し、その変動の軋みが激しく音を立てる中で、小沢は政権の操縦桿を一手に握っていた。

それから約四年後、政党としての自民党が時代の変化に対応できず、日本の政治の形そのものが変容しなければならなくなると、小沢は新しい形を求めて自民党を離党した。

その後、小沢は中心人物として非自民の細川連立政権を樹立し、さらに民主党政権を成立させた。古い政治の形を引きずり続ける自民党からの政権交代を二度成功させ、日本の政治に新しい可能性を開いた。

つまり、戦後政治の大きいコーナーを曲がり切って以来、現在に至るまで、日本政治の中心人物は、紛れもなく小沢一郎なのだ。

小沢はどのような道を歩いてきたのか。父親は、岩手県水沢町（後に水沢市、現奥州市）出身の国会議員、小沢佐重喜《さえき》。農家出身だったが、家が貧しいために様々な仕事をしながら苦学を重ね、二十五歳の若さで難関の弁護士試験に合格した。

佐重喜はその後、東京市会議員、東京府会議員を経て、戦後初めての総選挙で当選した。一郎は、一九四二年に岩手県水沢市に生まれる。以後、地元の水沢市立水沢小学校、同市立常盤中学校（ともに当時）に通った。まずは、懐かしい子どものころの話に耳を傾けよう。

――小沢さんは、小学校に上がる前、それから小学校の時、どういう子ども時代を過ごしましたか。

小沢　ぼくの子ども時代は、今の日本の子ども時代に欠けているものをみんな持っていたね。ぼくの住んでいたところは水沢の袋町というところで、城下町の中でも袋小路になっているようなところだった。子どもが多いところで、小さい時から、朝から晩まで隣近所の子どもたちと遊んでいたね。ガキ大将がちゃんといて、先輩後輩の関係があって、ドジョウ捕ったりナマズやフナを捕ったりして、秋になればアケビがあり栗や柿がありという感じだった。

ガキ大将はやっぱり殴ったりはするんだけれども、けが人が出たり死ぬなんてことは絶対になかったね。やっぱり限度を心得ているんだね。家の中に閉じこもっている子どももいなかったね。けんかの強いやつも弱いやつもみんな一緒になって遊んでいました。戦後すぐだから遊び道具もないし、自分たちで作ったり、自分たちの手や足で遊んでいた。いや、楽しかったね。

日暮れになると、みんなそれぞれに家から呼ばれて帰っていった。「誰か故郷を想わざる」とかいろいろな歌があるけど、みんなで一緒に遊んで、日の沈みかかるころに家の方から「おーい」と呼ばれてね。

——小沢さんも「一郎、帰って来い」とか呼ばれたんですか。

小沢　そうそう、呼びに来たよ。だけど、ぼくはたいがい時間には帰っていたから。そのころNHKで「二十の扉」とかやっていましたね。

「二十の扉」というのは一九四七年から一九六〇年まで毎週土曜日夜の七時三十分から三十分間、NHKラジオ第一放送で放送されたクイズ番組。連合国軍総司令部（GHQ）民間情報教育局（CIE）指導下で制作された。

——ラジオ放送ですね。

小沢　ラジオ放送。テレビなんかまだないからね。だけど、「二十の扉」は七時半からだったかな。そのころには、もうとても聞けないくらい眠くなっちゃう時間だったね。でも、ぐっすり寝て遊び疲れて、そういう毎日だったね。自然を相手に自分で工夫して遊ぶ以外なかったですね。

——小沢さん自身もガキ大将だったのですか。

小沢　いや、ガキ大将というともう中学生だけど、だんだん時代も変わってきて、ぼくも中学に入ってからは勉強やら運動やらがあったからね。成長するとともに時代も変わってきているから。だけど、冬になるとスケートやそりも自分たちで作るんだ。大人に作ってもらったりもしましたけどね。下駄に鉄を回した下駄スケートとか、竹を半分に割った竹スケート、それから長靴に金具だけ履いたスケートとかね。

――田んぼに水を張って凍らせるわけでしょう？

小沢　おお、道路に水を撒いたりもするし。

――道路に？

小沢　車はほとんど通らなかったからね。もちろん田んぼに水を撒けば一晩で凍っちゃうから。

――スケートは上手だったんですか。

小沢　スケートと言っても今考えるようなものではないからね。雪道を凍らせたりしているところを滑るだけだから。いやあ、楽しかった。ぼくのところは山ではなく里の方だったからスキーはしなかった。スキーはお金もかかるからね。

――そういう遊びの友だち付き合いの中で社会を知る、ということもありましたか。

小沢　社会性の勉強だね。今の子どもたちは社会、集団での営みというものを知らないかもしれないね。ぼくの田舎（水沢）の方でもだんだんみんな家の中に引っ込んでいるような感じになってきたらしい。今の子どもたちは社会生活を勉強する場がないんだね。先輩後輩とか子どもたちの中で受け継がれてきた社会性とか、仲間うちの一定のルールとかそういうものを知らないんだね。だから、親に一方的に可愛がられて育つから、かえって社会性が育たないのかもしれないね。

ぼくは上が姉妹で末っ子の長男だったけど、親が比較的高齢の時の子だったので、おふくろが明治の女でえらい厳しかった。

母親の小沢みちは、元千葉県議会議員、荒木儀助の四女。一郎は、佐重喜四十四歳、みち四十二歳の時の子どもだった。

――そんなに厳しかったですか。

小沢　厳しかったよ。強い女だからね。明治の女だから。選挙区でおふくろが全部選挙運動やっていたからね。あまり騒ぐと殴られたね。柱に結わえ付けられたり納屋にたたき込まれたり、うーんと怒られた。

――怒られる原因というのはどういうことだったのですか。

小沢　子どもだから、お客さん来た時に騒いだりしたことだね。

――半面、佐重喜さんは、少しゆっくり育てようというような方針だったのですか。

小沢　何だか知らないが、もう実質的に母子家庭だから。父親と接触することはあまりなかった。ぼくが中学生になって東京に来て高校生になってからは今度は逆に父親の方が体力的に弱ってきちゃったから。ぼくが大学生のころは、それまでは家に帰らないで酒を飲んでいたのが、帰ってくるようになっちゃったね。

調子悪かったんでしょう、きっと。酒飲みが家に帰ってくるようになったら、もう調子悪いんだね。だから、父親に付き合って晩酌の相手をしたりしていた。父親が家に帰って来てぽつんと寂しそうにしているから、可哀想に思って大学も早く帰って来て父親の相手をすることが多かった。だから、大学は全然面白くなかったけどね。

小沢佐重喜の私家版伝記『人間小沢佐重喜』には田中角栄や藤山愛一郎らと並んで小沢一郎も追想文を寄せている。それによれば、小沢は一般の家庭のような父子関係を持つことはなかったが、一度だけ水沢の自宅から「手をつなぎ、あるいは肩車をしてもらって、田んぼを見に行ったことが、本当に唯一のなつかしい思い出となっている」と記している。

——小沢さんが小さいころのお父さんの思い出というと、水沢にあった田んぼに連れられて行ったことが残っていると書かれていますね。

小沢　そうそう。ずっと前だね、それは。本当に小さい頃。いくつくらいの時だろう、小学校に上がってないころだね。田んぼまで歩くと三、四十分かかるかな、ゆっくり歩くと。今でもその田んぼはあるよ。

肩車されたりして一緒に田んぼまで行ったのが、親父の思い出と言えば思い出だね。あとは休みの時は、一、二度、三、四度かな、家族で旅行した思い出もある。親父と一緒というのはそういう時だったかな。

——そうすると、父親とのスキンシップはあまり多くなかったということですね。

小沢　うん、まったくなかったね。だから、母親と一緒の時間が多かったね。

——選挙になるとお母さんが一生懸命がんばったわけですね。

衆院本会議で小選挙区制法案の経過報告をする衆院公職選挙法改正特別委員会の小沢佐重喜委員長＝1956年5月16日、衆院本会議場

小沢　選挙というのは日常選挙だもの。日常、常在戦場だもの。今はそんなに来なくなったけど、昔は家に人が来る、その中にはお酒を飲む人もいるということだから、いろんな人が毎日いっぱい家に来たんだよ。そういう人の相手をしたり各支部を回ったりという仕事は全部母親がやっていたから。

一九四九年七月六日未明、下山定則・国鉄総裁が東京都足立区西綾瀬、常磐線の線路上で轢死体となって発見された（下山事件）。前日から失踪していたもので、自殺説、他殺説が立てられ、他殺であれば労働組合、米軍など様々な憶測が飛んだ。

いまだ真実は闇の中。この当時、小沢佐重喜は第三次吉田茂内閣の逓信大臣で、国労とともに労働運動の中核を担っていた全逓と厳しくにらみ合っていた。

——下山事件の時、お父さんは逓信大臣でしたから、警察官が一カ月自宅に泊まり込んだということでしたね。子どもの小沢さん自身が金魚を買いに出る時でも私服警官二、三人に護衛された、と『人間小沢佐重喜』に書かれていますね。

小沢　それは昔の大臣官邸での話ですね。それで警護の警官が二、三人泊まり込んでいたから。護衛さんとは遊んだよ。ピストル触らせてもらったりしたね。

一九五五年二月十七日付の読売新聞には、小沢佐重喜についてこう書いてある（『人間小沢佐重喜』から）。「選挙に金を使わないことでは彼の右に出る者がないという。その点『文字通り公明選挙です』と自信たっぷり。（略）『政治家はいつ路頭に迷うようになるかも判らないから』と生活はおごらず、水沢市袋町の生家の一隅では甥が駄菓子屋を開き、東京の家も建坪一五坪の平家で、大臣就任のときなど新聞記者やカメラマンに押しかけられ、家族は屋外にはみ出したりするなど、彼の潔癖性の現れであろう」

——こんなエピソードが書いてありましたね。

小沢　そうそう。じいさん（佐重喜の父親）は自作農だったんだけど飲兵衛でね。飲み過ぎが元で田んぼも取られちゃったんだ。それで親父とおふくろが土地を取り返して、そこに小さい家を建てた。

二階が八畳で、一階が八畳と四畳半、それに台所と小さい風呂場がついていた。ぼくはそこで育った。
東京には最初家がなくて、父親が御徒町に持っていた家作（貸家）に寝泊まりしていたんだけど、やっぱりどうしようもないということで湯島の家を買ったわけだ。その湯島の家も六畳と六畳と八畳だったかな。

――佐重喜さんはかなり清貧だったんですね。

小沢　弁護士だからね。親父は自分の財産を削って政治活動をやっていたから。それでものすごい貧乏な生活、どん底から這い上がったから、財界や官僚にはものすごく反感を持っていた。
ぼくも実はそのDNAを継いでるんだけどね。だから、普通二代目というと金の方も後援会の方も父親から引き継いだりするでしょう。ところがぼくは全然引き継いでいない。親父は金集めの後援会というのは作らなかった。自前でやっていた。だけど、それで済んだのはやっぱり、金もかけずに選挙のできた地元の人たちがよかったんだね。いい人たちに恵まれたということですね。

――さきほど常在戦場、日常選挙という話がありましたが、佐重喜さんは選挙の時は水沢に帰って来たんですか。

小沢　来ない。

――月一回くらいは帰って来ないんですか

小沢　まあほとんど帰って来ない。ぼくも選挙の時、帰りません。

――小沢さん自身も選挙の時、帰らないんですか。

小沢　もう二十何年帰ってなかった。田中（角栄）の親父や竹下さん、金丸さんにも「帰れ」と言われたけど帰らなかった。先輩のできなかったことをするんだ、とぼくは言っていましたね。知事選や県議選、参院選には帰るけど、自分の選挙では帰りませんでした。というのは、最初の十四、五年の間、徹底してやりましたから。

——三回目、四回目までは地元を徹底的にやれ、という小沢さんの持論に従っているわけですね。

小沢　ぼくは、七、八月の休みの時に集中してやることにしていました。だから、四、五十日かけて、百の支部を毎日毎日、国会報告会、懇親会と歩くわけです。昔は中選挙区で大きいですから、報告会や懇親会で懸命にお酒を飲むわけです。百人の人が来ると一升だから。二百人は来ます。若いからやり通せたのでしょう。

ただ、初当選から十四年後の一九八三年、自民党の総務局長だった時に帰るのをやめたものだから、当選四人中四位になった。総務局長というのは今の選挙対策委員長なんだが、地元の人はよくわからないからね。その後、議院運営委員長、自治大臣をやって、全員とツーショット写真を撮って、それ以来帰りませんでした。

——しかし、支援してくれる人たちの中でも世代交代はあるでしょう。

小沢　もちろん、膝つき合わせてやって来た人たちも、候補者と一緒に年を取ってきました。そこは現実には問題なんだけどね。だけど、その意味ではぼくの代になってもお金はかけてないんです。もちろん最低限のものはかかりますが。

——なるほど。そのあたり佐重喜さんや田中角栄さんにも似ているんでしょうか。

小沢　田中（角栄）の親父は金かけたでしょう。組織作りというのは金のかかるものですが、越山会は金をかけた組織です。だから、二人の親父は生い立ちは似ているけど、うちの親父は金を作るよりも弁護士になってのし上がった、田中の親父は金を作ってそれでのし上がった、という違いがあります。

一九六〇年、岸信介首相は日米安全保障条約の改定に乗り出した。小沢佐重喜はその日米安保条約特別委員会の委員長となった。湯島の自宅にもデモ隊が押し寄せ、門の扉が吹き飛ばされてしまった。家族で一時避難することになったが、その時高校生になっていた一郎の思い出について母親のみちは『人間小沢佐重喜』の中で語っている。

「こうしてよそへ逃げるようにして我が家を去るときに、長男の一郎が、『何も父さんは悪いことをしているわけでないし、国のために尽しているのだもの、逃げる必要がない』といってなかなか肯んじなかったが、そこをなだめすかして出るまでには、随分てこずりました」

――堂々といるべきじゃないか、と小沢さんは言ったということですね。

小沢　そうそう。それは本当の話です。あのころ、デモ隊の学生たちも元気だったね。今みんな元気なくなっちゃったけどね。善し悪しは別にしてみんな元気だった。

――高校から大学と相当勉強したのですか。

小沢　だけど、一番勉強したのはやっぱり中学三年の時でしたね。文京六中（文京区立第六中学校）というのは区立だけど有名な進学校でした。水沢でオール五を取っていても、こっちに来たらやっていないことをやっているわけだから、本当によく勉強しましたね。それで六中でトップクラスになったから、都立小石川高校に入ってから遊んで暮らしちゃいましたね。小石川は毎年東大にたくさん入るんだけど、ものすごく自由な校風で、受験勉強を強制しませんでした。それで、いい気になって遊んでばかりいて浪人しました。

――結果的に東大は二回落ちて慶応の経済に入り、その後、日大の大学院で法律の勉強をするわけですね。

小沢　そう、慶応受けると言えば経済という話だったから。だけど、やっぱり弁護士の方がいいということで日大の大学院に入りました。それで一年間勉強して司法試験の択一（短答式）の方は受かったんだけど、その試験の合格発表が父親が亡くなった二日後だったかな。せめて合格の報告をしてやりたかった。どんなに喜んだか。

結局、それで、急に選挙に出ろっていう話になってしまって、憲法や刑法、民法は絶対に満点近い点数を取ったと思うんだけど、訴訟法とか選択の方は全然だめでした。勉強してまだ一年だったから、手をつけていなかったからね。まあ、あと一年あれば間違いなく受かっていたと思うけど、選挙になってしまったからどうしようもない。だから、憲法や民法、刑法、商法の原則論については誰と議論しても負けないつもりです。細かいことは忘れてしまったけど。

――お父さんが急に亡くなられたのは、驚いたでしょう。

小沢　そう。家に帰って来てるから弱ってきたな、とは思ったけど、そんな死ぬような病気だとは全然思っていなかった。健康診断に行くって行ったっきり入院になっちゃった。二週間くらいいたかな。それですぐに死んじゃった。臨終には間に合ったけど、呼ばれて駆けつけた時にはもう意識がありませんでした。

――それで、選挙どうするという話になって、「一郎さん、選挙出てください」ということになったわけですか。

小沢　そう。だけど、ぼくは選挙には一切関係していなかった。それから、ぼくは人見知りする方で、人前で喋るのが嫌いだったから反対する人もいましたね。それで、さあどうしようかということになって、ではぼくがやりますと言ったわけです。おふくろはもう選挙なんかさせたくないという感じだったけど、お前がやるっていうなら仕方ないか、という決心をしたようでした。だけど、ぼくはその時は本当に人前で喋ったことがなかったんだ。ぼくは人前で喋るのは本当は今でも嫌です。議論は好きだけど、意味のない話をするのは大嫌いなんです。

小沢一郎二十六歳、田中角栄と出会う

「ドブ板選挙」という言葉がある。側溝が周りにある小さい民家をくまなくたくさん回って、候補者の名前を有権者の頭に刷り込むくらい地域の選挙活動を一生懸命にやるという意味である。この選挙運動には「古くさい」というイメージがつきまとい、マイナスの評価を受けがちだ。

私はまったくそうは思わない。新聞記者の仕事も政治家のそれに似たところがあって、若いころに地方に配属されると大体は「ドブ板取材」に近いことをしながら日々を過ごす。このころに記者クラブのソファに寝転んで「天下国家」の夢を見ながらうたた寝をしている記者は大した記事を書くことができない。

政治家の場合も、「ドブ板選挙」をやることによって住民の声をたくさん聞き、国民生活にとって何が問題か、国政にとってどういうことが重要なことなのか、身に染みてわかってくるのだと私は考える。

事前に想像していた通り、小沢一郎も同じ考えを持っていた。そして、その考えは多分に政治上の師、田中角栄から引き継いだものだった。

一九六八年五月八日に衆院議員だった父親の小沢佐重喜が急死、弁護士を目指していた長男の一郎は司法試験の択一（短答式）には受かったが、急遽次の総選挙に立候補することになり、自民党内で頭角を現していた田中角栄の門を叩いた。

――お父さんは藤山愛一郎の派閥でしたが、当時自民党内では幹事長に就いていた田中角栄が頭角を現してきて勢いもありました。また、お父さんも小沢さん自身も官僚的なことは好まないということで田中さんの門を叩いたということですね。紹介者はいたのでしょうか。

小沢　ええ、田中先生の秘書の榎本敏夫さんです。ロッキード事件で有名になってしまったけれども、いろいろお世話になった人の知人だったのですね。その紹介で会うことができました。

ロッキード社から全日本空輸（全日空）に対する旅客機売り込みに際して当時の首相、田中角栄に謝礼五億円が支払われたという「ロッキード事件」は、一審の東京地裁で田中有罪。田中は控訴したが二審の東京高裁でも控訴棄却。最高裁で審理中の一九九三年十二月十六日に田中が死去して公訴棄却となった。一審での田中弁護方針は五億円受け取りの完全否定だったが、榎本敏夫秘書はメディアに受け取りを認めた。しかし、榎本は首相就任の「お祝い」としての受け取りと証言しており、ロッキード事件は、同時期に日本導入話が進んでいた対潜哨戒機P３Cの件と併せ、その真相は闇の中となっている。

――最初に田中さんを訪ねたのは、砂防会館ですか。

小沢　違います。目白の自宅です。

――初めて会った田中さんの印象はどういうものでしたか。

小沢　それはもうすごいです。田中先生には、その当時、渡辺美智雄、田中六助、宮沢喜一は誰も会えないんだから。まともに会って喋れない。そのくらい上だったから。我々なんか事務所に行って声をかけるなんていうことはありえない。ただ顔を見に行って、親父が「おう」とひとこと言って、「頑張っているか」「はい」と、それだけだよ。もう怖かったな。ぼくが怖いなんて言われるけれども、こんなものじゃない。

――抽象的な言い方ですが、カリスマ性のようなものを感じるんですか。

小沢　昔の人はそうだけど、そういう権威とかを重んずる気持ちが強かったし、リーダーとしてそれだけのものを持っていたのかもしれません。今はそういう意味のリーダーはいないね。

また、田中先生はきつかったよ。政治家をしっかりやりたいんだったら、毎日辻立ち、毎日戸別訪問何万人と言われて、選挙に対してはものすごく厳しかったね。

――初対面の時から厳しかったのですか。

小沢　もちろん。今時の政治家のように若い者にゴマなんかすってないよ。ビシビシやられたね。

――当時、小沢さんが二十六歳ですから、田中さんから見れば当然まだ青年でしたね。

小沢　ぼくと田中の親父の長男とは同い年だったから。

田中角栄と妻の間には二人子どもがあり、田中真紀子の上に長男の正法《まさのり》がいた。小沢と同じ一九四二年に誕生したが、四歳の時に夭折した。

――そうですよね。その点で余計可愛がられたという感じはありましたか。

小沢　たぶん、親父の心理としては、それはあったんだろうね。

――それでは、田中さんは最初から、じゃあこっちへ来いという感じだったのですか。

小沢　そんなことは絶対に言わない。

――言わなかったですか。

小沢　まず言っていない。なかなか了解しなかったよ。普通、親の後を継ぐんだから当選の確率は高いでしょう。それでも、なかなか了解しなかった。ちゃんと自分でやっていく能力がなければだめだと。

――すると、お父さんの死去が一九六八年五月ですから、こっちへ来てもいいよとなったのが、例えば翌年の一月とか二月とかですか。

小沢　もっと後だったね。ぼくが選挙運動を始めて、いろいろやったその挙げ句だったね。そして、東京でぼくのマイナスの情報を入れる人もいたんだね。あいつは人前で話ができないとか、あんなのはダメだという類いの話を入れる人がいたから余計厳しかった。事実、ぼくは人前で喋ったことがなかったから。それで初めて人前で喋ったのは、四、五千人集まった演説会だったかな。コップで冷や酒二杯飲んで会場に行った。だから、何を言ったのか覚えてないくらいだったね。

――小沢さんは、酒は顔に出ないんですか。

小沢　出ない、出ない。

――じゃあ大丈夫ですね。

小沢　ぼくが（一九六八年の）十二月に選挙に出る決断をして、その翌年の春ごろかな、ぐるぐる回り出して大きな会合をやって、それでようやく、まあまあいいかという感じになりました。その意味で、厳しかったから自民党は強い面があった。日常活動を徹底してやれということは先輩がみんなに言っていたからね。

――ぐるぐる回るというのは、生活時間もかなり削られるわけでしょう。

小沢　毎日毎日、朝から晩までね。親の残したものはあったから、回る対象はあったわけで、その意味では楽だったけど、運動量としては他の人と同じかそれ以上にやったね。

――朝は何時頃から回るんですか。

小沢　何時だろう。その時によるけれども、相当早くから回ったね。七時か八時かな。みんな早く起きているから。夜はそうそう遅くまでは回れないから。町場だと多少遅くてもいいけれども、田舎はそこまでは回れないからね。

――車で回るんですか。

小沢　田舎は車でなきゃとても回れない。町場は歩いて行ったよ。

――小沢さんは、選挙の時はまず郡部の方から先に回って、それから都市部の方へ攻めてくるという戦略を持っているのですよね。

小沢　そう、川上からね。

――そうすると、選挙の時には周りの郡部の方から攻めるわけですか。

小沢　選挙というか、日常活動ですね。選挙の期間なんて大したことないでしょう。日常ですよ。

――郡部から回れというのは、主に田中さんから教わったのですか。

小沢　郡部から回れというのはそうかもしれないな。けれども、自分自身としても考えてそういうふうにするようになりましたね。郡部はあまり人が行かない。それに今になるとますます過疎化して限界集落なんて言うでしょう。ところが、政治家というのはみんな、人の多いところへ行きたがるんですよ。だけど、大勢いたからって、その候補者に入れる人なんかいませんよ。それはまったくの素人のやり方なんだ。人の少ない郡部ほど政治の力を必要としているし、みんな寂しがってるんです。だから、本当に政治の力を欲しているところから回る。

それからもうひとつは、町と言っても田舎の町の人は周辺の郡部から出てきているわけだから、そういう郡部に住んでいる人たちの息子や娘たちへの宣伝効果もあるんです。町に住んでいる人でも、ああわざわざ自分の実家の方まで行ってくれたんだということになる。いろいろな意味で、政治的にも人間関係的にも川上からなんですよ。

実は、都会でも川上からなんです。都会でも川上と川下はあるんだ。みんなこれがわかっていない。だから選挙がダメなんだ。都会で言えば、大企業とか大労働組合とか、そんなのは票にならないんです。

――小沢さんは若手の議員に対して、とにかく自分の足で選挙区を回れとよく言っています。選挙区をこまめに回ることによって政治の課題が見えてくるんだと言っています。私は、政治家が現実の政治問題を把握する時に非常に正しい方法だと考えるんですね。

小沢　それが民主主義の基本ですね。自分を選んでくれる人たちの考えや気持ちをわからないで、ど

ビールケースの上に立ち、統一地方選での支援を訴える小沢一郎氏＝2011年3月5日、岩手県一関市

うやって政治をするんだということです。政治のイロハだと思います。

――若いころ選挙区を懸命に回って見えてきた政治課題の中で、印象に残っているものはありますか。

小沢　それは走馬灯のごとくいろいろとありますが、かつての自民党を思い出せば、今の自民党はまったく変質してしまった。自民党とか、日本の政治経済を動かしているトップの人たちは大体田舎から出てきている人たちなのに、自ら田舎を忘れてしまっている。

日本は、東京への集中のメリットによって経済が大きくなってきた半面、その状態のままでは地方が寂れていってしまう。これでは最終的に日本はだめになってしまうという思いの中で、例えば田中角栄の日本列島改造論というようなものが出てきた。都会だけじゃなくて日本全国に経済発展の恩恵を及ぼすことが重要だということですね。

ところが、今の自民党はそれがまったくなくなっちゃったな。安倍晋三さんにはまったくないね。もっとも晋三さんは都会育ちだからね。だから、田舎も我々の時以上にどんどん寂れていく。このままだと、田舎に住む人はいなくなってしまう。それで都会の方ですべて養ってくれるならいいけどそうはいかないから、人口も減るし国土は荒廃していってしまう。

ぼくは、今の自民党は、本来の自民党の理念や主張を忘れてしまっていると思う。何も単に予算を引っ張ってくるとかという意味ではなくて、もっと国土を有効に活用する、地域のいろいろな創意工夫を生かす、伝統文化を生かしていく等々、理屈を言えば何個でもあるけど、そういうことがなくなっちゃった。今の日本の風潮は非常によろしくない。

――新聞記者としての私の拙い経験で言いますと、新聞社の記者は大体最初は地方を数年間回るんですね。私の最初の赴任地は茨城県だったんですが、都市部だけではなく県北の方とか一生懸命回るわけですね。そうすると、いろいろな問題が見えてくるんですね。町長や村長の汚職事件もけっこう取材しました。

すると、地域の小さい権力の問題、小さい政治問題が見えてきて、それが住民の視線で見ると非常に大きい問題であることがわかるんですね。そういうところから日本の政治の世界が見えてくるということがあると思います。地方を自分の足で回るというのは非常に大事なことだと思いますね。

小沢　大事なことだよ。よく言うんだけれども、ヨーロッパ、特にイギリス、それからアメリカでもそうだけど、最も民主主義が成熟した先進国と言われるところでも、与野党問わず、政治家の日常活動は地元の人たちの面倒を見ることだよ。就職や入学から冠婚葬祭まで、それをみんなやってるんです。今の日本の若い議員はそれをわかっていない。そんなものは古いんだって言うが、そういうこと

党首討論で質問する小沢一郎民主党代表（右）と、質問を聞く安倍晋三首相＝2007年5月16日、国会内

は古いも新しいもないんだ。それ以外にどうやって国民の意識と気持ちを知ることができるんですか。

――そういう選挙区回りの結果だと思いますが、小沢さんは選挙に強いんですね。一九六九年の一回目がトップ当選で、二回目が二位当選ですね。この時、椎名悦三郎さんがトップを取り返すわけですすね。

岩手県水沢町（水沢市を経て現奥州市）に生まれた椎名悦三郎は、戦前商工省や満州国で岸信介の片腕として活躍、岸とともに軍部と協調して戦時統制経済政策を推進した。戦後、岸に誘われて一九五五年の総選挙に日本民主党の候補として立候補、初当選。その後当選回数を重ねるが、選挙違反者を出すことでも有名だった。

小沢　がんばったんだね。ぼくが出た一回目では恥をかいたと言っていたよ。最初は、椎名さんも、あんな小僧に負けるわけがないと言っていたんだが、こっちが勝っちゃったからね。だけど、椎名さんが金を使ったから、あの時選挙区を悪くしたね。

——それはどういう意味ですか。私は茨城県で選挙の担当をしていたこともありますが、その時事実として聞いたのは、千円札三枚をホチキスで留めてポストの中に入れておくとか、そういうすごい話もありました。

小沢　似たようなことだったと思う。一軒ずつ入れて歩くわけじゃないが、金をあれするようになったんですね。

——渡してしまうと？

小沢　はい。

——簡単に言えば選挙違反ですよね。そうすると、非常に悪影響があって有権者の質が悪くなりますよね。

小沢　そう。だんだんそれに慣れちゃう。だから、おふくろはしょっちゅう「金がない、金がない」と言っていましたね。

——それに対して、小沢さんの方としてはとにかく我慢して当選するしかないということですね。

小沢　良い支持者の人が育ってくれましたから。親父の時もそんなお金をかけないで済んできました。けれども、相手方ではこれだけ寄付があったとかそういう話になるんです。おふくろはそういうことに悩まされていたな。

——小沢さんのお母さんは、お父さんの選挙はもちろん仕切っていたという話でしたが、小沢さん自身の選挙でもしばらくは中心になっていたんですか。

小沢　中心というわけではないが、みんな後援会の顔見知りだからね。歩いたりするのはぼくが徹底的にするわけだから、おふくろは多少は相談事もできるし、家にいることによって存在感があった、というそんなことだろうと思います。

――この前の話で、支持者が百人来ればお酒の一升瓶を空けるということでしたね。

小沢　みんなと飲めば杯をやり取りするからね。

――単純計算すると一升の半分は小沢さんが飲まなければならないことになりますね。

小沢　半分じゃないよ。ぼくが飲むのが一升ということだ。百人来ればぼくが一升飲む、二百人来れば二升、三百人来れば三升飲むということです。

――そんなに飲んだら、急性アルコール中毒になりませんか。

小沢　そうだよ。大変だ。だから喉もあふれそうになって入らなくなっちゃうから、時々出すしかない。

――三升飲んだこともあるんですか。

小沢　もちろん。そんなのは日常だよ。けれども、三升ぐらいになると喉まで来ちゃうから、その時はちょっと戻して、水で洗って、それでまた飲むと。

――よく酔っ払いませんね。

小沢　緊張しているから。失敗したらおしまいです。そうやって自分を抑えて飲むから酔わないが、半面しんどい。ぼくは今だって一晩飲む気ならいくらでも飲めますよ。ただ、翌日から当分グロッキーで寝てなきゃならない。

――朝日新聞では総選挙の時の候補者アンケートというものを保存しています。一九六九年、小沢さんが二十七歳の時はこういうことを言っています。憲法については、あくまで平和憲法を守り、海外への侵略をしない。それから中国については、わが国文化の祖国だ、中国なくして現在のわが国の存在はなかったと言えるほど関係の深い国だ、と。そして、中国の脅威はわが国が健全である限り存在しない、と。孤立化させておくことこそ、世界平和やアジアにとって脅威となってしまう、と言っていますね。二十七歳の時に、すでに現在と変わらない主張ですね。

小沢　良いことを言っている。気の利いたことをちゃんと喋っているね（笑）。

――お父さんの小沢佐重喜さんは非常に苦学されて弁護士、政治家になりました。エスタブリッシュメントにも反感を抱いていたという話でもありました。なぜ社会党とか左翼の方に行かなかったんですか。

小沢　昔の人はみんなそうです。親父は左翼運動という生き方はしなかった。ちゃんと弁護士になって、その体制の中で自分の力で生きていこうという考えを持っていたということですね。親父は苦労したと言っても、本当に一番のどん底と言ってもいいようなところから這い上がってきたからね。

全部自分で働いて中学、それから大学と行っているから、裕福な家庭の人たちとは話が違う。労働運動や左翼運動に向かう人たちもいるけれども、親父の場合はとにかく試験を通ってそこで自力で切り拓いていけるようにという道を選んだんだと思います。

――佐重喜さんの本を読んで思うのは、そういう意味で非常に苦労をしているから、人の心がよくわかるというところなんですね。

小沢　そう。そういう意味の人情の機微というのはわかっているんだな。けれども、これは田中先生とも共通しているんだけど、そういううんと苦労した人というのは、反対に人を育てないんだ。

――育てない？

小沢　世間一般の常識とは反対なんだけど、人を育てるというのは、ある程度、人を使う立場にいた人たちだと思う。だから、佐藤栄作でも池田勇人でも、貧乏じゃないからね。地元では裕福な育ちですから。

――佐藤栄作については山口県の田布施まで行って取材したけど、それほど裕福というほどの家ではないような気がしましたが。

小沢　いやいや、それだって田舎にしてみれば、昔中学、高校に行くというのはもう上の階級です。そこが違うんだ。そういう人たちの方が人を育てるね。田中の親父は、どん底から這い上がったうちの親父よりは多少境遇はいいと思うけど、それでも這い上がった人はなかなか人を育てるということをしないんだ。それは、二人の親父を見てるとよくわかる。

――自分のことで精いっぱいということでしょうか。

小沢　精いっぱいというよりも、自分だけで這い上がってきた人生だから。

――お前も這い上がって来い、というような感じでしょうか。

小沢　そういうところがある。自分でやれというところがあるし、それから、単純に人を信じない。単純に人を信じていたら自分が這い上がって来られなかったからね。

――選挙に出ようと決心されたその時は、どのような考えを持っていたのですか。

小沢　関心はありました。以前から受験勉強よりも歴史や社会的な本を読んでいたから、いずれは出るという気持ちもあった。ただ司法試験に通ってからにしようと思っていたんです。

――歴史というと、どのような？

小沢　日本史では幕末とか明治維新だね。もちろん、中国史も西洋史も好きでしたが。

――そして、以前から関心があって、いざ出ようということになり、田中角栄さんの門を叩いたということですね。

小沢　そうです。父親は藤山愛一郎の派閥だったんですが、その時の全体の雰囲気や今太閤の田中先生という空気がよかった。やっぱり官僚ではないし、いろいろと指導してくれた人が、田中先生と一緒にやるのが一番だと言ってくれましたから。藤山さんはもちろん悪いひとではないけれども、その当時は小さい派閥になっていましたから。とにかく、官僚出身ではない田中先生が実力をつけて頭角を現してきているということに魅力を感じました。

しかし、田中の親父は厳しかったです、選挙に対しては。

田中角栄のもとを次々と人が離れる中、小沢はロッキード裁判に通い続けた

司法試験を目指していた大学院生、小沢一郎が、日本の政治の頂点に上り詰めようとしていた自民党幹事長の田中角栄の門を叩いたのは、一郎二十六歳、角栄五十歳の一九六八年十二月だった。その三年七カ月後の一九七二年七月、田中角栄は、自民党総裁選で佐藤栄作の支持した福田赳夫を破って党総裁、第六十四代の首相に就任した。

しかし、二年五カ月後の一九七四年十二月には国会などで金脈問題の追及を受け首相を辞任。さらに首相退陣後、一九七六年七月にはロッキード事件の受託収賄容疑などで逮捕された。権力の頂点に

駆け上がり、戦前の高等小学校を卒業しただけで首相になったということで「今太閤」ともてはやされたが、その座から転がり落ちるのも早かった。

小沢は、短い時間の中で描いてみせた人生と権力の急角度の放物線を至近距離で目撃し続けた。ロッキード事件の裁判も欠かさず傍聴した。

しかし、小沢は事件や裁判の推移を冷静に見つめていただけではない。首相辞任後の田中から櫛の歯が欠けるように一人また一人と田中のもとから人が去っていく中で、寡黙な青年政治家、小沢だけは去らなかった。

東京・平河町にある砂防会館の田中事務所に足繁く訪れ、田中を見舞った。長い話をするわけではない。何時間でも二人だけで将棋盤とにらみ合った。余計なことは喋らず、人生の苦しみと無為の時間を黙ってともに過ごしてくれる人物。年齢は離れてはいたが、田中がそこに無償の友情の姿を見いだしていたとしても不思議ではない。

ロッキード事件そのものは、全日空への旅客機L1011トライスターの売り込みに関してロッキード社から田中に五億円の謝礼が支払われたという筋が人口に膾炙《かいしゃ》しているが、全体像はそんな単純なものではない。ロッキード社からは軍用の対潜哨戒機P3Cの売り込みの件もあり、事情は輻輳していた。

事件の背景についても、独自の資源外交や急な対中国国交正常化を成し遂げた田中に対して米国が仕組んだとする見方や、政敵田中を追い落とすことを目論んだ三木武夫首相の執念を挙げる見方など、多分に政治的な要素の強い事件だと位置づける考え方が根強く存在する。

その意味で、ロッキード事件はまだ解明されていない部分が非常に多い事件である。田中の栄光の頂点への急登攀と、容赦のない急転落を目の前で目撃し、苦しみの時間を傍でともに過ごした小沢一郎は、事件をどのように見ていたのか。

ロッキード事件そのものについては、小沢も政治的色彩の強い事件だと考えていたが、その見る角度は非常にユニークなものだった。

――小沢さんが田中角栄の門を叩いたのは一九六八年十二月です。その後、一九七二年七月に田中角栄政権が誕生しますね。

小沢　昭和四十七年だから、ぼくがまだ二期目の時ですね。

――そうですね。この時には、田中さんはまず日中国交正常化を非常に華々しく仕遂げて、秘書だった佐藤昭子《あきこ》さんの著書によると、「次はソ連だ」としばしばつぶやいていたということですね。非常に田中さんの野心を感じる文脈ですが、そのあたりはどうだったのでしょうか。

佐藤昭子は田中後援会の「越山会の女王」と呼ばれた秘書。十七歳で田中に出会い、秘書として田中を支え続けた。田中派の竹下登や小沢らからは慕われたが、田中が倒れて後は田中の長女、真紀子と合わず、田中とも会うことはできなくなった。その著書『決定版　私の田中角栄日記』（新潮文庫）には「田中の目はいつも先を睨んでいた。中国に行く前から、私にはこう言っていたのだ。『中国の次はソ連だ、ソ連だよ』」とある。

小沢　中国と全然国交がないというのも不自然な話だからね。だから、日中国交を回復させたのは大英断だったと思う。自民党の中の意見は真っ二つだったけど、それでもやりましたから。最後は総務会を説得して説得して、反対派は欠席してもらったんだったかな。とにかく大変な騒ぎでしたね。しかし、その後、ソ連だということで、チュメニ油田のこともあるし、アメリカににらまれたという話になってくるんです。

チュメニ油田はロシアの西シベリアにある油田地帯で、産油国ロシアの中でもエース的存在。田中角栄は中東産油国や米国の石油メジャーに一方的に頼らない独自の資源外交を目指して、チュメニ油田開発をめぐりブレジネフ・ソ連共産党書記長や西ドイツ首脳らと交渉を重ねていたが、これが米国の「虎の尾」を踏んでロッキード事件を仕掛けられたという見方が根強くある。

――もちろん田中さんは、ソ連のチュメニ油田開発だけではなくて、オーストラリアに行って独自のウラン資源外交を展開しました。これも含めて米国ににらまれる原因を作ったと言われていますね。

小沢　それはそうかもしれない。アメリカも、刑事免責を与えた上でのコーチャン（ロッキード社副社長＝当時）やクラッター（同社東京事務所代表＝同）の嘱託尋問を許しているからね。まず、ロッキード裁判自体がものすごくねじ曲がった裁判だと思う。お金を出したロッキード社側のコーチャンとクラッターを刑事免責にしておいて証言を取ったわけだから、非常に問題でしょう。あれをやればみんな検察の言う通りに喋るでしょう。お前は免責にしてやるから何でも喋れということですから、でたらめでも何でも全部喋ってしまう。それでその喋ったことを証拠採用するというのでは、もう話にならないでしょう。

——小沢さんは、ロッキード裁判はほとんど傍聴したわけですよね。

小沢 はい。他に毎回傍聴している人がいなかったですからね。しかし、変な裁判だと思いました。まず、関係者の誰も五億円というお金も、お金が入っていたという段ボールも見ていないんだよ。

——裁判の内容はまた後ほどお聞きするとして、その間、田中さんの普段の様子はいかがでしたか。裁判の経過とともに田中さんのもとからだんだん人が去っていく中で、小沢さんだけは変わらずに足繁く田中さんの事務所を見舞っていたという関係者の回想もありますが。

小沢 うん、ぼくはしょっちゅう行っていたよ。

——しょっちゅう？

小沢 うん、親父の顔を見られるかどうかという感じがあって、しょっちゅう行っていた。ひょいっと出入りする時に、ひょいっと挨拶するだけだったけどね。ぼくは、それで満足だった。

——それは、小沢さんにとっても田中さんはそれだけ人間的な魅力があったということですか。

小沢 はい。それとやっぱり、それだけ心情的に近かったからね。しょっちゅう行っていたけど、あまり喋ったりはしない、親父は。ただ、「おう」って言うだけだよ。

——そうやって事務所に行かれて、それから田中さんの自宅にも行ったのですか。

小沢 目白の自宅に行くのはもっと後からかな。ほとんど事務所だったね。

——田中さんの政務秘書だった早坂茂三さんの回想によると、小沢さんは砂防会館の田中事務所によく顔を見せて、田中さんと小沢さんと二人で何時間でも将棋を指していたとありますね。

小沢 はい。

——さらに早坂さんの回想では、小沢さんは田中さんからいろいろな話を聞いたとありますね。田中さんが苦労した政治の話や、政治家の生き様などを小沢さんに話して、小沢さんは田中さんの良いところも悪いところもわかっていたと回想しています。やはりいろいろな話を聞きましたか。

小沢　そうそう。それはそうです。いろいろなことを話したり、ぼくの前で重要な電話をしたり、いろいろとありましたね。何でも喋ったし、自分の本心も喋っていた。

――ロッキード事件については何か話していたことはありますか。

小沢　まあ、それはぽっちんぽっちんとね。

――何か特別に印象に残っていることはありますか。

小沢　あれは意図的で政治的な問題だったからね。

――田中さんも、ふとあれは政治的だと言ったりするのですか。

小沢　いや、そんなことはわかりきっていることだから言わないけどね。非常に機微にわたる話は今でもなかなか言えないけどね。田中の親父の名誉にかかわることもあれば、相手方のこともあるからね。相手方はだんだんと亡くなっている人もいるから話してもいいことではあるけど、まあぼくがこの（政治の）世界でも辞めれば喋るかもしれない。

――そうですね。そこで、政治的だったという話ですが、ロッキード事件の場合、国内的にはやはり当時の三木武夫首相が非常に積極的で、田中さんを追及するために、まさに刑事免責の嘱託尋問、司法取引までやったということが指摘できますね。

小沢　その点は、まさに仲間うちで刺したとも言えるわけですね。田中の親父は三木武夫首相にやられたとも言える。うちの中の敵というのは一番危ないんです。それで、客観的事実を言えば、三木さんが田中の親父に敵対するようになった原因は、後藤田さんなんだよ。

——後藤田さん?

小沢　後藤田さんです。

後藤田正晴は徳島県麻植郡東山村（現吉野川市美郷）に生まれる。戦前の東京帝国大学卒業後、内務省に入省。戦後内務省廃止後は警察庁に入り警察官僚の道を進む。警察庁長官を辞任後、第一次田中角栄内閣の内閣官房副長官（事務）に就任。以後、田中は後藤田を重用し、一九七四年の参院選に徳島地方区から立候補させた。

——そうですか。

小沢　後藤田さんがそもそもの原因なんだ。ぼくらも田中の親父にそんなことやるなと強く言える立場ではなかったけど、なんでそんなに後藤田さんを使うんだとみんなで反対したんです。後藤田さんが有能な人であることは間違いないんだけど、参院選で彼を徳島から出してしまった。

その時、自民党の徳島地方区の現職参院議員は久次米《くじめ》健太郎という人で、この人が三木武夫の派閥にいたんだ。それで徳島県連内で猛烈な公認争いになって、後藤田さんが自民党公認を取ることはできたんだけど、結局選挙では後藤田さんが久次米さんに負けたんだよ。それはある意味で当然なんだ。徳島は三木さんの牙城で、久次米さんはそこの現職だったんだから。

その牙城に殴り込んだわけだから、三木さんはその時以来親父に恨みつらみを持つようになった。それまでは、親父と三木さんはそんなに悪い関係ではなかったんだ。でも、それ以来三木さんは親父には敵対して反田中になったね。

全員閣僚懇談会で肩を並べる田中角栄首相（右）と三木武夫副総理。後藤田正晴氏が徳島地方区から立候補した参院選の約8カ月前。立花隆氏が金脈問題を「月刊文藝春秋」に掲載する約11カ月前＝1973年11月14日、首相官邸

久次米健太郎は徳島における三木武夫の「城代家老」と呼ばれるほどの三木派重鎮だった。選挙は「阿波戦争」「三角代理戦争」と言われるほど激しいものとなった。一九七六年には後藤田は衆院選徳島全県区から立候補して三木と直接対決。三木トップ、後藤田二位という結果になった。

――田中さんとしては後藤田さんの優秀さをそこまで買ったわけですね。

小沢　警察官僚だし、内務省出身だからね。

――何かの時に役に立つという頭もあったわけですか。

小沢　そう。役に立つと。それと、田中の親父は東大コンプレックスがあったから。戦前の内務官僚というのは大蔵省よ

りも東大で成績のいい者が行っていましたから。そういうコンプレックスもあったのではないかとぼくは思います。後藤田さんも社交的なところは結構上手でした。結構ずけずけ言うようで、そこはちゃんとわきまえているようでした。

――その選挙以来、三木さんは田中さんに対する態度をガラッと変えたわけですね。

小沢 その選挙が終わって以来だね。後藤田さんを無理やり立てた感じになったからね。そのあと、衆議院にも出しただろう。ぼくが岩手県でそうされたら、やっぱりおもしろくないからね。

――そうですね。やはり殴り込みに近いですからね。三木首相のロッキード事件に対する執念というものは、ここに淵源があったんですね。

小沢 うん。これは間違いない話です。やめろやめろって我々は言っていたんです。なんで後藤田さんを徳島から出すんだ。あそこは三木さんの牙城だし、何の意味もないぞ、と。ぼくの同期とかその前後の派閥の若い議員はみんな言っていました。後藤田さん一人のために意味のないことをするなと。

ロッキード事件の真相。日本の検察は米国の意向を汲んだのか

小学校卒業から日本政治の頂点に駆け上がり、急速度で転落していった男、田中角栄。その頂点となった現代史の舞台を自らの目で確かめるべく、私は自らの足でそこに立っていた。

前夜の宿泊地から、椰子の木立やいくつもの白い波頭を車窓に眺めながら車で一時間と少し。ハワイ・オアフ島の最北端にあるクイリマ・ホテル（現タートル・ベイ・リゾート）は太平洋に小さく突き出した岬の上に立ち、開放されたロビーは四囲の海からの風を受け続けていた。

六階に上がると、エレベーターホールは大きな窓に囲まれ、岬の両側に広がる海からの光を浴びている。奥の部屋までまっすぐに伸びた廊下は、反対に自然光を一切遮断し、規則的に配置された明かりがクリーム色の壁を浮かび上がらせていた。

奥にある最上級のプレジデンシャル・ルームまでは、柔らかい絨毯の上を私の足で九十歩ほどだった。一九七二年八月三十一日、暗い廊下を自分自身と向かい合いながら歩いていた男、田中角栄の脳中には、どんなことが巡り回っていたのだろうか。

同日ハワイ時間午後一時過ぎ、首相の田中角栄は、米国大統領、リチャード・ニクソンが待つオアフ島最北端のクイリマ・ホテルに到着した。前夜の宿泊地は、盟友・小佐野賢治がワイキキビーチに所有するサーフライダー・ホテルだった。首相就任後、米国大統領との初めての首脳会談だった。大きな議題は二つ、田中新政権が取り組む日中国交正常化問題と、拡大しつつある日米貿易不均衡問題だった。二つとも田中政権の直面する宿命的な大問題だった。

そして、貿易不均衡問題のうち、一体何が話し合われ、何が合意対象となったのか。この時具体的には、農水産物や民間航空機、ヘリコプター、ウラン濃縮サービスなどの日本への輸入・購入問題が焦点となっていた。

このうち民間航空機は一九七二、七三年度中に約三億二千万ドル相当の輸入が見込まれ、日本航空と全日空二社が、ボーイング社の747かマクダネル・ダグラス社のDC10、あるいはロッキード社のL1011トライスターの三機種のうち、いずれかを購入することになっていた。

このころ、米国内ではベトナム戦争による特需がピークを過ぎ、軍需産業は不況のただ中に落ち込みつつあった。国防総省（ペンタゴン）が財政を縮小させてロッキード社は最大の経営危機を迎えていた。ロッキード社の工場を抱え、雇用危機に襲われたカリフォルニア州を最大の地盤とするニクソンは、同社を救うために二億五千万ドルの銀行緊急融資に政府保証までつけた。

しかし、ロッキード社を自力更生させる製品は限られていた。その中のひとつは民間航空機トライスター。そしてもうひとつは、軍事用の対潜哨戒機P3Cだった。

事件発覚から四十年後の二〇一六年七月、NHK報道局が驚くべき番組を放送した。ロッキード事件に関する新事実がいくつも紹介され、事件の構造が大きく変わってしまうようなインパクトの強い報道番組だった。

従来、外務省や米国側議事録によって、田中とニクソンのハワイ会談ではトライスターやP3Cのことは何も話されなかったとされていたが、ニクソン大統領の副補佐官だったリチャード・アレンはNHKに対して、「ニクソンとキッシンジャーは、日本に対し、P3CだけでなくE2Cも売るべきだ、と会議で言っていました」と証言した。

E2Cは米国グラマン社が開発した早期警戒機だ。日本政府はそれまでこの早期警戒機と対潜哨戒機を国産化する方針を堅持していたが、田中帰国後、国産化方針を取り下げて、P3CとE2Cの輸入を決めた。

さらにロッキード社のエージェントを務めた商社、丸紅の当時の担当課長はNHKに対し、田中角栄への五億円支払いの趣旨はトライスターではなくP3Cだったと証言した。ただ、田中に対して五億円申し込みをした時はとてもその趣旨までは話せなかったのではないか、と推測していた。

これらの証言は、全日空のトライスター導入について田中の受託収賄罪を問うてきた検察、裁判所が断定した事件の構図を大きく変えるものだ。

ロッキード事件が発覚した米国上院公聴会では、日本へのP3C売り込みに関して「政財界の黒幕」と言われた児玉誉士夫に対し総額二十一億円が支払われたことが明らかにされていた。

――ロッキード事件は、全日空が導入したトライスターの問題と防衛庁が輸入した対潜哨戒機P3Cの問題がありました。P3Cの問題の方では、児玉誉士夫氏に二十一億円が流れていたという話でしたね。

小沢 それは、いろいろと何か言う人がいました。

――しかし、二十一億円というと大きい額ですよね。

小沢 はい。

――児玉氏というと、盟友関係にあった中曽根康弘氏が思い浮かべられます。また、児玉氏は米国CIAのエージェントではないかと常に疑われていました。それと比べれば、田中角栄とトライスターの関係は比較的事件化しやすかったのではないか、とも思われますね。

小沢 はい。それと、やはり田中さんはにらまれていたんですね、アメリカから。

――アメリカから？

小沢 うん。アメリカというのは単純なところがあるから。自分の敵か味方か、というような一方的な結論を出すことがあるからね。だからアメリカは今も失敗の連続なんだけど、田中さんはアメリカのオイル資本の不興を買ったのではないかという説がやっぱりあるんだな。

だから、刑事免責を与えて証言させるという、制度としてありえないことも認めて証言させたからね。だから、アメリカ政府がその気になれば何でも抑えてしまうね。余計なことを喋るなとアメリカ政府が言えばそれで全部済んでしまうこともあるから。だから、その意味では、あの時、アメリカの意向がかなり入ってきたのではないか、という推測が成り立つね。

ロッキード事件発覚間もない一九七六年二月十六日夜、児玉誉士夫への国会医師団診察が行われたが「出頭できる状態ではない」と診断された。実はその日中、児玉の主治医である東京女子医大教授が児玉邸を訪れ、意識障害・昏睡状態を引き起こすセルシン・フェノバール注射を児玉に打っていたことがわかっている（「新潮45」二〇〇一年四月号掲載、天野恵市・東京女子医大脳神経外科助教授＝当時＝手記）。

この主治医派遣の決定を下したのは自民党幹事長の中曽根康弘だったのではないかと、当時衆院事務局で医師団派遣の調整をしていた平野貞夫元参院議員は著書『ロッキード事件「葬られた真実」』（講談社）で記している。さらにその四日後の七六年二月二十日には、ロッキード社出身の駐日米国大使ホッジソンは米国政府に対し、中曽根が事件を「もみ消す」ように要請してきたことを報告している。この文書は二〇一〇年二月十二日、朝日新聞が初めて報道して明らかになった。

――事件が発覚した一九七六年二月、当時自民党幹事長だった中曽根康弘さんが米国大使に事件をもみ消すよう要請しましたね。

小沢　そのことはぼくは知らないけれど、不思議ではない。中曽根さんは田中の親父に頼まなければ総理になれなかったからね。

――田中さんをかばう意味でもみ消してくれと言っているのではなく、自分の関連で言っていたということは考えられませんか。

小沢　自分が？　なるほど。しかし、それはぼくはわからん。ぼくはそれは知らない。

――田中さんは、首相在任当時、ソ連のチュメニ油田やオーストラリアのウラン鉱開発など独自の資源外交を展開して米国の不興を買ったという推測が根強くあるのですが、小沢さんはロッキード事件当時、そういうことを考えていましたか。

小沢　いや、当時は三木（武夫）さんの意図を考える方が大きかったと思う。ぼくとしてはそれが大部分だったな。ただ、その三木さんの意図にアメリカは応じていたわけだからね。アメリカの軍産複合体は政府と一体だから、いろいろと隠す気になれば隠せるわけだ。

だけど、三木さんはとにかくやれというわけで事件化した。その動きを見て、アメリカの方も、あの田中はあちこち動き回っているから、この際やってしまえというようなことが合わさったのかもしれない。アメリカの影響が一番大きくてやられたんだとは思わなかったけど、やはり三木さんの影響は大きかったと思う。

――というふうに、当時は考えたわけですね。

小沢　はい。

――そして、その考えは後になっても変わらなかったですか。

小沢　やはり、そういうように働いたかな、ということだね。ぼくの件（「陸山会事件」）でも言われているが、田中の親父の時もアメリカの影というのはよく言われていました。だから、これは確証はないんだけど、アメリカが世界各地で、アメリカの意に沿わない政治家には何かの圧力を加えているというのは事実だと思います。

――事実ですか。

小沢　事実だと思う。自分の言うことはあまり聞きそうにない強力な政権は嫌うわけです。むしろ操り人形にできる政権が欲しいわけだ。他の国の例を見ると、アメリカがものすごく関与している事例があると思う。だから、田中の親父のこともぼくのこともあながち嘘ではないんだな、と思います。

ロッキード事件に関しては、米国に先駆けて日中国交正常化を仕遂げ、独自の資源外交を展開した田中角栄を米国が刑事被告人に突き落としたという陰謀説が根強くある。完全無罪となった小沢一郎の「陸山会事件」に関しても、国連主義・米中間の独自外交路線を模索する小沢を嫌った米国が仕掛けたという説が存在する。

ここで考えなければならないことは、宗主国の米国、属国の日本という、日米関係における「疑似構造」観だ。この見方は白井聡著『永続敗戦論』（太田出版）で一般に広まったが、偶然にもこの著作刊行とほぼ同時期の二〇一三年二月から三月にかけて私自身も米国などに取材し、同じ「疑似構造」の下にある日本の政治状況について、当時所属していた「週刊朝日」に連載したことがある。「『星条旗』下の宰相たち」というタイトルで、戦後日本の首相たちが米国国旗の圧迫の下でどのような政治を行ってきたかという連載だった。

取材の対象としたのは、吉田茂、岸信介、佐藤栄作、田中角栄の四人。中でも岸信介には、安倍晋三首相との関連もあり、連載全六回のうち半分の三回分を割いた。

岸信介が首相時代に残した最大の仕事は日米安全保障条約の改定だ。対等条約を演出するために、日本における米軍の核装備や在日米軍基地から海外への戦闘出撃の際には「事前協議」をするということが前面に出された。

しかし、その協議の可能性などはまったく存在する余地がないということが我部政明・琉球大学教授の研究によって明らかになっている。この時代の日米間には数多くの密約がある。つまり「対等」という装いは真実のものではないということだ。

安倍首相が歩いている道は、岸の道に似ている。トランプ米大統領をまるで宗主国の君主のように招いた大相撲の升席やゴルフコースで密約が語られていたとは思わないが、ステルス戦闘機F35やイージス・アショアなど高額な米国製兵器を次々に買い上げ、トランプをはじめとする米国軍需産業関係者を小躍りさせている。ずさんな設計などが原因でイージス・アショアの配備は中止となったが、安倍首相の完全な失政の上に米国に支出した巨額資金が返却されるという保証は何もない。

アイゼンハワーからトランプに連なる共和党など米国保守層は、岸から安倍につながる宗主国・属国の「疑似構造」関係を見て、政治的にも経済的にも満足感に浸っているだろう。

日米関係における小沢一郎を考えるに際して、宗主国・属国の「疑似構造」関係はしっかり押さえておく必要がある。なぜなら、小沢こそ、この「疑似構造」を打ち破る、あるいは真に対等な関係を打ち立てる可能性を持った政治家だからだ。この小沢が日本の首相に就けば、米軍産複合体などの保守層にとっては小躍りする場が失われる。田中角栄と並んで、「陸山会事件」についても米国の「関与」が人の口の端に上る理由だ。


――歴史的に有名な事件としては一九七三年のチリ、アジェンデ政権に対する軍事クーデターがありますね。反アジェンデ政権勢力の裏に米国CIAの存在がありましたね。

小沢　それは、今やっているところもあると思います。

――無罪になった小沢さんのケースを少しお聞きします。小沢さんのケースでも、裏にアメリカがいるのではないかとしきりに言われましたね。

小沢　あまりに無茶苦茶な権力の濫用があったでしょう。それから、検察官が公文書を偽造までしました。そうしてまでぼくをやっつけようとしたわけだから、裏に何か相当なものがないとそこまではしないと普通は思うでしょう。

「陸山会事件」は、小沢一郎の政治団体陸山会が秘書住宅用の土地を購入した際、政治資金収支報告書に虚偽記載したとの嫌疑をかけられて強制捜査を受けた事件。東京地検特捜部は小沢から事情を聴いたが、不起訴処分。検察審査会により起訴されたが、最終的に無罪が確定した。検察から検察審査会への捜査報告書がほとんど偽造されるなど、地検特捜部のずさんな捜査のあり方が厳しく批判された（第5章参照）。

――なるほど。検察のあのずさんな捜査を見ると、普通はそう考えますね。もう少しまともな捜査に導こうと指揮権発動まで考えた元法相の小川敏夫さん（元検事、現立憲民主党参院議員）の本（『指揮権発動　検察の正義は失われた』朝日新聞出版）を見ると、検察にとって小沢さんはまさに「金メダル級」となりますが、単なる出世欲だけであそこまでやるかな、とも思いますね。

小沢　確証はないんだけどね。

――確証はないんですか。

小沢　ない、ない。ただ、日本の役人は検察も含めて大体アメリカに行くんだけど、アメリカの研究所に入れて徹底的に教育するんですね。外務省は全部と言ってもいい。だから、そういう人が検察にも結構いるんです。そういうような傍証しかないけど、直接アメリカが指示したかどうかは別にして、アメリカの意向を汲んでやったということも考えられるしね。

――なるほど。

小沢　田中の親父の時は、三木さんが親父を潰そうということでやったから、ちょうど権力と一緒になったわけだけど。

――ロッキード事件の方に戻ります。この前のお話で、小沢さんが初めて選挙に出た時に、田中角栄さんには榎本敏夫さんから紹介してもらったということでしたね。田中さんの秘書の榎本さんはロッキード裁判のキーマンでもありました。榎本さんから事件について何か聞いたようなことはありますか。

小沢　いや、それは全然ない。事件が始まってから接触する機会がなかったね。

――榎本さんは、裁判では五億円はもらっていないと言いましたが、田原総一朗さんのインタビューには、実はもらっていると話しているんですよね。

小沢　そうだったか。

――ええ。それから元妻の榎本三恵子さんが「ハチの一刺し」と言って、法廷で証言しましたよね。

小沢　榎本さんがもらって、そのお金を運んだと言ったんだっけ。

ロッキード社から丸紅を通して田中角栄に渡った五億円は、秘書の榎本敏夫が受け取ったとされた。

榎本は検察には受け取りを認めたが、裁判で否定していた。検察側証人として出廷した元妻の榎本三恵子は、夫婦時代、受け取りを認める会話をしたと証言。記者のインタビューに対して「ハチは一度刺したら死ぬと言うが、私も同じ気持ち」と話した。

――そうです。事件の後、榎本夫人が運転する車の中で、お金をもらったことを夫人に話したんですね。それを裁判で証言したんですが、榎本さんは、もらったことはもらったがロッキードの金ではない、とも話しているんですね。

小沢　そう言ってるのか。

――田原さんの取材に対してもそう言っているんです。私は二審からの弁護団の弁護士の方々にも聞いたんです。田中さんは一審敗訴の後、学生運動上がりの有能な若手の弁護士たちにガラリと弁護団を切り替えたのですが、その方々が言うには、キーマンである榎本さんの本当の心、本当のことが聞けなかった、それが敗因だったという話でした。つまり、榎本さんが実際にもらったとして、そのお金は一体何のお金だったのかということなんですね。

小沢　なるほど。

――田中さんの秘書だった方にも聞いたのですが、丸紅からのお金は実は経済界から、首相になったお祝いのお金として丸紅からいただいた、という話でした。つまり、趣旨としては経済界からのお祝いのお金だったということでしたね。

小沢　そうか。だけど、それはぼくは知らない。知らないけれども、誰も現金を見ていないんだよ。現金を見たっていう証言はないんだよ。

――ないんですか。

小沢　実際には見ていないんだね。

――丸紅の社長室長が榎本さんに四回に渡って手わたしたということになっていますね。

小沢　路上で受け取ったとか、英国大使館の裏で受け取ったとか、非常におかしい話だったね。

――ええ。あの四回の受け渡しの場面はいかにもおかしいものでした。

小沢　いくら何でもあれはおかしい。

――だけど多分、榎本さんは別の形で受け取ったんだけど、ロッキードの金ではなかった、つまりロッキード・丸紅側の趣旨は伝わっていなかったのではないか、ということなんですね。それでは、一体何のお金だったのかということがわからないんですね。

小沢　榎本さん本人はわからない。

――ええ、榎本さん本人はもちろん、田中さんもロッキードという認識がなかったのではないでしょうか。それがなかったから、お金をもらっていないと最後まで貫いたのではないでしょうか。

小沢　まあ、榎本さんと弁護士の間の意思疎通がいまひとつ完全ではなかったんだな。榎本さんに対して早ちゃん（田中角栄の政務秘書、早坂茂三）なんかは裏切り者という感じでいたからな。うちのファミリーではない、という感じでしたね。

――だけど、榎本さんとしては苦しかったでしょうね。実際にもらっているがロッキードのお金ではない。そのことを弁護団の会議で言うわけですよ。正直に言ったらどうですか、もらったのは事実だけどロッキードではなかった、と。しかし弁護士に止められるわけですね。

小沢　それは、ぼくは知らない。よくわからないが、あの事件の背景にあるのは三木さんの執念だよ。

それで、その原因を作ったのは、田中さんが強引に立てた後藤田（正晴）さんだよ。

――執念というのは恐ろしいですね。

小沢　それはそうだ。自分の城を敵に踏ませてなるものかという気持ちだね。田中の親父はやはり、東大出身という学歴に憧れていたからね。そういうところが、官僚をうまく使えた理由でもあったんだけど、そこがまた失敗につながったな。普通だったら、三木さんのところに後藤田さんを無理に立てるとか、そんな馬鹿なことはしない。しかし、まあこういうことは後になって思うことだけどね。

――ロッキード事件と、それからまた年月が経って起こるリクルート事件を見て、小沢さんは政治改革をやらなければならないと強く思うようになったんですよね。

小沢　まあ、前からそう思っていたが、具体的に強く思ったのはそういうことが原因でした。

――そうですね。お父さんの佐重喜さんも小選挙区を主張していましたが、小沢さんも最初から言っていました。親子で同じことを考えるというのもおもしろいですね。

小沢　そうだね。

――ロッキード事件とリクルート事件を見て政治改革をしなければならないと思ったというのは、まさに政権交代がある政治風土であれば、政権中枢にお金をばらまくというようなそんなことは起こらない、という考えから来ているんですよね。

小沢　そうです。政治改革をして小選挙区をやれば、お話の通り政権交代をしやすい。日本では、何十年も政権交代がなく、本来の民主主義の機能が発揮されてこなかった。これを変えなければならないということです。日本人というのは、自分の意思表示をはっきりしない。どっちつかずの性格が強いんだな。それで、中選挙区や大選挙区というのは、そういう体質に合ってしまうんだ。だから、そういうことではなくて、誰か一人をきちっと選ぶという意思表示ができる習性を日本人は身につけなければいけないんです。

——それは根本的な話ですね。

小沢　本当にそうなんだよ。政治と国民性の本質に関わる話なんだ。今でも駄目なところがあると思うけど、また政権交代をやればだんだんみんなわかってくると思います。

——アメリカにも秘密保護法的なものはあると思いますが、その半面でアメリカでは情報公開がものすごく進んでいるではないですか。これは、政権交代が常態化しているからですよね。

小沢　そうです。誰しも、政治の相手のことは調べようとするからね。

——だから、いま与党にいても、いつ逆になるかわからないから透明にやろうぜ、ということになるんですね。

小沢　そう。そうなるんだよ。アメリカでは役人も大幅に変わるからね。だから変なことをやったら後で暴かれてしまうんだ。しかし、本当に今ほど日本にとって、政権交代、政治改革が必要な時はないんじゃないか。

田中派クーデターの舞台裏。竹下登は途中で震えだした

私の脳裏には、熱い季節、熱い時代というイメージとともにその大音量が思い出される。

バブル経済時代の始まった一九八〇年代後半、私はその淵源となった日本銀行の金融政策の取材か

ら解放され、取材拠点を東京・日本橋から内幸町の日本プレスセンタービルに移した。

内幸町から霞が関、永田町周辺を歩いていた一九八七年、非常に風変わりな街宣を大音量で流している右翼の街宣車とよく出くわした。その街宣は、当時自民党幹事長だった竹下登を口を極めて褒め称えているのだが、その褒め方が皮肉に満ち満ちていた。

「日本一金儲けがうまい竹下さんを総理にしましょう」

その後流行語のように人口に膾炙した「褒め殺し」の街宣だった。

次期自民党総裁、首相を目指す竹下について「日本一金儲けがうまい」と右翼が東京のビジネスセンターや官庁街で毎日のように街宣するということは、政治家としての竹下のイメージに計り知れないほどのダメージを与えた。

この右翼の名称から「皇民党事件」と名付けられたこの騒動はその後、暴力団関係者の協力で収拾された。「褒め殺し」が終息して竹下は首相にはなったが、首相を辞めた後、暴力団関係者の協力など一連の経緯が明らかになり強い批判を浴びた。

竹下内閣成立に暴力団の姿がちらつき、竹下派会長だった金丸信が巨額脱税事件で起訴されたため、ロッキード事件で地に落ちていた田中角栄の派閥人脈は「金権人脈」という強い色眼鏡で見られることになった。政治資金には極力気を使っていた小沢一郎にも根拠のない先入観がついて回った。

完全に「冤罪」に終わった「陸山会事件」の背景にはこの先入観があると指摘されている。

ロッキード事件で失脚した田中角栄は自民党内の最大派閥を力の源泉にして、党総裁、首相を実質的に決める「キングメーカー」の役割を果たしていく。田中は他派閥の会長を首相に選び、自派閥からは自らの後継者を立てなかった。

後継者を選べば権力はその後継者に移動し、キングメーカーとしての役割を失ってしまう。また、それよりも、ロッキード事件裁判への影響力喪失という事態を田中は恐れていたのかもしれない。

田中辞任後、三木武夫、福田赳夫、大平正芳、鈴木善幸、そして中曽根康弘と他派閥の会長が首相に就任し続けた。これが田中派内の鬱屈とストレスを高め、静かな派閥クーデターへとつながっていった。

「静かなクーデター」は次期首相を目指す竹下登を旗頭に進行した。しかし、旗頭とは言っても竹下はむしろ融和に傾き、旗を高く掲げ続けていたのは、「青年将校」的存在だった小沢一郎と梶山静六だった。

ロッキード事件一審有罪判決を受けて、田中角栄は弁護団を総入れ替えした。学生運動を経験した若手弁護士たちを採用。私はその中心だった石田省三郎に話を聞いた。石田は二審の弁護方針を相談するために、一九八五年二月二十四日午前八時ごろ東京・目白の田中邸を訪ねたが、田中はその朝、ウイスキーをあおって酔いつぶれていた。二週間あまり前の同七日、竹下を頭とする田中派四十人が「創政会」という派中派を結成。それ以来、田中は朝から酒を飲み、荒れていたという。田中が脳梗塞で倒れ、東京逓信

創政会旗揚げ前日、田中派総会を終えて事務所のある砂防会館別館を出る小沢一郎氏（左奥）、梶山静六氏（その前）、村岡兼三氏（その右）ら＝1985年2月6日、東京・平河町

病院に緊急入院するのは石田が田中邸を訪ねた朝の三日後だった。

――ロッキード事件一審判決後、一九八五年二月になって田中派の中に創政会が結成されます。田中さん個人は、この結成を見て心身ともに疲労していくわけですが、以前の小沢さんのインタビューを見てみると（五百旗頭真ほか編『90年代の証言　小沢一郎　政権奪取論』朝日新聞社）、小沢さんは田中さんと決別してやっていくという考えはなかったというように発言していますね。

小沢　全然なかった。そんな気は誰にもなかったと思う。

――しかし、田中さんの後継者として竹下さんを立てましたね。

小沢　竹下さんを代表にしようと言ったわけでも何でもないんだ。ただ、派閥というものは総裁候補を持たないと維持できないから、まあ次は誰かということを考えておこうと。そのための勉強会を作ろうという話だったんですね。だけど、田中の親父にしてみれば、そうはいかんということになったんだろう。それから、プロパーじゃない人たちが親父の周りを囲んで煽ってしまったからね。それで、そういう人たちが反逆だ、裏切りだとか言って、親父は余計カッカとなってしまったんだ。

――プロパーじゃない人たちというのは、どういう人たちですか。

小沢　昔からいた人たちではない、ロッキード事件後に入ってきた人たちだね。

――創政会の旗揚げを最初に提案されたのは小沢さんですか。

小沢　私一人ではない。あの時は、私と梶山さんだね。

一九二六年生まれの梶山静六は茨城県出身。二〇〇〇年に没したが、小沢や、首相となった小渕恵

三、橋本龍太郎、羽田孜らとともに「竹下派七奉行」と呼ばれた。竹下派会長の金丸信から「乱世の小沢、大乱世の梶山」と評されたが、小沢とはその後「一六戦争」と呼ばれた激しい政争を繰り広げることになった。

——やはり、例えば食事などをしている時に、「やっぱりこのままじゃまずいだろう」というような話になったわけですか。

小沢　いや、これは何となくみんな思っていたことなんだが、「誰も後継者がいないと派閥が困るな」とか「竹下さんも頼りないけど、まあ竹下さんしかいないだろうな」という感じでしたね。

——梶山さんとの会合は覚えていますか。

小沢　いや、覚えていないな。特別梶山さんと図ってというわけではないんだ。言わなくてもみんな気持ちの中ではそういうことだった。だけど、同時に親父と決別するという気持ちは誰も持っていなかったと思う。今の若い人たちとはそこが違うかもしれない。親父に対するロイヤルティ（忠誠心）がものすごく強かったから、親父と別れるという気は全然なかった。

——それで、頼りないかもしれないけど、一応竹下さんを立てておこうということですか。積極的に竹下さんを選んだのではなくて、消去法のような形ですか。

小沢　そうそう。それしかないなという感じだった。金丸さんというわけにはいかない。竹下さんだろうな、ということだった。

——ズバリ言って、なぜ金丸さんではまずかったのですか。

小沢　金丸さんは、行政府の長というタイプではない。

——人間のタイプから判断されたのですか。

小沢　そう、人間の適格性だね。金丸さんは派閥の長としてはいいけど、国政における行政府の長としては向いていなかった。

——なるほど。では、竹下さんはどうして頼りないと思われていたんですか。

小沢　一言で言えば、気が小さい。

——いろいろな政治的な場面でなかなか決断しないとか、そういうようなことですか。

小沢　そう。それから竹下さんは自分から意思表示するタイプではなかった。だから、人の話を聞いて、「まあまあこの辺で」という感じのタイプだった。だから、創政会の時だって、実は一番最初に竹下さんが震えちゃった。田中の親父が怒って、竹下さんがプルプル震えちゃって、降参しようと言い出してしまったんだ。

——降参しようと。

小沢　うん。それでみんな怒っちゃった。

——小沢さんは、竹下さんが震えているところをご覧になったのですか。

小沢　もちろん。もうやめようという話をし出したから。竹下さんは、それから皇民党事件の時も震えてしまったんだ。

——皇民党事件は創政会旗揚げから二年後の一九八七年ですからまた後ほどおうかがいしますが、創政会旗揚げの時、竹下さんと田中さんが一対一で会う場面はあったのですか。

小沢　そんな場面はない。

——金丸さんとか小沢さんが同席されて会ったということもなかったのですか。

小沢　ないですね。だけど、金丸さんも竹下さんみたいになって、この辺で親父と話して妥協しようというような意見になったんだよ。

――そうですか。しかし、小沢さんと梶山さんが中心になって、そういうことも含めて何度も話し合ったわけですね。

小沢　会合を何度も重ねたんだ、内緒の会合を。

――創政会の旗揚げが一九八五年二月七日ですから、前年の八四年あたりからずっと話し合っていたわけですか。

小沢　前年からだったと思う、たぶん。メンバーを確認しなければいけないからね。もちろん親父が機嫌いいわけがないということはわかりきっているから、我々は早坂（茂三）さんを通じて「勉強会をしようと思う」と言ったんだよ。それで、何となくいいだろうみたいな感じだったから、それほどのことはなかったんだ。早坂さんの話では親父に会うかというようなこともあったんだけど、こちらは大した意識もなかったからね。それで、相手がいいと言うんだからいいだろうというような感じでいたら、あにはからんや逆鱗に触れたということになってしまったんだね。

――逆鱗に触れたというのは、やはり竹下さんが立って、人数もかなり多くなっているからということでしょうか。

小沢　ちがう。最初からなんだ。要するに、権力者は絶対に後継者を作らないんだよ。だから、その意味でこれは絶対に認めないということになってしまったんだ。単なる勉強会、仲良しクラブであればよかったんだろうけど、周りが騒ぎ立てて本人がカッカとなっちゃったんだ。

――周りというのは、さきほどのお話のプロパーではない人たちという意味ですか。

小沢　そう。

――それで、最終的な段階で、金丸さんも竹下さんも、降参しようかということになったわけですか。

小沢　そういう感じになったんだよ。何人か集まった時に、「ちょっとそろそろ親父に会いに行って話してみようか」という話をし出したんだ。だけど、それは最初のころだったらいいけど、ちゃんと始まってしまってお互いににらみ合っているような時だからね。それは降参しに行くようなものだろうという話をしたんです。力の弱い方がネゴをしに行くという馬鹿な話はない。強い方が「まあこれくらいでいいだろう」と言うんならいいけど、弱い方が行くということは降参を意味するわけです。

――その時は、金丸さんと竹下さんが「そろそろちょっと」と。

小沢　話に行こうかと言い出したんです。

――それに対して、小沢さんは「ここに来てそれはまずいよ」ということだったわけですね。

小沢　「だめだ。そんな馬鹿なことはない」と言った。

――梶山さんも小沢さんと同じような意見だったのですか。

小沢　梶山さんももちろん同じさ。

――お二人がね。それはそうでしょう。なるほど。

小沢　「それだったら、今行くならもう喧嘩状持って、棺桶担いで行く以外にない」とぼくは言った。

――そこまで言ったんですか。

小沢　そう。それが喧嘩だって。

――小沢さんの言葉ですか。

小沢　そうだよ。果たし状を持って行くというなら、使者は斬られる覚悟なんだから自分の棺桶を担いで行けということです。それが喧嘩ではないですか。そうでない限りは降伏のための使者ではないか、ということですね。

――そうですか。その時、竹下さんもやっぱり弱気だったですか。

小沢　竹下さんは金丸さんより弱気さ。

――しかし、最終的には創政会をやるしかないということで始めたわけですね。それから、田中さんの方は飲み過ぎがたたって緊急入院ということになるわけですね。

小沢　創政会を結成してから、まあこのままというわけにもいかないだろうという話になって、ぼくと梶山さんと羽田孜と三人で目白に行ったんだ。親父さんは気丈に振る舞っていたけど、やっぱり顔色が悪かったな。まあ、それではお互い仲良く同心円で頑張ろうなんて話で終わったんだけども、やっぱり最初周りが煽るものだからカーッとなっちゃったんだね。

――もし扇動する人たちがいなかったら、そういうことにはなっていなかったですか。

小沢　最初から派閥にいた内輪の連中だけだったら、何のことはなく終わったね。

――ところで、さきほど少しお話の出た皇民党事件の「褒め殺し」の一件を聞きたいのですが。

皇民党事件そのものは先にも触れたように一九八七年に、「褒め殺し」街宣と暴力団関係者による仲介解決があったが、その経緯が明らかになったのは一九九二年の東京佐川急便事件の公判中だった。金丸信が東京佐川急便社長の渡辺広康に解決のための仲介を依頼、渡辺は広域暴力団・稲川会の会長、石井進にさらに仲介を依頼。この仲介により皇民党は、「竹下自ら田中邸に直接謝罪に行くこと」を条件に「褒め殺し」をやめることを承諾した。皇民党がなぜ竹下にいやがらせを続けたのかその真相はいまだにわかっていない。

――私も一九八七年のころ、霞が関や永田町を歩き回っていたのでよく見聞きしましたが、皇民党による竹下さん褒め殺しの街宣はすごかったですね。それで、竹下さん自身がすごく弱気になっていたというお話でしたが、この皇民党の竹下さんへのいやがらせの動機というのはよくわかっていないんですよね。

小沢　そう。動機がわからないんだ。竹下さんの生い立ちには複雑なところがあるんです。ぼくもよくわからないが、皇民党の動機には何か個人的な恨みといったものがあるようです。だから、金を積もうが何しようが絶対に引かないということだった。動機は誰にもわからないが、何かドロドロした話らしいんだ。だから、竹下さんもそれで震え上がってしまったらしい。

――それでは誰にもわからないですね。

小沢　竹下さんしかわからないかもしれない。だから、ぼくは「オロオロせずにそんなものは放っておくべき」と言っていました。

――褒め殺しの街宣の件は、金丸さんから渡辺広康・東京佐川急便社長、石井進・稲川会会長に話が行き、竹下さんの田中邸訪問を条件にとりやめとなりました。そのことを竹下さんに伝えたのは一九八七年十月五日の東京プリンスホテルでの会合でした。渡辺さんと金丸さん、竹下さんがいて、小沢さんもいました。

小沢　その日はぼくが当番でした。総裁選のために順番で竹下さんについて連絡役などの当番をすることになっていて、その日はたまたまぼくが当番だった。それで、お茶を入れたりウイスキーの水割

竹下登自民党幹事長が小沢一郎氏とともに田中角栄元首相邸を訪れたが、田中家側は門を閉ざしたままだった。門前には旧田中派中立系の一人、長谷川信参院議員が待ち受け、竹下氏と言葉を交わした＝1987年10月6日、東京都文京区の田中角栄邸前

りを作ったりしていたんです。

――小沢さんがそういうことをされていたんですか。

小沢　もちろん。国会の証人喚問の時にも「あなたがそんなお茶のことをしますか」と言われて、当たり前だと答えました。ぼくと金丸さん、竹下さんの関係で、ぼくが水割りを作ったりお茶を入れたりするのは当然のことじゃないかと。何も不思議なことはない。「あなたのような人がそんなことをするわけがない」とまで言われたけど、全然不思議なことはない。ぼくがいなければ、もっと年次の高い人がやったさ。

――それで、灰皿を持って行ったりもしたわけですか。

小沢　そうそう。それは当たり前のことだ。それは上下関係があるから。

――それで、小沢さんも渡辺さんの話を

聞いていたんですか。

小沢　いや、ぼくは聞いていない。隣の部屋で話していたから。ぼくは控えの間にいたから全然聞こえなかった。それで、時々「お茶」とか「水割り」とか言うから、それを運んだくらいだった。

――小沢さんでもそういう時代があったんですか。

小沢　時代と言っても今でもそうでしょう。そういうことを経過してきて初めて一人前になるんでしょう。

――なるほど。ではその時は、一体何を話しているんだろうというような感じだったですか。

小沢　いや、ぼくはもともとそんなことを調整するなんてことには反対していたから。そんなものは放っておけと言っていました。他の人たちは「やっぱりそうは言っても」と言って渡辺さんとの接触をしたわけだが、ぼくは反対していたから、そういうものには全然関係しなかったよ。

――それで、翌日の一九八七年十月六日早朝に竹下さんは田中邸を訪ねます。小沢さんも一緒でした。

小沢　うん。竹下さんが「ピンポン、ピンポン」って鳴らしたんだ。一生懸命鳴らした。だけど、誰も出て来ない。

――その時、小沢さんは車の中にいたんですか。

小沢　車の中ではなく、竹下さんと一緒に車を降りて門前にいた。馬鹿みたいなことだったが、あの時はそれが条件だと言われたものだから、しようがないということでしたね。

竹下はこの後十月二十日、中曽根首相により後継総裁に指名された。竹下、金丸は同二十九日、渡辺を料亭「吉兆」に招いて感謝の宴を張る。十一月六日、竹下内閣発足。

小沢はこれらの動きと関係なく、その後個人的に田中邸をしばしば見舞っている。

――小沢さんはその後しばしば個人的に田中邸を見舞われたということですね。

小沢　たしかに何回か行って、最終的にはぼくだけは入れてくれたんだ。だけど、親父が亡くなってからだけどね。親父は倒れてからは誰とも会えないんだ。やっぱり脳梗塞で倒れたから喋れないんだ。

――亡くなってから入れてくれたというのは、葬式の日ですか。

小沢　いや、命日です。ぼくは命日には毎年行っていました。そうしたら、最初はだめだと言っていたんだけど、後はずっと入れてくれました。今でも命日には必ずお花を届けています。

リクルート事件を契機に「小選挙区制」に舵を切る

文字通り時代の変わり目の渦中にいたのだと実感する。一九八九年一月七日午後、竹下登内閣の小渕恵三官房長官が「平成」と墨書された額を掲げ、私はその映像を東京・霞が関の大蔵省（現財務省）の記者クラブ「財政研究会」（財研）にあるテレビ画面で見ていた。

このころはちょうど消費税の導入前夜の時期で、財研に所属していた私は、自民党税制族の大物議員宅にしばしば応援の夜回りをさせられていた。財研はバブル景気に浮かれる世間とは切り離された空間で、私を含めた疲れ切った記者たちの目がブラウン管に注がれていた。

このテレビ自体も記者クラブ室も古ぼけたもので、今思い返してみる部屋のイメージは大蔵省内にある穴蔵、当時のイメージは社会から隔離された牢獄だった。労働形態は今の言葉で言えば「ブラック」そのもの、早朝から深夜まで果てしのない仕事の山脈が連なっていた。

当時の私の担当は主税局や主計局ではなく、俗に「雑局」と呼ばれていた銀行局、証券局、国際金融局、理財局、関税局の五局だった。しかし俗称とは裏腹に、この五局が抱える事案は重量級のものばかりで、時代の急激な変化に応じて法制やシステムの変更が相次いでいた。

それに加えて銀行や証券会社を舞台にした経済事件が続々と露見し、息つく暇がなかった。そして、次々に露見する経済事件の中で最もニュースバリューが高かったのは、戦後最大級の贈収賄事件と言われたリクルート事件だった。リクルート経営者が値上がり確実な子会社の未公開株を政財界の大物たちに配り収益を得させていた。

未公開株は当時の竹下首相や宮沢喜一蔵相、中曽根康弘前首相ら政界要人の関係者、さらには財界や当時の日本経済新聞社社長らにも配られ、竹下自身はこの事件で首相を辞任した。

リクルート事件は二つの意味で時代の画期となった。ひとつは経済的な意味で、未公開株は公開と同時に百パーセント確実に値上がりするという事実。これはバブル経済で絶頂に達した右肩上がり経済に起きる現象で、バブル経済の破綻とともにこの神話も終焉を迎えた。

もうひとつは政治的な意味で、百パーセント値上がり確実な未公開株を賄賂的な趣旨を込めて政治家に配る意義が問い直された。つまり、未来永劫政権に就いていることが保証された政治家たちに賄賂を送ることはマキャヴェリズム的に言えば有効だが、政権交代が起こるとすれば無効となる。

当時の日本政界において、この問題意識を深く胸のうちに秘めた一人の政治家がいた。この時、この構造的な問題を考えていた政治家は少なからず存在していたかもしれないが、実際に政権交代可能な選挙制度の設計から現実の政権交代まで成し遂げてしまった政治家はたった一人しかいない。

小沢は、竹下内閣では内閣官房副長官として野党対策に尽力。日米間の建設市場開放協議や後の日米電気通信協議では日本側交渉役を務め、米政府内に「タフ・ネゴシエーター」として知られるようになった。リクルート事件後に成立した海部俊樹内閣では自民党幹事長に就いたが、小沢のインタビュー本『90年代の証言　小沢一郎　政権奪取論』では、政治改革を具体的に推進し始めたのはこの幹事長の時からだと小沢は答えている。

――リクルート事件の後、政治改革をどのように進めるかという問題をめぐって、後藤田正晴さんと伊東正義さんの二人が幹事長の小沢さんのもとを訪れました。この時、小沢さん自身は本格的に進める考えでしたが、後藤田さんと伊東さんの二人はそれほど積極的ではなかった、ということですね。

小沢　日本人には多いと思うけど、政治家をはじめパフォーマンスだけという人が多い。この時も、「幹事長、どうする?」と聞くから「小選挙区でやります」と私は答えました。そうしたら、二人とも黙ってしまった。「そんなことは、まあできないでしょう」という意味です。それで私は「では、あなた方は何をしようと思っているんですか」と聞いたら、「いずれやる」というお題目の法案を作りたいと言うわけです。要するに先送りですね。

――そう言ったわけですか。

小沢　うん。「それが精いっぱいじゃないですか」と二人は言うわけです。「それだったら私はやりません。そんないい加減な話はないでしょう」と私は言いました。「本気でやりますか」と私が強く言ったら、二人は驚いて帰って行ってしまいました。

――小沢さんがずっと考えていた政権交代可能な小選挙区制というものをぶつけたら二人とも足がす

くんでしまったということですね。

小沢　彼らだって言っていることは小選挙区制なんです。だけど、それはどうせできっこないという頭があるんです。当時の政治家はみんなそうだったですね。

それまでの中選挙区制は一選挙区の当選者が三人から五人なので、自民党の複数の派閥候補が当選できた。自民党当選者に加え、社会党や公明党などの野党候補も当選できたので、与野党の候補は安泰、その代わり自民党の政権確保もほとんど約束されたものとなっていた。万年与党・自民党、万年野党・社会党という五五年体制維持を約束する選挙制度だった。しかし、小選挙区制は一人しか当選できないために、いずれの選挙区も与野党激突となり、政権交代が起こりやすい。リクルート事件後の政治改革の焦点はこの小選挙区制の導入に絞られていた。

——その時に、後藤田さんも伊東さんも、普通の自民党議員であれば考えるように、お題目としては小選挙区は必要だろうが、現実的に導入するのは無理でしょうという考えに支配されていたわけですよね。小沢さんは、そんな現実論をはねのけてもやってやるんだという気構えがあったわけですか。

小沢　うん。何でもやる気になればやれるということです。いいと思うことならやれるじゃないですか。自民党は多数を持っていたわけですから。だけど、彼らは多数決の話ではなくて、いろんな選挙区調整やら何やらの複雑な話に巻き込まれるのはいやだという話なんだ。

——年齢的なこともあったのでしょうか。後藤田さんも伊東さんも小沢さんに比べてかなり高い年齢層だったからとてもそこまでの元気さはないよ、という感じだったのでしょうか。

小沢　年齢じゃない。頭がそうなっているんだ。若い人だって、どうせできっこないと思っている人がたくさんいた。日本人は体制順応型の人が多いような気がする。革命とか改革とかそういうものにほど遠い人が多いと思う。ぼくは、自民党の総務局長もやってるからね、その前に。だから、そんな選挙区事情なんか彼らよりもよく知っている。知った上で、そういう調整もやればやれると。

――そういうことをやった上で、さらに進めなければいけないということですね。

小沢　そうです。ところが、みんな最初から無理だという前提に立っているわけです。民主党の時も、政治主導と語っていながら、ああ何か無理だと思っているな、と感じたことがありました。

――みんなが無理だと思っていることを小沢さんは現実のものにしてしまう。最初に無理だと思う人と、現実化してしまう小沢さんご自身と何がどう違うのでしょうか。

小沢　やっぱり、最初に無理だと思ってしまう人は、自分のビジョンとか志とか理念とか、そういう言葉で表されるような強いものを持っていないということだと思う。政治の世界で何か改革しようとすれば、旧体制の中から反発が出てくるのは当たり前なんです。大方の人は、それが自分に向かってくるのがいやなんですね。責任回避なんです。みんなにいい顔していたいから、自分が矢面に立つことを絶対にしないわけです。だけど、それでは何も前進しない。

――自分が傷つくのが怖いんでしょうね。

小沢　だろうね。今でもみんなそうじゃないか。自分のことばかりだよ。しかも目先の利害だけだ。もうちょっと大きい天下国家の視点から考えればいいんです。

――なるほど。しかし、小沢さんがそうおっしゃった時に、後藤田さんと伊東さんはかなり戸惑ったような感じでしたか。

小沢　そう見えたね。そんなこと考えてもいなかったようだ。
――しかし、小選挙区制そのものは日本の政治史を動かしました。これからも動かしていく可能性を秘めているように思いますね。
小沢　そう思うよ。うん、そう思います。だから、いつも、インタビューで、小選挙区の功罪を言ってくださいと聞かれれば、ぼくは決まって「罪なんかない。功だけだ」って答えています。
――今の自民党政権も国民自身が自分たちで選んだものではありますからね。
小沢　民主党から自民党に政権が返ったのも仕方ないんです。民主党がだめだったからで、野党がまたしっかりすれば自民党に代わっていけるんです。その切磋琢磨とお互いに競争することがいいんです。

憲法9条4項か10条で国連中心主義を

一九九〇年八月二日、サダム・フセイン率いるイラクがクウェートを侵攻、国際連合が多国籍軍の派遣を決定し、翌九一年一月十七日にイラクを空爆して湾岸戦争が始まった。私は一九九〇年九月と九一年一月の計二カ月、当時所属していた「AERA」から中東に派遣され、イラクからのミサイル襲来下にあったイスラエルをはじめ混乱の中東を取材していた。

インド洋を隔てて地球をぐるりと回った東京では、国連派遣の多国籍軍への貢献方法をめぐって自民党幹事長の小沢が苦心していた。多国籍軍の中心、米国は日本に対し戦費の拠出と共同行動を求めていたが、急遽作った国連平和協力法案は廃案となり、合計百三十億ドルの資金協力だけが実現した。

戦後、ワシントン・ポストに掲載された国際社会に対するクウェート政府の感謝広告には日本の名前だけ載っていなかった。

——小沢さんが幹事長時代、湾岸戦争が起こりました。国連が派遣した多国籍軍にどうやって貢献するか、難しい対応が求められましたが。

小沢　いや、話自体はそんな難しいものではない。国連の常備軍はないことは事実なんだから、希望者を募る以外はないんです。それが多国籍軍です。多国籍軍にもいろいろあって、国連が準国連軍的な性格を与えたものは、現時点では国連軍として認める以外にないと私は考えます。理想だけ言っても仕方ないですから。

湾岸戦争の時は、イラクに即時無条件撤退を求める安保理決議が採択されたわけだから、この多国籍軍は国連の平和活動だと見なすべきだというのが私の論理です。とすれば、日本は国連加盟の際日本の宣言通り、あらゆる手段を持って協力しなければならない。これが憲法前文にある国際主義の精神でもあるわけです。しかし、当時だめでしたね。みんな怖がっていました。

——なるほど。そうでしたね。

小沢　あの時は、いつも日米、日米と言っていた外務省と防衛庁がそろって反対していた。私のところに「絶対反対です」と言ってきた。それで私は「国連派遣の多国籍軍なのに何で参加できないんだ。アメリカは、何も実戦をしなくていい、まさにShow the flagだけでいい、旗だけでもいいから立てろと言われているのに、何で何もできないんだ」と言ってやりました。

——なるほど。

小沢　とにかく大変だった。それでぼくは、とにかく難民輸送だけはやろうと言って、輸送機を派遣するところまでちゃんと計画していたんです。各国の了解を取り付けて、エジプトの空軍基地を借りることまで全部了承を得て、シリアから難民を運ぼうと、そこまで全部セットしたんです。しかし、これもだめでした。

急遽、最初に出した国連平和協力法案は外務省の官僚がまともに答弁できずにアウトになってしまいました。今のＰＫＯ協力法は確かにおかしなところもあるが、何もないよりもいいだろうという話で作ったものです。

――考え方を整理しますと、国連派遣のＰＫＯという事態が生じた場合にはまさに憲法の精神である国際平和の考え方で国連の要請があれば自衛隊を派遣する。一方、安倍首相が考えていることは、米国がかかわる戦争ならば参加できるということでしょうか。

小沢　安倍首相がやろうとしていることは、直接日本と関係のない他国の国際紛争へもアメリカと一緒に行って戦闘できるという話ですから。それは憲法９条を改正しない限りできないんです。だから、私はもちろん反対ですが、安倍さんが海外派兵をやりたいなら憲法９条改正案を出してはっきりそう言えばいいんです。

二一世紀日本を代表する法哲学者、井上達夫は、小沢一郎を極めて高く評価している。そのことはほとんど知られていなかったが、井上から直接聞かされて、私は深く得心したことを記憶している。「経済構造も安全保障の問題も国論を真っ二つに割るほど難しくなっている。そういうことをきちんと議論しなければならない。そう考えて小沢さんは五五年体制を壊そうとしたんだ。小沢さんは自分の権力欲では動いていない。日本の政治的決定システムをどうするかという、そのことを真面目に考えて動いている。世間から誤解されているが、それを考えている数少ない政治家なんだ」

二〇一六年十月二十七日、国会の向かいにある憲政記念館の満席の講堂に井上のトーンの高い声が響き渡った。首相の安倍晋三が改憲を強く打ち出し続ける中で開かれた小沢と井上の「緊急対談」だった。自民党と公明党という与党勢力が衆参とも改憲発議に必要な三分の二以上の議席を占める政治的現実に対し、憲法9条をどう変えていくか、あるいはどう残していくか、小沢と井上の間で議論が火花を散らす中で井上の発言は飛び出した。

「小沢さんは、政党と政党が政策をめぐって競争し、責任をはっきりさせるような政治的決定システム、政党の責任体系を明確にすることをずっと考えている。権力ではなく筋を通そうとするから孤立してしまうんだ」

井上の言葉は政治家としての小沢の特性を見事に言い当てていた。壇上、井上の隣に座っていた小沢は手元のおしぼりを引き寄せて目に当てた。緊張した議論の果てに理解者を得た喜びが心の琴線に触れたのかどうかはわからない。

この緊急対談の発端には私も関与していた。ちょうど二カ月前の八月二十七日、東大本郷キャンパスで改憲と国民投票をめぐるジャーナリスト向けのシンポジウムが開かれた。パネリストは井上のほか今井一や伊勢崎賢治、伊藤真、楊井人文の五人。シンポジウムが終わり、パネリストを中心に二次会に席を移した。イタリア料理店だったと思うが、私は井上の前に席を取った。井上の憲法9条論などに強い関心があったからだ。

酒と会話が回り始め、私はふと思いついて「小沢さんについてどう思いますか」と聞いてみた。憲法をめぐる井上の議論に小沢の議論と通底するものを感じたからだ。

「ぼくが唯一評価する政治家だね」

返ってきた井上の一言で私は多くのことを理解した。

井上自身、国の安全保障政策は国民自身が判断するという意味合いで9条を削除し、安全保障のための戦力を保有するかどうかは法律で定めるという究極の平和主義改憲論を標榜していた。「究極」なだけに平和主義グループから誤解も受けやすかった。

小沢の方は国際貢献のための自衛隊を考え、国民が判断主体となる方法を模索し続けていた。だが、こちらも議論は「戦力」に関わるだけに誤解を招きやすい。

平和主義と安全保障、国際貢献の問題をごまかさずに考え、民主主義憲法の下で国民がどう決定を下していくか。法学アカデミズムの中で孤独の思索と行動を続ける井上が、政界の中で長い間同じ孤高の闘いを続けてきた小沢を極めて高く評価していた。ワインを口に運ぶことをやめて私は井上に聞いてみた。では、対談する気持ちはありますか？

「もちろん。小沢さんがいいと言うんだったら、ぼくはいつでも受けるよ」

実際に対談を主催した「自由と平等とデモクラシーを考える市民の会」事務局の人も隣にいたが、井上のこの答えから始まった緊急対談だった。

対談の中で小沢は、「平和憲法を堅持しながらどうやって安全保障をまっとうしていくか」という難題に対する小沢自身の考え方を力説した。

「憲法9条は自衛権の行使に対する制限規定と解釈でき、残してもいいと思う。自衛権は正当防衛の

井上達夫氏。法哲学専攻の東大名誉教授。自己絶対化を超えて他者との共生を目指す「世界正義」を追究。安全保障については国民が常時再検討すべきだとして憲法9条削除論を主張。従来の護憲派、改憲派を厳しく批判している

考え方に通じ、個人にも団体にも国にもある。そこで正当防衛、自衛のための戦力は妨げないと憲法にきちんと書くことはいいのではないか。しかし私は、国連中心の国際平和維持を通じて日本の平和を守るという考え方を取る。だから、9条4項か10条かで国連中心主義を掲げたいと思う」

小沢は表だっては言わないが、小沢自身と憲法の付き合いは長く、深い。

慶應義塾大学経済学部を卒業後、司法試験を目指して日本大学大学院で法律を学んだ。国会議員をしていた父、小沢佐重喜が急死して法曹の道は断念したが、試しに受けてみた司法試験では憲法は「満点」の感触だった。

小沢が院生時代に使っていた有斐閣の憲法の教科書を貸してもらい、全ページ丁寧に読んでみたことがあるが、全ページとも定規で何度もサイドラインが引き直され、角張った小さな書き込みがそこかしこにあった。小沢の几帳面な

性格がわかると同時に、何度も読み込んで咀嚼していた印象が残った。

私が初めて小沢に会った時のことを語ってみたい。まさに平和憲法と国連中心主義のテーマで会うことになったからだ。

私は、一九八一年四月に朝日新聞社に入社した後、どちらかと言えば政治部を志望していたが、東京本社に「上がる」際どういうわけか経済部に拾われた。その後、経済部の他に総合週刊誌である「AERA」編集部にも三回にわたって計十年以上在籍することになった。

一九九〇年八月、サダム・フセインが率いるイラクがクウェートに侵攻、湾岸危機が始まり、翌九一年一月に危機は湾岸戦争へと発展した。この期間通算二カ月、私は「AERA」から派遣され、危機と戦争の中東を文字通り足と車と飛行機で走り回った。イスラエルでは、毎晩フセインからミサイルの贈り物があった。

のめり込む性格の私は、ガスマスクをつけてシェルターに逃げ込む以外の夜の時間は中東の和平と戦争の歴史専門書を読んで過ごした。テルアビブやエルサレム、ダマスカス、イスタンブールでの昼と夜はそのように過ごされた。

時差約六時間から七時間、ボスポラス海峡からユーラシア大陸を超えて、はるか東に横たわる日本列島の首都、東京・永田町では平和憲法下でいかに国際貢献の実を上げるか議論が続いていた。

議論の中心にいたのは、この時自民党幹事長だった小沢一郎。フセインがクウェートを侵略したことは明らかなのに、平和憲法下では多国籍軍に自衛隊は出せない。苦肉の策として多国籍軍に百三十億ドルもの国際貢献資金を出したが、戦後、日本への国際的な評価は低かった。「世界中の国々に感

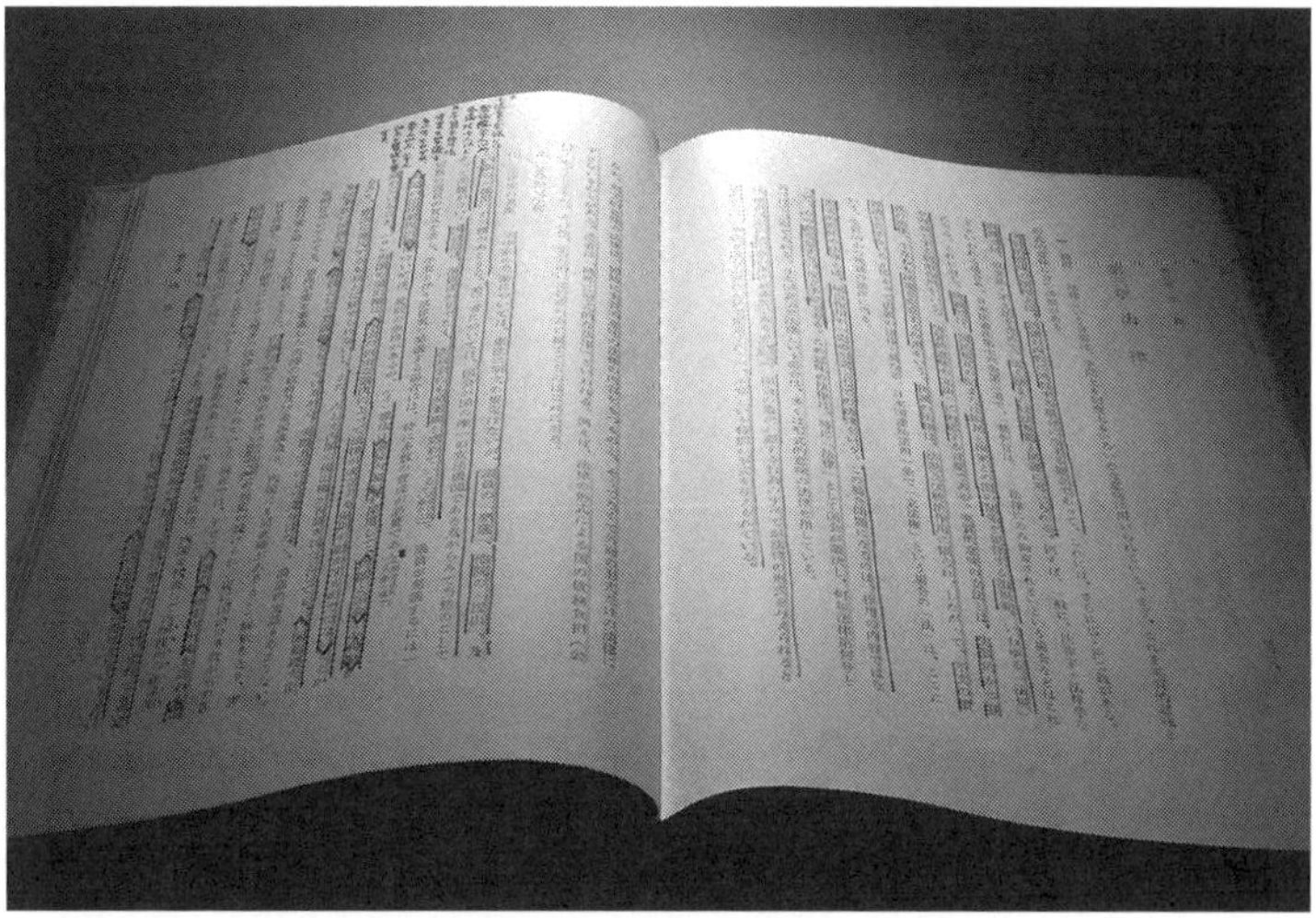

有斐閣の「憲法」教科書。25、6歳のころの小沢一郎氏が何度も読みこなしていた。全ページにサイドラインが何重にも引かれ、角張った文字の書き込みがそこかしこに見られた

謝する」とプリントされたペルシャ湾岸諸国のTシャツには最初、日本の国旗だけがなかった。

帰国してほぼ一年経っていた私は三十六歳だった。私はA4紙一枚に、国際貢献の仕方を考える自民党の「小沢調査会」の考え方や小沢の政治哲学を問うべくインタビューの趣旨を書き込んで小沢の議員会館事務所にFAXした。

この時、私の目には小沢は問題意識の塊のように見えた。すでに押しも押されもせぬ大物議員だったが、時代の難問にぶつかって呻吟し、その難問を解くためなら一週刊誌記者のインタビューも辞さないといった風情に私の目には映っていた。永田町にある十全ビルヂング三階の小沢の事務所でインタビューは始まった。

笑顔で私を迎え、当初機嫌の良かった小沢の表情は質問の進行とともに次第に曇り始めた。正直に言ってこの時の問答はそれほどかみ合っているとは言えなかった。

当時、平和主義を中心に考えを進める私と、

動き続ける国際環境にいかに対応していくかを考える小沢との間で話は深まりを見せなかった。
しかし、当時の小沢の考え方をうかがう上で貴重な記録のひとつなので、掲載した「ＡＥＲＡ」（一九九二年三月二十四日号）から要点だけを抜き書きしておこう。

――日本の政治のあり方について、考えを聞きたいのですが。

小沢 簡単に言えば、政治が今のままでは、これからの時代に機能しない。特に日本の政治は、米国の占領政策と、冷戦構造の中で経済問題だけに専念していればよかった。しかし、今後とも、今の平和と豊かさを維持していきたいというのであれば、世界の他の国に依存している日本は、それ相応の当たり前の責任を分担していかなければならない。こういうことをきちんと議論し、きちんとした政治的対応ができるようにするというのが、ぼくの政治改革の基本的な理念です。

――「小沢調査会」では、国連の下で自衛隊の武力行使を認める「国際的安全保障」という概念を打ち出した。自民党内でも、解釈改憲だ、という批判があります。

小沢 改憲は自民党の党是ですから当たり前の前提です。憲法は９条だけではありませんし、不磨の大典ではないのですから、時移り世変われば、それに合うようにルールを変えていくのは当たり前です。それと、ぼくは憲法解釈論だけを言いたいんじゃない。国際社会で責任を求められている時に、日本は国内の尺度だけでモノを言っていられない。日本はすでに大人になったのですから。おっかないのはいいや、汚いのはいいや、と子どもみたいな一国エゴを言って通りますか、ということです。（中略）

――自民党の中に同じように改革の意思を持った議員がいて、小沢さんがこの勢力を率いて自民党を

割るのではないか、という推測もあります。（中略）

小沢　二一世紀に向けたこの十年は世界的にも不安定、動乱の時期だと思います。日本自身も転換の時期です。だから、我々日本人が今と変わらずに生き残るためには我々自身が変わらなきゃいけないんです。だから、革命とは言いませんが、革命的な改革を、まだ余力のあるうちにしておくべきです。ところが、大勢はまだ現状維持だから、ぼくは少数派ですよ。しかし、現状維持でいけなくなる事態に遭遇するのは、そう遠いことではないとぼくは思っています。そのときは、どこがどことくっつくとか離れるとかじゃなくて、本気で、自分の思惑や私利私欲を捨てて、政治改革、再建にお国や社会のため努力すべきだと思う。

――その旗印として小沢さん自身が踏み切る覚悟はありますか。

小沢　あくまで必要ならばですね。ぼくが必要であり、求められているならば、ですよ。（後略）

二〇世紀後半、一九九二年の二月終わりか三月初めに行われたこのインタビュー、今読み返してみるとまるで二一世紀を見通していたかのような小沢の予言者めいた眼力に驚く。

問答がいまひとつかみ合わなかった責任は、見通す力のなかった私のインタビュアーとしての能力不足にあるが、小沢の答えはそのようなことを補ってあまりある。

特に後半、二一世紀に向かって世界的に不安定、動乱の時期が続き、日本自身も転換の時を迎えていると語るくだりだ。

「だから、革命とは言いませんが、革命的な改革を、まだ余力のあるうちにしておくべきです。ところが、大勢はまだ現状維持だから、ぼくは少数派ですよ。しかし、現状維持でいけなくなる事態に遭遇するのは、そう遠いことではないとぼくは思っています」

冷戦後に襲って来た最初の国際危機、湾岸戦争の大波をうまく乗り切ることのできなかった経験から、小沢は日本自身が乗り出さなければならない転換策を次々に見いだしていった。

この時の国際貢献策もそうだが、3・11の後の原子力政策もその典型例だ。福島第一原子力発電所の悲惨な状況を目撃しておきながらいまだに原発推進を掲げる政治勢力の存在は小沢の目には異様に映る。

小沢の政策論には一貫性がないという批判がしばしば見受けられるが、そのような批判の拠って立つ立場は現実の波に揉まれていない観念論だ。小沢の政策論の軌道修正、変化は現実の波に揉まれて編み出された極めて現実的なものだ。むしろ重い責任を担ったものだと言っていい。

「日本自身も転換の時期です。だから、我々日本人が今と変わらずに生き残るためには我々自身が変わらなきゃいけないんです」

という小沢の言葉はもっと真摯にかみしめなければならないだろう。

幹事長辞任後、金丸氏より総裁に推されるが断る

湾岸戦争終結後にあった一九九一年四月の東京都知事選挙は、四期目の多選批判にさらされた現職の鈴木俊一を自民党東京都連が支持、一方、自民党幹事長の小沢を中心とする党本部は公明党と民社党と組んでＮＨＫ特別主幹だった磯村尚徳《ひさのり》を推すという保守分裂選挙となった。結果は鈴木の圧勝と

なったが、鈴木を降ろして磯村を立てるという小沢の政治手法に保守層から批判が起こった。

この統一地方選では、東京以外の選挙で自民党の勝利が大勢を占めたため小沢の責任を問う声は党内では聞かれなかったが、小沢は分裂選挙に公明党などを巻き込んだことを理由に幹事長職を自ら辞任した。しかし、この辞任がかえって公明党、民社党からの信頼を深めることにつながり、翌年のPKO協力法成立、さらに一九九三年の非自民連立政権成立の地盤形成へとつながっていく。

――湾岸戦争の後の東京都知事選で、小沢さんが中心となって自公民路線ができてきました。この時、NHKの磯村さんと現職の鈴木さんが激突したわけですが、外から見るとちょっと複雑な構図でしたね。

小沢　複雑な話ではない。本当はごくごく簡単な話なんだよ。磯村さんは公明党の推薦だから、PKO法案を通すために仕方なかったんです。それを東京都連の人たちが理解していなかった。あの選挙はいろいろとあって、鈴木さん自身がやめるってぼくに言ったんだ。それを後になって変えて、本当に苦労しました。

――最初に鈴木さん自身がやめると言ったのですか。

小沢　最初、鈴木さんは自民、公明、民社の三党の推薦がなければやめます、と私のところに言いに来ました。そうしたら、公明党も民社党も鈴木さんを推さないと言うから、それではやらないですねと鈴木さんに聞いたら、今度はやりますって後で言ってきたんだ。要するに、公明党は鈴木さんを支持しないと言ってきて磯村さんを挙げてきたわけだ。民社党もある意味、それに乗っかった形だったけど、そうなってから鈴木さんが今度は「いやいや、やっぱり出ます」と言ってきたんだ。あれはメチャクチャだと思ったね。

――（笑）そうですか。それは困りましたね。

小沢　本当にどうして世の中、こんなに筋道の通らないことがまかり通るのかと思った。ぼくの感覚で言うと不思議で仕方なかった。日本人は、自分の言動に責任を負わないところがあるね。

――そうですか。しかし、走り出した車はもうどうしようもなくて、磯村さんですでに走っている。それに鈴木さんももう一度勝手に走り出したっていうことで、最後はああいう激突の形になったわけですね。

小沢　もう仕方がない。

政権交代に異様なほどの執念を見せる小沢は、言ってみれば「運命の人」とも言える。若くして就いた自民党幹事長時代、人類史的な冷戦終結後初めての戦争である湾岸戦争にもまれ、平和憲法を抱えながらの「国際貢献」の道を手探りで模索し、予想外に冷たい海外からの反応に呻吟しなければならなかった。

憲法9条と国際貢献、また安全保障政策など国の根幹にかかわる問題をごまかすことなく国会で論議するために、固定化した万年与党と万年野党の支配する「五五年体制」を崩し、政権交代可能な二大政党制の構築を目指す。これが小沢の政治的課題であり自らの運命として受け容れる政治的使命だ。そして、その最有力の手段となるものが、まさに二大政党制を生みやすく、勝敗のはっきりする小選挙区制度だった。

この運命に向かって刻々と時を刻む人生の歯車が小沢の前で軋《きし》りながら急回転していったのは一九

九一年だった。湾岸戦争が終結し、海部俊樹内閣が終幕を迎えつつある中、国際貢献と二大政党制を考える小沢に運命の女神が悪戯っぽく微笑みかけた。

最大派閥でありながら自派閥から首相を出すことのできない竹下派内に不満が高まり、この時四十九歳の小沢に首相候補の声がかかった。

小沢に声をかけたのは竹下派会長の金丸信だった。小沢によれば、一九九一年十月初旬のこの時「朝から夜まで」金丸に説得され続けた。

――海部さんが辞任した後、次の自民党総裁、つまり首相を誰にするかということで、金丸さんが小沢さんを指名、説得にかかりますよね。

小沢　そうですね。いやあ、あの時は怒られた。

金丸信氏。1958年5月の総選挙で初当選、佐藤栄作の派閥に入った。1977年、福田赳夫改造内閣の防衛庁長官に就任。在日米軍への負担金「思いやり予算」という名称は金丸氏の発言が発端。後年「政界のドン」とも呼ばれたが、「ヤミ献金」問題で失脚した

――金丸さんに怒られたんですか。

小沢　怒られたさ。総理大臣になりたくないっていう政治家がいるか、この馬鹿野郎って怒られました。

――当時の新聞記事を見ますと、一九九一年十月三日ですか。

小沢　日付は忘れた。

――金丸さんから総裁になってほしいという話があったのは夜ですか、昼ですか。

小沢　もう朝から晩まで言われました。もうずっと一日中、「お前、なんでやらないんだ」と言われ続けていました。

――それは金丸さんと二人だけの会話ですか。

小沢　うん。

――そういう時というのは、同じ話ばかりしているわけですか。

小沢　うん。同じことを。その時は突然だったからね。ひとつは心構えの余裕がなかったことだね。もうひとつは病み上がりだったからね。それから、渡辺ミッチーとか宮沢さんや三塚さんがやりたいと言って声を出している時に、ぼくが「はいそうですか」と言って引き受けるわけにはいかないという心情が一番大きかったですね。

ところが、ミッチーも宮沢さんも、小沢がやるんだったら自分たちは降りると言ったんですね。それでぼくは余計に、そんなことはできないと言ったんです。だって、この時のために何十年も兵を養ってきて、いざというこの時にこんな若い者に取って代わられるのでは、その心情は察するに余りあると思ったんですね。

――なるほど。それに対して金丸さんはどんなことを言っていましたか。

小沢　それは怒った。怒ったさ。金丸さんはものすごく怒ってた。だけど、竹下さんは本当は反対だった。

――竹下さんは反対という情報は、そういう場には入ってくるものなのですか。

小沢　いや入ってこないです。竹下さんは何も言いません。だけど、それはわかってるんです。ぼくが総理になったら竹下さんは終わりになってしまうから。

——要するに、竹下さんとしては再登板のチャンスがあったらもう一度首相をやりたいと思っていたということですか。

小沢　うん、それもあるかもしれないけど、田中先生が竹下さんを認めなかったのと同じことだよ。次の権力者がグループ内にできたら自分はおしまいという感覚です。

——それに対して金丸さんというのは非常にシンプルですね。

小沢　そうそう。金丸さんは、竹下さんはもう首相をやったんだからいいじゃないか、という話だね。

——なるほど。

小沢　だけど、ぼくはあの時はもうすでに八期か九期だったかな。それでも、あの時、備えなしに総理をやっていたらよっぽど苦労しただろうなと思ったね。今思ってもね。だから、若ければいいなどというのはとても通用しないと思う。動乱期で敵と戦場で争うなどという時代なら別だけど、通常の時代には若い政治家は総理などはできません。やはり経験がなければ。菅直人さんだって野田佳彦さんだってやはり経験が不足していた。安倍さんだってこの先どうなるか。それだけ重いんですよ、総理というものは。

——当時、小沢さんは朝日新聞のインタビューに対してこう答えているんですよ。「歴史の歯車が速く回っている時、時代の要請というのがある」と。これは竹下さんの再登板について聞かれた時の答えですが、まさに時代の要請ということで、あの時小沢さんが総裁を受けていれば政治改革はもっと速く進んでいたのかな、とも思うのですが。

小沢　まあ世代交代は進んだでしょうね。ぼくがその気で準備していたんだったら受けたと思うよ。

――なるほど、準備ですね。

小沢　あの時ぼくが自民党幹事長をやった四十七歳という年齢だって、田中の親父よりちょこっと若いくらいだからね。普通そんなことはありえないことだったんだ。ましてや総理になるという話だから。自分自身がもう少し経験を積んで、そういう志を持って準備していた時なら受けたかもしれないけどね。

――なるほど。その準備というのは具体的にはどういうものですか。

小沢　まず心の準備ですね。しっかりした志と、何事にも動じない胆力と。千万人と雖《いえど》も吾往《われゆ》かんという心がないとね。個別の政策はどうにでもなるけど、基本の理念がしっかりしていないとね。

――やはり小沢さんと言えば政治改革ですが、あの時、金丸さんの誘いを受けて首相になっていれば、政治改革はどこまで進んでいただろうかと考えますか。

小沢　できなかったかもしれないね。金丸さんや竹下さんは、基本的に政治改革に反対だったから。ただ、ぼくが言うから黙っているだけで。だから、細川（護熙）政権だったら、そういう反対がなくなるからね。

――つまり、ちょっとしつこい質問のようですが、金丸さんの誘いに応じて総理になっても、やっぱり金丸さん自身が政治改革に反対だし、加えてあまりに反対勢力が強いので何事も成し遂げられないだろう、という政治判断が強くあったということですか。

小沢　うん。まあ、その時は自分自身の準備が整っていない時だったからね。反対勢力を突破していくというのは難しかったね。

――なるほど。やはり小沢さんは意志の強さに加えて、非常によく準備をされる政治家であるという

自民党総裁選で、小沢一郎・竹下派会長代行との会談に臨む候補者の宮沢喜一氏。宮沢氏は「政治改革は1年をめどに与野党の政治改革協議会で実りある結論を出したい」と語っていたが、果たせなかった＝1991年10月10日、東京・永田町の小沢事務所

ことがわかります。

小沢　うん。それは何事にも大事なことだと思いますね。

結局、自派から首相候補を出すことができなかった竹下派は、他派閥候補の中から選ばざるをえなかった。選択の最終判断は派閥会長の金丸に一任し、選択判断の前段として小沢が候補者に「面談」することになった。

ここから先の話は小沢自身の証言による。その話はユーモラスなエピソードである半面、小沢にとってまさに深い運命の時が奔流のように一気に流れ出す時間を語ってもいる。

一九九一年十月十日午後三時、東京・永田町二丁目の十全ビルヂング三階、小沢の個人事務所に元蔵相の宮沢喜一が訪ねてきた。小沢はわざわざエレベーターまで迎えに出た。首相候補に名乗りを上げた宮沢や渡辺美智雄、三塚博の三人と個別に面談するためだが、まるで「面接試験」のようだと揶揄されていたため、小沢も一人ひとりを迎えるにあたっては気を使わなければならなかった。

三人との面談をそれぞれに終えた小沢は、金丸と竹下とともに「首相選び」の相談に入った。この時、朝日新聞をはじめとするマスコミは「宮沢本命」の報道をしていた。面談の三日前の七日の朝日新聞夕刊一面では、最大派閥の竹下派は小沢説得に努めながらも水面下では宮沢支持が広がっていることを伝え、さらに小沢が面談した十日の朝刊一面では「竹下派、宮沢氏支持へ」と打っている。

しかし、いま当事者の小沢が明かす本当の「水面下」は「宮沢本命」では動いていなかった。実は、金丸、竹下、小沢の三人が出した結論は、宮沢ではなく「渡辺みっちゃん」こと渡辺美智雄だった。

実を言えば、党人派の三人は大蔵官僚出身の宮沢について「決断力がない」と低い評価しか与えていなかった。「お公家さん」の政治スタイルに肌合いが合わず、むしろ「野武士」のような渡辺に肌合いも政治スタイルも共感するものを感じていた。渡辺を海部の後の首相にすることに三人とも異存はなかった。中でも金丸は上機嫌で「渡辺首相」を支持した。十日の夜はこうして終わった。


――一九九一年十月十日、小沢さんは、海部さんの後の自民党総裁、首相候補を決めるために宮沢さんや渡辺さん、三塚さんの三人と面談しましたね。このことは当時、マスコミなどから、後輩が先輩たちを呼びつけるとは何事か、小沢は傲慢ではないか、というような批判も出ました。しかし、本当の事情は、事前にどこかのホテルの部屋を予約しようとしたらどこもいっぱいだったということでしたね。

小沢　はい。しかし、それだけじゃない。その事情はもちろんそうだけど、もっと別の事情もありました。宮沢さんはちょっとはっきりしない言い方だったけど、渡辺みっちゃんは「自分たちは選ばれる方だから」とはっきり言っていました。選挙の時、候補者が有権者に頼みに行くでしょう。有権者の方から候補者の方へ行くというのはよっぽどのことがない限りありえない。だから、今回は自分の方が行くとはっきり言っていたんです。

――ああ、なるほど。

小沢　うん。だから、ああそうですか、それはすいません、という話の結果なんです。みっちゃんは明確にそう言った。

――みっちゃんというのは渡辺美智雄さんのことですか。

小沢　はい。だから、当時のマスコミなどの批判は全然当たっていないんです。最初に私の方が、私が行きますって言ったんです。そうしたら、いやそれは筋道が違う、自分の方が逆に行きますと言ってくれたんです。

――なるほど、そういうことですか。そして、どうなんでしょうか。この時にはすでに宮沢さんで決まっていたんでしょうか。

小沢　それは決まっていない。それは全然嘘。全然決まっていない。

――決まっていなかった？

小沢　奥田敬和《けいわ》さんの情報で朝日新聞が書いたと私は理解しています。

――奥田さんには何か思惑があったのですか。

小沢　いや、もともと宏池会に近く、みっちーさんを好きじゃないんですね。

――そういうことですか。すると、三人の話を聞く小沢さんとしては、まさに白紙状態で聞くということだったのですか。

小沢　そうそう。その時はね。世間ではいろいろと言われて、マスコミの餌食になってしまった格好でしたけどね。

――三人には政策的なことをいろいろ聞かれたわけですね。

小沢　ぼくは聞きました。

――小沢さんは三塚さんとは仲が悪かったのですか。

小沢　いや、付き合いはなかったけど、仲良くないというわけでもなかったね。

――当時の新聞記事を見ると、小沢さんは三塚さんとの面談ではずっと目を瞑って話しかけていて、最後に三塚さんが「何か質問はありませんか」と聞いたら「いや、ありません」という一言で終わったと書いてあります。三塚さんに対してあまりいい印象を持っていなかったのでは、とも思うのですが。

小沢　まあ三塚さんは清和会ですから、余計そういうふうに書かれたのかもしれませんが、三人の中ではそれほど本命の候補者というふうには受け取られていませんでしたからね。

――なるほど、そういうことですか。それで、面談の結果はどういうふうに反映されたわけですか。

小沢　それで、その面談の後に金丸さんに呼ばれて、金丸さんと竹下さんと私の三人で誰にしようかという話し合いになったわけです。

――面談の後ですね。

小沢　はい。それで、竹下さんも私も、政治状況が大変な時だから大蔵省の役人出身の宮沢さんではなく、ミッチー（渡辺美智雄）にしようとなったんです。

――ええ？　現実とは違う結論ですが、そういう話し合いになったんですか。

小沢　そう。金丸さんも「おお、それはいいなあ。それではミッチーにするか」と乗り気で、ミッチーに決まったんです、その日は。

――ええ？　本当ですか。

小沢　そうです。じゃあ、これでミッチーで決まりだなとなって。そうしたら、翌日の朝、竹下さんと二人でまた金丸さんに呼ばれたんです。何事かと思ったら、「きのう、ミッチーって言ったけど、すまん」というわけです。

――ええ？（笑）

小沢　宮沢さんにしてくれ、と言うわけです。

――金丸さんがそう言ったんですか。

小沢　そう。

――それ、おかしいですね（笑）。

小沢　だからもう、竹下さんもぼくも顔を見合わせて、どうなってんだろうってびっくりしました。金丸さんが頭を下げて「頼む、頼む」と言うわけです。「まあ宮沢にしてくれ」と頼み込むんです。だけど、後で振り返ってみると、それが失敗だったですね。

――そうですか。

小沢　うん。金丸さんの事件（東京佐川急便事件）が起きた時、宮沢さんに電話を入れて頼んだ。なぜなら、今までこの種のことはすべて政治団体の代表（当時はほとんど秘書）の責任として処理されて議員本人の責任を問うということはなかったから。ところが、金丸さんについては本人自身の責任を検察が追及することになったので、私はこれは公正な捜査ではないと思っていた。そこで宮沢さんに頼んだわけですが、彼は何もしてくれなかった。金丸さんという恩義のある人を。やっぱり宮沢さんを総理に推したのは間違いだったんだなあと思った。官僚出身というのは恐ろしいよ。

首相になる前の竹下登を「褒め殺し攻撃」した皇民党事件から金丸信の巨額脱税事件までは一本の糸でつながっている。

皇民党のいやがらせをやめさせるために、金丸は東京佐川急便社長に暴力団・稲川会会長への仲介を依頼。竹下自らの田中角栄邸訪問という条件を果たしたためにいやがらせは終わった。その後、東京佐川急便は稲川会会長の関係会社に巨額の融資や債務保証を実行。東京地検特捜部は東京佐川急便社長らを特別背任容疑で逮捕。その過程で、金丸が東京佐川急便社長から五億円の政治献金を受けていたことがわかった。

金丸は政治資金収支報告書への記載漏れで略式起訴され罰金二十万円の略式命令を受けたが、刑の軽さに世論が憤激。東京地検は東京国税局の応援を得て、改めて金丸の巨額脱税事件を立件した。

――話は戻りますが、金丸さんはなぜ渡辺美智雄さんから宮沢喜一さんに総裁候補を変えたのですか。

小沢 それは謎なんだよ。

――謎なんですか。

小沢 うん。一説では、金丸さんの奥さんではないかということだ。

――奥さんは、渡辺さんに何かあったんですか。

小沢 ミッチーが嫌いだったようだ。ただ、真相はわからない。ただのげすの勘ぐりとも言える。

——げすの勘ぐりと言うか、そういう説もあるということですね。

小沢　そうそう。普通に考えれば、竹下さんとぼくと三人で決めたことをひっくり返すわけはないんだ。

——しかし、金丸さんの奥さんはどうして渡辺さんを嫌いだったんですか。

小沢　知らない。そんなことは知らない。だけど、嫌いということは本当だったようだ。理由は知らないが。

——そうですか。しかし、金丸さんが結論をひっくり返した時、本当に驚いたでしょうね。

小沢　あれは、びっくりした。竹下さんと本当に顔を見合わせて驚いちゃった。啞然としました。

——その時に、小沢さんも竹下さんも、金丸さんに対して理由を聞かなかったのですか。

小沢　あの金丸さんが頼むって頭を下げたわけだから、あえて理由を聞くとかの話じゃなかった。田中角栄さんが中曽根さんを選んだ時だって有名な逸話があるじゃないか。みんな中曽根嫌いで「だめだ、だめだ」と言っていたけど、その時も金丸さんが「俺も中曽根さんは嫌いだけど、親分が黒と言ったら黒、白と言ったら白だ。それがいやなら出ていくしかない」と言って、その一言で中曽根さんに決まっちゃった。単純ではあるが（笑）。

——ちょっと単純過ぎますね。

小沢　うんうん。そう（笑）。だけど、ある意味明快でいいんだな。

——明快と言えば明快ですが、理由が明快ではないですね。

小沢　理由はね。

——金丸さんという人は、まさに古いタイプの政治家という印象ですね。

小沢　それはそうだよ。だけど、金丸さんのいいところは、自分は決してトップを望まなくて、若い者の言うことは一年生の言うことでも何でも聞いたということだ。正しいと思ったことは「うん、そうだな。うんうん」って言って。だから、ぼくの言うことも聞いてくれた。なるほどと思ったら「うん、じゃあそれでいい」と言ってくれました。

——なるほど。そういうことですか。

小沢　だけど、竹下さんはそうはいかない。

——そうですか。しかし、前日に三人で話し合った時には渡辺さんでいくという結論に達していたわけですね。それは、渡辺さんの政策も評価されてそういう結論になったわけですね。

小沢　いや、そういう単純な話だけではないんです。こういう話し合いでは。

——では、渡辺さんに決まった時は、どういう了解があったのですか。

小沢　どういうことはない。基本的な考え方で言えば、宮沢さんはやっぱり体質が役人だと。このあたりで、ちょっと野人タイプの人間をトップに据えるのがいいんじゃないか、ということですね。その考え方が三人に共通していて、そうだなということになったんです。だから、話し合いはそんなに時間がかからないでミッチーに決まりました。

——決め方としては、少し前近代的な感じもしますね。

小沢　いや、そうじゃない。本質を突いた話なんだ。宮沢さんは役人出身で何事にも官吏そのものの考え方を優先させるんだ。しかしそれでは駄目なんだ。だから、言葉は簡単で決まっちゃったけど、話し合った内容は本質的なことなんです。

——小沢さんは候補者三人の話を聞かれたわけですから、政策面でもやはり渡辺さんがいいのではないか、と考えたわけですね。

小沢　ぼくはそうでした。人間的な好き嫌いで言ってもみっちゃんの方が好きでしたが。渡辺さんは愉快な人でした。政治的な勘もよかった。だけど、ひとつ弱いのは女性受けしなかった。

――金丸さんの奥さんということですか。

小沢　いや、一般的にだ。

最大派閥のトップに君臨し、時の首相を決める実力を持つ「キングメーカー」と呼ばれた金丸。しかしその実、第七十八代首相を決定したのはその妻だったという笑うに笑えぬ話は、当事者夫妻が両人ともすでに鬼籍に入ってしまっているために確認のしようがない。米国ではロナルド・レーガン元大統領の妻ナンシーが占星術で政策占いをしていたという話が伝えられている。ユーモラスではあるが、ともに現代の民主主義国ではあってはならないエピソードだろう。

金丸は生涯二人の妻を持った。国会議員になる前、若くして結ばれた「糟糠の妻」玲子は、金丸が議員になるとともに亡くなってしまった。

一九五八年六月、忘れ物の実印を届けに選挙区の山梨から上京した玲子は、初当選を果たした金丸と昼に「ライスカレー」を食べたが、それが最後の食事となってしまった。気分がすぐれないことを訴えて東京・五反田の借家に連れ帰ったが、その時の医師の判断も悪く、苦しみ抜いた末に帰らぬ人となった。金丸の自伝によれば、狭心症か心筋梗塞だったという。

二度目の妻、金丸悦子についてはそれほど語られたものはない。金丸に対して政治的な発言をしていたという記述はあるが、はっきりしたエピソードは残っていない。

首相選びの判断を渡辺から宮沢に変えるよう金丸を説得したかどうかは確言できないが、その宮沢が首相に就任した翌月の一九九一年十二月、ゴルフ場で急死してしまった。

ここで私の朝日新聞の先輩、落合博実の著作『徴税権力　国税庁の研究』（文藝春秋）の中から、悦子に関係するところを少し引用してみる。

「九一年十二月、金丸夫人の悦子が巨額の遺産を残して、六十二歳で急死した。その九カ月後、甲府税務署で公示された悦子の申告遺産総額は約五十六億円。悦子の趣味は財テクだった。遺産の中身は外国債、国内債券、株式などの金融資産と元麻布の自宅などで、金丸が知らなかった金塊までもが床下から発見されたので話題になった」

国税局の調査には、資料調査課が担当する税務調査と査察部のいわゆる「マルサ」の二つがあるが、金塊の存在などを突き止めたのは後者だった。

所得税法違反の罪で起訴された金丸は、検察の取り調べに対しては個人的な蓄財の意図を認めたが、公判では一転して「政界再編に備えた政治資金」であると主張した。落合の著書によれば、金丸は以後、金丸個人の資金ではなくあくまで「政治資金」に使うつもりだったと主張し続けたが、一九九六年三月、判決を待たずに脳梗塞で帰らぬ人となった。

第4章　細川連立政権は何をなしとげたのか

連立政権に合意した8党派首脳会談に先立ち、ポーズを取る日本新党の細川護熙代表（右から3人目）ら8党派代表＝1993年7月29日、東京・永田町のホテル

竹下派分裂から自民党離党、そして政界再編、細川連立政権誕生へ

小沢一郎の人生と戦後日本政治の流れの大きな屈曲点となった一九九二年、九三年の出来事についてはその経緯を改めて記しておく価値がある。現代政治史の中心にいる小沢の考えと歴史の経緯との関連を踏まえなければ、日本政治の現在地点も正確には捉えきれないからだ。

前年に宮沢喜一が首相になったことを受けて一九九二年一月に金丸信が自民党副総裁に就任した。しかし、東京地方検察庁特捜部はその翌月、東京佐川急便の強制捜査に着手。五月には警視庁とともに暴力団「稲川会」の本部などを関連で家宅捜索した。同年八月、捜査の過程で東京佐川急便から金丸に五億円の献金が渡っていたことがわかり、政治資金規正法（量的規制）違反の疑いがあることから金丸は副総裁を辞任した。

同年十月、さらに金丸は衆院議長に議員辞職願を提出すると同時に竹下派会長も辞任した。このため、竹下派内部では、後継会長をめぐって小渕恵三を推す竹下登側と羽田孜を立てる小沢一郎グループの対決の構図が浮かび上がった。竹下側は小沢たちが欠席した幹部会で小渕の会長就任を決め、このことが竹下派分裂の決定的要因となった。

分裂のバックグラウンドには、小選挙区制の導入などで日本政治の改革を目指す小沢グループと、本格的な改革には消極的な竹下側との政治思想、政治姿勢の断裂があった。

小沢グループは羽田を立てて「改革フォーラム21」を結成。翌一九九三年六月には改革フォーラム21は宮沢内閣不信任案に賛成票を投じ、不信任案可決、衆院解散に追い込んだ。

小沢が宮沢内閣不信任案に賛成投票を投じたのは、小選挙区制を柱とする政治改革が一向に進まなかったからだった。内閣不信任案が出される前月末の五月三十一日、テレビ番組「総理と語る」に出演した宮沢は、司会の田原総一朗に対して政治改革の実行を約束したが、結局党内をまとめきれずに次期国会に先送りしてしまった。

政界に広く未公開株がばらまかれたリクルート事件に始まり、金丸の巨額資産隠し事件など「政治とカネ」の問題で世論は憤激していた。汚れた政界を正し、国会をまっとうな政策論議の府とするためには政治改革しかないと広く考えられていた。しかし、小沢が見通していた通り、世論が激しく求めていた改革を実行する「決断力」は宮沢には見えなかった。

一方、政治資金規正法の量的規制違反を認めた金丸は最高刑の罰金二十万円の略式命令を受けたが、「五億円に対する二十万円」という金額のアンバランスに世論が沸騰。この世論に押される形で東京国税局は東京地検特捜部に金丸を脱税で告発、一九九三年三月に特捜部は金丸を巨額脱税の罪で起訴した。

不信任案可決、宮沢内閣総辞職の後、小沢をはじめとする改革フォーラム21の四十四人全員が自民党を離党した。湾岸戦争でもまれ、平和主義の憲法と国際貢献の狭間で苦しみ抜いた小沢は政治の先を見通し、世論を喚起する原動力のひとつとなった。小沢が「時代の寵児」となった瞬間だった。

グループによる集団離党を語る時の小沢は高揚した表情を見せ、感慨深そうだった。小沢の政治人生における自民党内の権力闘争劇から、まさに二大政党制を目指しての挑戦のドラマが文字通り開幕したからだ。グループは離党後、「新生党」を結成した。

自民党からは小沢たちの動きとは別に、武村正義や田中秀征、園田博之、鳩山由紀夫らが離党、「新党さきがけ」を結成した。一方、別に活動していた細川護熙、小池百合子らの日本新党もこの総選挙で躍進した。

一九九三年八月九日、日本新党や新生党、新党さきがけ、社会党、公明党、民社党、社会民主連合などの八党派による初めての非自民党連立政権が誕生した。政治改革が最大の使命として掲げられた。

――政治資金規正法違反の責任を取って金丸さんが竹下派会長を辞めた後、竹下派は竹下さん側と小沢さん側とで対立していきます。両グループが対立を深める原因として、政治改革に対する姿勢、路線の違いというものが大きかったのではないですか。

小沢　それはもう全然違います。ぼくは最初に選挙に出た時から小選挙区制が日本の民主主義にとっては必要だと言ってきたけど、ぼくがずっと言ってきたから金丸さんや竹下さんは反対しなかった。小沢が言うから黙っていただけで、腹の中では反対なんです。しかも、大部分の自民党議員も反対だったんです。それは本当はおかしいんだけどね。鳩山（一郎）さんも田中（角栄）さんも小選挙区制をやろうとしていたんだから。

――そうでしたね。

小沢　自民党議員が反対というのはおかしいことなんだけど、やっぱりみんな、ぬるま湯がいいということなんですね。ぼくの議論としてはその考え方はだめだということだから、ぼくとそのほかの人たちの本質的な考え方の違いというのは非常に大きかったと思います。

――なるほど。しかし、竹下さんは本来、政治改革をやるとずっと言ってきていましたね。

小沢　いや、言葉の意味が全然違います。同じ政治改革という言葉でも、竹下さんの言っていることはなんだかよくわからないことだったんです。日本人は一般的に言って、おっかなびっくりでしょう。毎日少しずつ変えていこうという発想が強いものだから、基本的に大きな変化は好まない。竹下さんはその中でも「丸く丸く」という姿勢の代表みたいな感じだったから。

――小沢さんは、そういう「丸く丸く」のしがらみを断ち切るいい機会だと考えたわけですね。

小沢　そうです。

――そういうしがらみを断ち切るというのは、自民党にとっては自分たちが拠って立っている基盤、そういったものから離れるということですよね。そこでお聞きしたいのですが、自民党が拠って立っている基盤というものはどういうものなのでしょうか。

小沢　それは旧体制です。俗に言う戦後体制、五五年体制です。自民党で言えば、その体制を支えている団体、農協とか郵政とか医師会とかそういう旧体制からの決別になるわけです。小選挙区制になるとそれらの力は分散される。そういう具体的、実際的な問題もあります。それから、今までと違った小選挙区制で政権交代があると、その行き着く先は旧来の体制を大きく変えるということになりますから。

小沢が自民党幹事長だった一九九〇年二月の総選挙は、有力政治家への未公開株ばらまきが問題となったリクルート事件の後だった。小沢の盟友、平野貞夫の回想（『虚像に囚われた政治家　小沢一郎の真実』講談社＋α文庫）によれば、小沢は財界からの政治献金を個人個人ではなく党に一本化するという党改革構想を持っており、当時の経済団体連合会（経団連）に三百億円の資金提供を要請した。小沢の「豪腕ぶり」が話題になるとともに「高圧的だ」という批判も出た。

――そこで思い出すのは、小沢さんが自民党幹事長時代、経団連に三百億円の献金を求めたことがありました。豪腕過ぎると批判もされましたが。

小沢　そうですね。しかし、そんなに集まらなかったんだよ。ぼく自身は財界と付き合いがあまりありませんから、個人的には財界からお金をもらっていません。親父（小沢佐重喜）は後援会を作っていなかったし、ぼくも後援会は作っていません。

――しかし、簡単に言えば、自民党の拠って立つ基盤というのはそこのところにありますよね。

小沢　そういうことですね。それと決別するということです。それは仕方ないことなんです。ぼくはたまたま地元の皆さんがよくしてくれたから選挙が強かった。だから、金なんか要らないという意識がありましたから、政治家心理としてはお金のことは余計気にしなかったのでしょう。だけど、財界や労働組合とかと喧嘩しない他の人は、お金がなけりゃとてもやっていけないという感じなんでしょう。

――しかし、どうでしょうか。選挙というものはお金のかかるものですね。拠って立つ基盤を崩すとなると新しい基盤というものはどういうふうになるのでしょうか。

小沢　やっぱり良識ある大衆ですね。その大衆にしても、やっぱり自分自身で努力して絆を作り上げていかなければだめなんです。ぼくは若い政治家にいつも言うんですけど、そういうものは遊んでいては作り上げることはできないんです。

今、いろんな意味で旧体制のほころびが目立ってきました。特にソ連の崩壊、東西対立の変化というものは歴史的な転換でした。だから、ある意味でそういうものに対応してきた旧来の戦後体制の官僚支配のもとでは、新しい大衆と絆は作れないということですね。

――自民党の拠って立っていた基盤というのは、明治以来の保守政党の歴史そのものとも言えますよね。これを変えるというのはやはり大変なことですね。

小沢　大変なことだけど、国民は内心は変えたがっていたんです。経済が右肩上がりの時はいいんだけど、それがだめになるとやっぱり自分の懐に響くから、これではだめだとなる。それで矛盾がどんどん出てくるから、やっぱり新しく変えた方がいいんじゃないかという意識になってきたわけです。

――話は最初に戻りますが、金丸さんの後の竹下派会長を決める時、竹下さん側は小渕恵三さんを推しましたね。

小沢　竹下さんが推したんだ。竹下さんは小渕さんをものすごくかわいがっていた。金丸さんがぼくをかわいがっていたのと同じですね。おぶっちゃん（小渕）は竹下さんの言うことは何でも聞いてちゃんと対応していましたから。おぶっちゃんはそういうところはなかなかだったですね。ぼくは、金丸さんにかわいがられたけど、金丸さんとは仕事の話しかしなかったから、いつも短時間でしたね。

――なるほど。気質的に田中角栄さんと金丸さん、小沢さんというのは合うんじゃないですか。

小沢　そうね。ただ、金丸さんは政策的なことは別にして、後輩、後進を育てたね。若い人の言うことでも正しいと思ったらよく聞いたね。田中の親父は自分が何でも頭回るから、とてもそういうタイプの人じゃなかったし、やっぱり人を育てることが好きじゃなかったね。

苦労人というのはみんなそうなんだ。苦労人というのは、お人好しではトップに立てないから。苦労人は人を蹴落としてでも上がってこないとだめなんです。反対に佐藤栄作であれ池田勇人であれ、田舎では名門です。酒屋とか地主階級なんです。

――そうですか。話を戻すと、竹下さんが小渕さんを推す動きを見て、それはちょっとまずいということで羽田孜さんをかついだということですね。

小沢　それでゴチャゴチャになったんです。まあそれでも仕方ない、竹下さんが固執しているから小渕さんでもいいけど、いったん白紙に戻せと言ったんです。こちらの方も戻すからと。それで、もう一度選び直す作業で、ぼくは小渕さんでいいよと言ったんです。

内閣不信任決議案が可決された瞬間の宮沢喜一首相＝1993年6月18日、衆院本会議場

だけど、竹下さんはそれでもだめだったんですね。たぶん自分が決めるという意識だったんでしょう。自分の意向で決まったというふうにしたかったんだろうね。だから、白紙にするのは絶対にだめだということで、それでは仕方ないという話になったんです。そこまで派閥内でゴチャゴチャするんじゃどうしようもないという感じになってしまったんです。

――竹下さんも、ちょっと人間の器が小さいなという感じがしますね。

小沢　うん。竹下さんも見誤ったんだろう。それで議員が四十四人も派を割って出るとは思わなかったんだろうね。

宮沢内閣は一九九三年の通常国会に単純小選挙区制を柱とする政治改革関連法案を提出。宮沢首相は、政治改革について「私はやります」と繰り返し断言していたが、肝心の自民党内部でさえ改革への反対が強く、会期末が近づいても法案成立の見通しが立たなかった。

このため、小沢を中心とする党内の改革派議員たちは野党が提出する内閣不信任案へ賛成投票する覚悟を固めた。自民党幹事長の梶山静六らはその数を寡少に見積もっていたが、小沢が率いる改革フォーラム21の議員四十四人はひとりも欠けることなく全員賛成票を投じ、不信任案は可決されて宮沢内閣は崩壊。政治改革を争点とした総選挙に突入していった。

――まず改革フォーラム21が四十四人の議員を集めてスタートした時、竹下さんをはじめ竹下派の幹部は驚いたでしょうね。

小沢　驚いたと思う。それで慌てふためいた。本当はもっともっと多くなるはずだったんです。その時、参院議員が少なかった。

――参院議員は九人ですね。

小沢　もっと多く、その倍以上になるところだった。それを竹下さんが必死になって止めたんだよ。

――そうなんですか。

小沢　それでも四十四人になった。それで、不信任案に賛成して離党した者は一人も欠けなかった。それがぼくの最も自慢にしているところなんです。

――結果的に一人も脱落することなく離党したというのは、結局小沢さんに対する全面的な信頼があ

小沢一郎氏を中心とする自民党内の新集団「改革フォーラム21」の結成式で、乾杯する同氏（左端）と羽田孜代表（その右）＝1992年12月18日、東京・永田町のホテル

ったからだと思います。

小沢　みんな最初は青ざめていました。だから、ぼくは「なんとかする。必ず天下を取ってみせる。心配するな」と言って説得しました。

――なるほど。普通の政治家がそんなことを言っても「何を言ってんだ」という話になるでしょうが、小沢さんが言うから全員ついてきたんでしょうね。その時の最大の課題は小選挙区制を中心とする政治改革ですが、四十四人の信頼というのは、まさに政治哲学から来たものでしょうか。それとも小沢さん自身に対する信頼ですか。

小沢　哲学の話は全然関係ないと思う。小選挙区制が日本に議会制民主主義を定着させる手段であると論理的にきちんと考えている人は少なかったと思います。やっぱり人間関係ですね。ぼくもある程度、いろいろな形で他の議員を応援したりしてきましたから、そういう人間関係だと思う。

――羽田孜さんは、小選挙区制の意義をきっちり考えていたのではないですか。

小沢　うん。羽田さんはそう考えていたと思います。ぼく自身は、選挙自体を変えていかなくちゃいけないと考えていましたから。

――小沢さんの盟友である平野貞夫さんの回想によると、参議院選挙に初当選した一九九二年夏に、お礼がてらに小沢さんに会ったんですね。すると、その時の小沢さんの話では、当時の社会党の若い人たちから「党改革には限界があるので党を出たい。新しい政治グループを作ってほしい」という要望が小沢さんのもとに来ている。だから、そういうことを踏まえて政界再編をスタートさせたい、というお話をされたそうです。そのあたりはどうだったのでしょうか。

小沢　それは具体的には覚えていません。だけど、社会党の方も、そういうふうな雰囲気があったことは事実ですね。その時だったかどうかは忘れましたが、社会党ももう限界だというような話は聞いていました。

――なるほど。それは例えば当時の社会党委員長だった田邊誠さんとかのお話ですか。

小沢　それは、田邊さんと金丸さんがものすごく親しかったから、そういうような話し合いが二人の中であったことは事実だ。

――すると、田邊さんと金丸さんの間で、この政界を何とか変えなくてはいけないというような話し合いがあったということですか。

小沢　二人は、そういう話をしていたように記憶するね。ただ、具体的な話ではなく抽象的な話だったけどね。

――話を戻しますが、宮沢内閣への内閣不信任案に改革フォーラム21として賛成票を投じる前、社会党や公明党、民社党とは情報を交換していたのですか。

小沢　してないね。していないけど、ぼくたちが賛成するかどうか、ビクビクしながら向こうが見ていました。

宮沢内閣不信任案に賛成した小沢たちの動きに触発され、小沢たちのグループとは別に十人の自民党議員が不信任案可決直後に自民党を離党した。武村正義を代表とする鳩山由紀夫や田中秀征らのグループで、「新党さきがけ」を結成した。一九九二年には細川護煕が日本新党を結成しており、総選挙後の非自民連立政権の顔ぶれが出揃いつつあった。

――実際に不信任案が可決されたところで武村さんを中心に十人が自民党を離党しました。やはり驚かれましたか。

小沢　はい。離党は知らなかったからね。だけど、そういう動きがあることは知っていました。彼らも、ぼくたちが動いたから出たのだと思いますよ。十人という数では出ても仕方ないですから。

――なるほど。武村さんたちが小沢さんたちの不信任案賛成を見て、これは出るなと判断して自分たちも出ようとなったということですね。

小沢　そう思います。

――当時の新聞などを見ると、小沢さんの発言がぶれてないんですね。例えば、選挙前の一九九三年六月二十七日に出演したフジテレビの番組でこう発言しています。「我々は選挙後に自民党とは絶対に連立を組まない。もう一つの政権担当能力のある政党の軸を作るのが我々の使命だ」と。これは、選挙後に実現した姿とまったく変わらないんですね。

小沢　自分自身の使命感のような気がしていましたから。

――使命感ですか。

小沢　はい。議会制民主主義の定着ということです。そのためには、政権交代できる政党がもう一つなくてはいけない。その使命感というのは、ぼくは一貫して保持しています。

一九九三年、非自民連立政権樹立の舞台裏

保守合同のあった一九五五年以来三十八年間続いた自民党一党支配体制が初めて崩れる日がやって来た。

その日は日本政治に関わる様々な人々の決断が何重にも積み重なった末に到来したものだったが、中でも二人の政治家の決断が決定的に重要だった。

ひとりは非自民連立政権の首相となった細川護熙。

もうひとりは、その政権の構想を描いて実現させた小沢一郎だった。

政治改革に対する姿勢が消極的な宮沢喜一内閣に対する不信任案が成立したことを受けて衆院解散。一九九三年七月十八日、総選挙を迎えた。その結果、自民党は二百二十三議席で、第一党の地位は保ったが、自民系無所属を加えても過半数には届かなかった。

自民党とともに「五五年体制」を支えてきた社会党はひとり大敗して、解散前の百三十四議席から七十議席へ減少。自民党から飛び出した小沢らの新生党は五十五議席、同じ自民党からの離党組、武

自民党を離党、「新生党」結成の記者会見に臨む羽田孜党首（前列左から3人目）。会見の途中「新生党」の看板が届き、壁に掲げられた＝1993年6月23日、東京都千代田区紀尾井町

村正義らの新党さきがけは十三議席を獲得。細川らの日本新党は三十五議席を得た。

この結果を受けて自民党には安堵の空気が流れ、政権奪取を目指した野党側には失望の声が上がった。日本新党と新党さきがけが自民党と連立政権を組むだろうという予測が一般的だったからだ。

しかし、この明暗の色合いをオセロゲームのようにひっくり返した人間がいた。

小沢は選挙結果を踏まえた新たな政界地図を見渡し、野党や労働組合の幹部を励ました。小沢は決断と行動次第では「勝てる」と見通した。そのためには非自民の連立政権首班を考え抜き、説得しなければならなかった。

小沢の敏速な行動の放った矢は的を射た。小沢の決意に細川護熙が応え、清新な細川内閣の顔ぶれに日本社会は爽やかな気に包まれた。この時、自民党側でも細川にアプローチする話が出ていたが、決断の早さで小沢に及ばなかった。

細川連立内閣は一九九三年八月九日に成立し、翌九四年四月二十五日に総辞職した。この間、小沢が執念を燃やしていた政治改革法案を成立させ、小選挙区比例代表並立制や政党助成金などの制度を導入した。しかし、政治改革法案成立直後に税率7パーセントの国民福祉税創設を発表して世論の大きい批判を浴び、翌日この創設構想を取り消した。

このころ、細川が佐川急便から一億円を借り入れていた問題が表面化。佐川急便は当時、竹下登内閣誕生の際の「褒め殺し事件」の関連で暴力団との関係が公然となり、社会的なイメージが最悪の状態だった。細川はこの借金をすでに返済し何の問題もなくなっていたが、細川自身は辞任の道を選んだ。

初めて自民党政権を倒した細川内閣を作り、中心地点から政権の動きを目撃し続けた小沢の目に「九カ月」はどう映ったのか。

――一九九三年七月の総選挙の結果、野党の中心である社会党がひとり惨敗してしまって野党全体がシュンとなりましたね。その翌々日ぐらいに小沢さんが声をかけて、社会党の山花貞夫委員長、公明党の市川雄一書記長、民社党の米沢隆書記長の四人が集まりました。みんな暗い顔をしている中で小沢さんが一喝されるわけですね。

小沢　はい。選挙で負けたようなことをみんな言ってるけど、それはおかしいんじゃないか。自分たちの議席を足してみれば自民党を上回っているではないかと言いました。それでみんな「おお、そうだそうだ」と思い始めたんです。

――そうですか。なるほど。

小沢　山岸（章連合会長）さんもすっかりしょげかえっていたんですが、改めて会って励ましたんです。それで山岸さんも元気になって、また社会党を叱咤激励し始めたんですね。あれは面白かったね。ドラマだったね。

――まさにドラマですね。そこでお聞きしたいんですが、内閣の首班に細川さんを据えようというのはどういう風に考え抜かれた結果だったのですか。

小沢　別にどうということはない。ぼくの考えからすれば当然の帰結なんです。まず、社会党では誰もウンと言わないでしょう。また、ぼくが羽田さんと言えばみんな反発するでしょう。公明党首班ということはありえないし、民社党はちょっと小さい。そういう風に考えれば、日本新党の細川さんしか選択肢はないいんです。

細川護熙は朝日新聞記者から参議院議員に転身し、熊本県知事を経て、一九九二年に日本新党を結成。九三年の総選挙で衆議院に鞍替えし、細川連立内閣の首班に就いた。

――細川さんであれば国民の人気も集めるのではないか、という読みもあったのですか。

小沢　もちろんそれもあったけど、一番大きい理由は、八会派をまとめるには細川さんしかないという判断ですよ。細川さんは参議院議員をやってすぐに熊本県知事になったから、国政の場に敵もいないんですよ。しかし、あの時は本当に面白かったね。誰も細川さんが首相なんて思っていなかったからね。

――関係者がそれぞれ当時のことを回顧しているのですが、細川内閣の官房長官だった武村正義さんは、小沢さんが細川さんに首班候補に就いてもらう依頼をした七月二十二日の朝のことをこんな感じで回想しています。

総理をやっていただきたいという小沢さんの依頼を承諾した細川さんは、その後武村さんを東京プリンスホテルに呼び、話し合った。その上で小沢さんに会っていただきたいという細川さんの頼みを受けて、武村さんはその日のうちに全日空ホテルに小沢さんを訪ねた。部屋に入るなり、武村さんは「今朝の話はなかったことにしてください」と言ったが、小沢さんは武村さんの顔をじっと見て、「細川さんが駄目なら、武村さんでもいいんだよ」と言った。（『聞き書　武村正義回顧録』岩波書店より要約）

こんな風なあらすじの回想なのですが、こういう会話はあったのですか。

小沢　そんなことは言わない。言いっこありません。武村さんでは誰も認めなかったでしょう。あの時、細川さん以外の人を思い浮かべるわけがない。武村さんでいいんだったら、ぼくは羽田孜さんをやったでしょう。自民党から出た人間ではだめだと思うから細川さんにしたのに。

武村正義は三十代で滋賀県の八日市（現東近江市）市長に当選、以後滋賀県知事を三期務め、一九八六年に衆院議員に転身。自民党内で田中秀征《しゅうせい》や鳩山由紀夫らと政策集団を作り、それを母体にして自民党を離党、「新党さきがけ」を結成した。知事時代から同じ知事仲間の細川護熙とは親しく、非自民連立政権を作る時にはほとんど同一行動を取っていた。細川内閣では官房長官を務めたが、小沢との対立関係が日を追って増していった。

――続いて武村さんの回想では、小沢さんは「とにかくこういう時期の首相は色のついた人ではだめで、フレッシュな人、新しい人がいいんだ」と発言しました。このために武村さんもすぐにピンと来て、小沢さんの政治感覚の鋭さを評価した、ということをおっしゃっています。

小沢　そういう意味のことは言ったかもしれません。

――細川内閣を組閣する時に、小沢さんは武村さんのポストについて内閣官房長官を最初から考えていたのですか。

小沢　いや、それは武村さんが望んだんだと思います。ぼくは、武村さんについては他の重要ポストでというようなことを細川さんと話し合った記憶があります。

――武村さんは回顧録の中で後から推測しているのですが、もしかすると小沢さんは、政治改革担当大臣を武村さんに、というように考えていたことはありませんか。

小沢　そう考えていたかもしれない。あるいは、重要ポストと言えば大蔵大臣となるが、その政治改革の担当も考えていたかもしれない。

――なるほど。武村さんを政治改革担当大臣にして、官房長官を熊谷弘さんにというように考えていたのですか。

小沢　いや、その時は熊谷さんとは考えていません。

――しかし、政治改革担当大臣というのは相当重要なポストですよね。武村さんに対する期待が大きかったのですか。

小沢　そうかもしれない。それもあったかもしれません。だけど、ぼくは官房長官とは言っていません。細川さんの方から言ってきたと思います。

――細川さんの回顧録というか、当時の日記を再編集した著書（『内訟録　細川護熙総理大臣日記』日本経済新聞出版社）によれば、組閣作業中の八月七日、「武村が官房長官」と新聞に大きく報じられ、小沢さんが怒りを露わにしたとあります。覚えていますか。

小沢　覚えていないけど、そうだったかもしれない。あれは武村さんのリークだったんじゃないか。

――同じ著書によれば、その中で細川さんと田中秀征さんがそう言っています。

小沢　そうでしょう。

――田中さんの回想では、「しゃべって公にした方が後戻りできなくなるのでいい」というのが武村さんの考えだったようです。既成事実化しないと小沢さんにひっくり返されるかもしれないという危機感があった、と田中さんは解説していますね。

小沢　そうでしょう。だから、武村さんが官房長官にいかに執着していたかということです。

――武村さんに対する不信感というのは、このあたりから始まるわけですか。

小沢　そうかもしれない。自己顕示欲のものすごく強い人だったと思います。

――武村さんは、官房長官であると同時に新党さきがけの代表でもあり、そちらの方の立場も考えなければならなかったというように説明していますね。

小沢　それがおかしい。政府の一員になったら、行動や言動はあくまで政府の一員でなければならないでしょう。

内閣官房長官はその内閣のスポークスマンの役割を担い、日に二度記者会見を開くなど、内閣の中で最も目立つ役どころだ。その官房長官を務めながら新党さきがけの代表の立場を意識していた武村の言動はしばしば内閣の方針とずれた。そのことについては武村も回顧録の中で率直に認め、具体的な事例についても触れている。

例えば小選挙区比例代表並立制の投票方式を一票制にするか二票制にするか、与党間でまだ議論していない段階で武村は二票制と答えてしまった。小沢は実は一票制を考えていたため大変な軋轢のタネとなった。

また武村は橋本龍太郎や三塚博、塩川正十郎など自民党の要人と個人的に親しく、与党内の重要情報が武村を通じて自民党側に漏れてしまうのではないか、と心配されていた。

細川連立政権が迎えた一九九三年の秋から冬にかけては、米国から要求のあった大幅減税や政治改革法案の行方、次年度予算編成の越年問題など大きい政治課題が山脈のように連なっていた。その中で、小沢と武村の疑心暗鬼はピークを迎え、ある元政治家の訃報が流れたその日、決定的な亀裂が入った。

――一九九三年十二月十六日、田中角栄さんが亡くなって、細川さんも田中さんの自宅に弔問に出かけました。細川さんのこの日の日記によると、公邸に戻った細川さんのもとへ小沢さんが訪ねて来て、かなりの剣幕で「武村さんが政権内にいること自体が問題だ。自民党に通じている武村さんがいれば政治改革もだめになると判断せざるをえない。武村さんを切らなければならない」という意味合いのことを言ったと書いてありますが、これは覚えていますか。

小沢　詳しくは覚えていないけど、実態はそうだったと思います。武村さんはぼくを敵とすることで自分の存在を位置づけようとしていましたね。だけど、そんなことはしょっちゅうだった。性格的なものにもよるけど、武村さんは内閣官房長官の立場があるのに国会のことをしゃべったり、余計なことをべらべらとしゃべるんです。官房長官としての「いろは」がわかっていなかった。ぼくだけでなく、みんな怒っていました。

——なるほど。それでは、一九九四年二月の国民福祉税騒動にいたる重要なところをお聞きします。

細川さんの日記では九三年の十月九日に、当時の斎藤次郎大蔵次官と熊野英昭通産次官が細川さんのところに一緒に説明にまいります。この時の斎藤さんの説明では「所得税五兆円、住民税二、三兆円、合わせて七兆円から八兆円の減税をやり、消費税を5～6パーセントにする」ということでした。そして、翌日の十月十日に小沢さんが公邸に来て、昼の二時間は蕎麦を食べながら政治改革法案のことなどを内談したということです。

お二人の間では「政治改革法案は原案通りやる。そうすれば法案が衆院を通過した時点から政界再編に向けて一気に進むだろう。連立与党はそれぞれ解党し、自民党からの離脱者も加えて新党を結成する。選挙区別候補者の調整も速やかに始めなければならない」という趣旨のことを話し合ったとのことです。これは相当の見通しを持った話し合いだと思いますが、ご記憶はどうですか。

小沢　そういう話はしたかもしれないけど、正確には記憶していない。

——私が何を聞きたいかと言うと、小沢さんが当時どういうシナリオを描いていたのかということです。斎藤大蔵次官の狙い、見方を考えると、まずはアメリカから減税要求があるわけですから、消費税を増税して増減税一体の税制改革を予算編成と同時にやりたい。だけど、年内に予算編成したのでは減税だけ先食いされて消費増税が実現しない恐れもあるので、あえて予算編成を越年させて全部一体でやる。たぶん、斎藤さんは、政治改革は最優先にして結構だが、予算編成を越年させて増減税を一体でやらせてほしいと考えていたのではないかと思います。

一方、小沢さんの方は当然ながら政治改革を最優先にする。しかし、斎藤さんの考えていることも理解できるし、大蔵省は非常に強い政治力を持っているので、予算は越年させて、消費税増税というか国民福祉税の創設を認める。こういうような政治改革と増減税のセットを構想していたのではないでしょうか。

小沢　わからない。忘れた。その時は、ぼくの頭にあったのは消費税よりも選挙制度だったから。あの選挙制度も年をまたいだでしょう。

――またぎました。

細川内閣が命運をかけた政治改革法案は一九九三年十一月十八日に衆院を通過したが、翌九四年一月二十一日に参院で否決されてしまった。同二十八日に細川首相と自民党の河野洋平総裁がトップ会談を開き、定数を小選挙区三百、比例代表二百とすることなどで合意、翌二十九日に衆参両院でようやく可決した。細川首相が深夜に記者会見を開き、税率7パーセントの国民福祉税構想を発表したのは五日後の二月三日だった。

小沢　そうでしょう。だから、ぼくが考えていたのは消費税なんていうよりも選挙制度だったね。それで、斎藤次官がその政治状況を見てそういう風に考えたのかどうかはわかりません。

――斎藤さんから小沢さんに相談はなかったのですか。

小沢　どうだったかな。やはり、そんなことを言う状況じゃなかったと思います。あの当時は選挙制度がどうなるかという話の方が大変だったんじゃないかな。

――国民福祉税構想は二月三日の深夜に細川さんが会見を開いて発表するのですが、小沢さんはこの構想についていつごろ知りましたか。

小沢　とにかく、予算であれ何であれ、選挙制度のことが終わってからですね。心理的にそうだったと思います。

――そうすると、国民福祉税については、小沢さんはイニシアチブを取ったわけではないんですね。

小沢　ぼくは選挙制度のことにたぶん神経がいっていただろうから。あれはきっと大蔵省が起案したんでしょう。それで、大蔵省の方から、こういう事情だからという説明を受けて、それでは仕方ないという感じだったんじゃないかな。それで連立与党の中でどうするかという話になって、細川さんがすぐに決断したんじゃなかったかな。

――日記を読むと、細川さんは消費税を社会福祉関係の税にするということは前々から考えていたということですね。

小沢　目的税でしょう。

――そうですね。しかし、細川さんは理屈としては納得したけど、二月三日の記者会見前に、ペーパーを初めて見る感じでじっと見ていたというように武村さんの回想にはありますね。

小沢　あの会見では、細川さんは頭にしっかり入れていなかったようですね。それで7パーセントの根拠を問われて「腰だめの数字」と言ってしまったんですね。

――税の話から離れますが、一九九三年十月十日の細川さんの日記で読んだように、「衆院を通過した時点から政界再編に向けて一気に進むだろう、連立与党はそれぞれ解党し、自民党からの離脱者も含めて新党を結成」というようなシナリオは相当前から考えていたのですか。

小沢　シナリオというより、それがぼくの基本的な考えですから。政党は三つでもいいけど、やはり二大政党制で民主主義を定着させる。そのためには自民党も一度壊れた方がいいし、みんなその中から新しく作った方がいいという考えです。その考えは今でも同じだけど、そんな話を細川さんとの間でしたかもしれない。

――なるほど。小沢さんはずっとそういう考えを抱いてきたわけですね。そうすると、後の二〇〇九年の民主党政権が第二段階だとすれば、細川政権はまさに第一段階のチャレンジだったわけですね。

小沢　そうです。まったく細川さんがやめなければね。細川さんもつまらないことでやめてしまった。細川さんがやめずにあと一年続けていれば自民党はかなり割れていましたよ。細川政権が二年続いていたら自民党はもう崩壊してましたね。

細川護熙はあまりに淡泊だった。渡辺美智雄と羽田孜は決断できなかった

五五年体制を粉々に打ち砕いた細川護熙・非自民連立政権はわずか九カ月で歴史の舞台から去っていった。

この政権をプロデュースし屋台骨となって支え続けた小沢一郎はいま、「細川政権が二年続いていたら自民党はもう崩壊してましたね」と回顧し、歴史の大きい歯車が回りきらないうちに主役が舞台から降りてしまったことを悔やんだ。

一九九三年から九四年にかけて細川政権の経験があり、さらにその後二〇〇九年から一二年にかけて民主党政権の挑戦と挫折があった。それらの歳月の果てに現在、歴史の反動のような自民党政権が存在している。

「そして、もう一回舞台を回さないといけない」

こう語る小沢にインタビューを重ねるうちに、私は最も基本的なことに改めて思いを深くした。私が質問を重ね、その言葉を逐一レコーダーに記録している相手は歴史家でも政治学者でも文学者でもない。果てしのない日本政治の改革を志し、どんなことがあっても決して自己の使命を忘れずに、日々努力を積み重ねている一人の重要な「職業政治家」なのだと。

「政治とは、情熱と判断力の二つを駆使しながら、堅い板に力をこめてじわっじわっと穴をくり貫《ぬ》いていく作業である」（マックス・ヴェーバー『職業としての政治』、脇圭助訳、岩波文庫）

第一次世界大戦に敗れ、騒然とした空気に包まれていた一九一九年一月、M・ヴェーバーは権力としての政治の本質について講演した。原題は「Politik als Beruf」。「Beruf」の意味はここでは「職業」と翻訳されているが、何よりもヴェーバーが代表作『プロテスタンティズムの倫理と資本主義の精神』の中で駆使したキーワード「Beruf」と同じである。この「Beruf」は、邦訳では「召命」「天職」、そして「使命」という意味である。

使命感に貫かれた「職業としての政治」。わかりやすい言葉で叙述された前記のヴェーバーの政治の定義。これ以上に小沢一郎の本質を言い表した言葉があるだろうか。

一九九四年一月二十九日、小沢一郎が念願としていた政治改革法案が衆参両院で可決した。その五日後の二月三日、細川護熙首相は六兆円減税と税率7パーセントの国民福祉税構想を発表したが、世論の猛反発にあって翌日に撤回した。その後、水面下では、自民党の派閥領袖、渡辺美智雄と細川、小沢の連携、駆け引きが激しく交錯していく。

『内訟録　細川護熙総理大臣日記』によれば、「渡辺新党」結党を目指して動いていた山崎拓は九四年三月九日夜、公邸裏口から密かに入邸して、「ＹＫＫ（山崎、加藤紘一、小泉純一郎）を中心に百人から百五十人ほどで決起する。連立を組みたい」という趣旨のことを細川に申し入れている。

現実にはそれほどの議員数は集められなかったが、小沢と細川、羽田孜の三人は、細川の後継として渡辺を立てることで合意した。（小沢一郎著、小林泰一郎構成『語る』文藝春秋）

――細川内閣は一九九四年四月二十五日の臨時閣議で総辞職します。しかし、その前に渡辺美智雄さんが自民党を出るという話が水面下で進んでいました。渡辺さんの先兵として動いていた山崎拓さんがＹＫＫを中心に新党工作をしているという話が山崎さん自身からもたらされましたが、小沢さんはＹＫＫが本当にかんでいるならもっと情報が漏れてくるはずだと言って警戒感を示していた、と三月二十二日の細川さんの日記にはあります。

小沢　そうだったかな。そうだったかもしれないが、それは覚えていない。

――その後、細川さんが辞めた後、渡辺さんを後継首相にしようということで、小沢さんは渡辺さんの決断を待っていたわけですよね。

小沢　そうです。しかし、渡辺さんは最後まで決断しなかった。本当に最後まで待っていたが、決断をしなかった。外相だった羽田さんが外遊中のモロッコから帰って来る四月十七日の正午まで決断の連絡を待つと渡辺さんに言ってあった。羽田さんが日本に着いてしまったらおしまいだ、だからタイムリミットはこの日の正午ですと言っていたんです。だけど、全然連絡がありませんでした。

——その後、渡辺さんには、なぜ決断しなかったか確認したことはありますか。

小沢　ありません。そんな過ぎたことを言ってもしょうがないでしょう。決断できないんですよ。誰も彼も、みんないざとなると決断できないんです。風貌よりも意外と繊細なんです。ぼくの印象では、中川一郎さんもそうでした。

——そうですか。しかし、細川さんはなぜ首相を辞めてしまったんですか。

小沢　本当にわからない。

——細川さんの日記を読むと、本当に政治に嫌気がさしたようですね。

小沢　それもわからない。

——半面で、さっぱりと辞めたことで小沢さんは細川さんを評価もされていますね。

小沢　潔いところはありますね。その考え自体は立派だと思います。ただ、後で聞いたら、本当に何もやましいところはないんだから、そんなことをする必要はなかった。ぼくはその時相談されなかったからわけがわからなかったけど。ＮＴＴ株を買ったとか、佐川急便からお金を借りたとか、それ自体は何も悪いことはないんです。

——佐川急便からのお金も返済しているんですよね。根抵当権が抹消されているんだから、返済した以外にはありえませんね。

小沢　それは、ぼくが自民党の人から後で聞いたんだけど、自民党がさんざん脅かしたらしい。

——どういうふうに脅かしたんですか。

細川護熙首相は、首相官邸で開いた緊急の政府・与党首脳会議で退陣を表明、内閣総辞職の手続きを取る意向を示した。辞任表明会見の街頭テレビに見入る人たち＝1994年4月8日、東京都新宿区、新宿アルタ前

小沢　よくは知らないが、大変な事件になるぞというようなことを言ったんじゃないですか。

——そういうことですか。小沢さんの見通しとしては、細川政権があと一年か二年続いていれば自民党は相当割れただろうということですよね。

小沢　分解したでしょう。当時、離党者が続出していましたから。

——そうですか。仮に細川政権ではなく、渡辺美智雄さんが決断して自民党を出ていれば、政界はまた違った眺めになっていたでしょうね。

小沢　はい。あの時渡辺みっちゃんが本気になっていたら絶対に勝っていましたね。勝負をかければよかったのに、みんないざとなると決断できないんです。みっちゃんは二度も首相になりはぐれてしまって、残念なことをしました。

羽田孜は、朝日新聞記者から衆院議員になった羽田武嗣郎の長男。一九六九年の初当選以来、佐藤栄作の派閥に続いて田中角栄派に属した。「竹下派七奉行の一人」とされ、金丸信から「平時の羽田、乱世の小沢、大乱世の梶山」と言われた。

その後、政治改革を通じて小沢の盟友となった。蔵相などを歴任したが、宮沢内閣の外相就任を断り、小沢らと自民党離党行動をともにした。

細川内閣総辞職後、連立政権から離脱した社会党抜きの少数与党内閣を組織。自民党の内閣不信任案提出に対して解散総選挙で対抗する姿勢も示したが、結局内閣総辞職を選択、わずか六十四日の在任期間となった。

——細川さん辞任後、渡辺美智雄さんの首相の可能性がなくなり、羽田孜さんが再び浮上しました。しかし、小沢さんが最初に警告した通り六十四日という短命政権となってしまいました。

小沢　そうですね。

——羽田内閣は総辞職しましたが、この時に解散総選挙を選択していたらどうなっていましたか。

小沢　羽田さんは最初は解散に積極的だったんだよ。それが夜中になるに従ってどんどん弱い姿勢になっていってしまった。羽田さんは、みんなに言われると弱くなってしまうんだ。

——当時の新聞報道を見ますと、一九九四年六月二十四日、午後五時から小沢さんが首相官邸執務室に入って、十時間以上そこにこもって対応を協議したということですね。

小沢　対応協議ということではない。羽田さんが「選挙する」と言うから、「それはいい。やりなさい」と言って、内々にうちの新生党の方に指示を出していたんだ。そうしたら、みんな飛び上がっちゃって羽田さんのところに会いに来ていろいろ言い出したんだ。石破（茂）さんとか岡田（克也）さんたちが来たね。それから電話があちこちからかかってきて、最初の勢いはどこかへ行っちゃってどんどん軟化してしまったんだ。

――そうですか。

小沢　いったん辞職して、また首班指名を受ければいいというような話も社会党あたりから出たんだ。そんな馬鹿な話はありえないんだが。社会党としては、細川さんの後、羽田さんが首相になったことが面白くなかったんだろうと思います。やはり第一党は自分たちだという思いがずっとあったんでしょう。それで自民党といろいろ交渉していましたから。「いったん辞めて、また首班指名がある」というようなおかしなこともそれで言い出したんだと思います。

――そういう話を受けて、羽田さんは小沢さんに相談したんですか。「社会党が実はこんなことを言ってきているんだが」とか。

小沢　そういう話はあったと思います。だから、「そんなことはありえない」と言いました。「そんなことは戯《ざ》れ言だ。総辞職して辞めた人間をすぐにまた首班指名するなんていうことはない」と。だから、社会党はその時、自民党とすでに話をしていたんだと思います。

――なるほど。社会党としては、万が一総選挙になったら党としてまずいという情勢判断があったんでしょうか。

小沢　そうですね。選挙が怖いということと、やっぱりこの時もう自民党と話ができていましたから。

――小沢さんはこの時、官邸に十時間いたわけですが、ぴったり羽田さんと一緒にいたんですか。

小沢　いましたよ、ほとんど。ただ、この時権力があるのは羽田さんの方だからね。その羽田さんの方から「解散する」と言い出したんで、ぼくは「いいよ」と言っただけです。ぼくの方から別に「解散しろ、解散しろ」と言ったわけではありません。その時に、岡田さんや石破さんも来たし、電話もかかってきて、羽田さんがだんだん萎れてきてしまったんです。

――社会党からの話もその電話の中の一本だったんでしょうね。

小沢　だと思う。それで、ぼくは「もうそれは筋論としておかしいし、常識的にそんなことはありえない」という話をしたんだけどね。

――小沢さんとしては羽田さんに対して冷静に客観的に説得されたわけですが、羽田さんとしては、うまくいけばそういうこともあるかもしれない、という考え方だったのでしょうか。

小沢　自分の都合のいいように考えたんですね。

――簡単に言えば、楽な道を選ぼうとしたんでしょうか。

小沢　そう。みんなそうなんです。安易な道は絶対にいいことはないんです。

――もし解散総選挙になっていたら、小沢さんと羽田さんは勝ったでしょうか。

小沢　勝ったかどうかはわかりませんが、自民党と社会党のそういう話し合いはだめになったかもしれないね。

――そうですね。選挙になれば自民党と社会党が組むということはありえないことですからね。

小沢　ありえません。

――しかし、小沢さんのこの第一のチャレンジ、非自民連立政権はある程度シナリオ通り進んでいましたから、残念でしたね。

小沢　細川さんには参りました。しかし、細川さんだからまとまったんです。一長一短だから仕方ないけど、もう少ししつこい粘り腰があれば絶対大丈夫だったんです。細川さんのマフラーの巻き方ひとつで世間を風靡するほどの人気があったのに、最後があまりにも淡泊だったんですね。

――そうでしたね。国民は細川さんのようなああいう新しいスタイルにある意味で飢えていましたね。国民福祉税の騒動がなければもっと良かったかなと思いますが。

小沢　いや、あれがあったとしても絶対に大丈夫だった。国民の目には新鮮に映っていました。第二弾の民主党の時もそうだったけど、自民党が中途で蘇生してしまったからだめだったんです。古い体制は一度破壊して、新しく始めなければだめなんです。

――なるほど。そういうことですね。

小沢　困ったことだ。しかし、政権交代二度あることは三度あるということになればいい。三度目の正直でね。

――細川政権ができて、政治改革法案が成立した時は、相当先が見えてきたという感じがあったのではないですか。

小沢　そう思いました。これはうまく成功するかもしれない。議会制民主主義に対するぼくの思いがうまくいくかもしれない、と思いましたね。

――細川さんと政界再編の話をしている時にもそう感じたのではないですか。

小沢　そういう思いがあったから、そういう話をしたんでしょう。いや、いろいろあったね。走馬灯のようです。だけど、回顧しているだけではだめだ。何としても、もう一仕事ある。人生は面白いね。

――そうですか。政権交代の最初のチャレンジの経緯をうかがってきたのですが、そう感じますか。

小沢　はい。そして、もう一回舞台を回さないといけない。
――そうですね。それは国民の切なる願いですから。
小沢　今のような政治では面白くないね。
――面白くないというか、あまりにリスクが大きすぎる。あまりに危険な政治ではありませんか。
小沢　それはその通りです。もう一回、何としても舞台を回さないといけないね。

細川政権崩壊から民主党政権誕生へ。試行錯誤の十五年

試行錯誤。英語で言えば「Trial and Error」だ。使命感に基づいて何度も何度もトライを繰り返すがその度にエラーの表示に阻まれる。

成功の時代の後に訪れた小沢一郎の試行錯誤の時代。一九九三年に成立した細川護熙連立政権が翌九四年に倒れてから、二度目の政権交代となった二〇〇九年の民主党政権成立までの十五年の歳月がそれに当たる。細川政権が倒れた後、どのような試練の時代があったのか。

一九九四年四月、細川内閣が総辞職した後を継いで羽田孜政権が成立。しかし羽田内閣はわずか二カ月で総辞職、続いて村山富市社会党委員長を首班とする「自社さ」政権が誕生した。

自民党から離党した海部俊樹を首班候補に立てて自社さに対抗、僅差で敗れた小沢たちは、同年十二月、新生党や日本新党、公明党、民社党などを合同させて新進党を結党した。海部が初代党首、小沢が幹事長に就いた。九五年七月の参院選で躍進したが、九六年十月、初めての小選挙区比例代表並立制の総選挙で敗れ、翌九七年十二月に解党。小沢たちはさらに九八年一月、自由党を結成した。

新進党の新党準備会総会で海部俊樹氏（右から2人目）が党首に選ばれ、羽田孜氏（右端）、米沢隆氏（左から2人目）、幹事長に選ばれた小沢一郎氏と握手＝1994年12月8日、国会内

――羽田孜さんの内閣が短期間で総辞職した後、社会党の村山富市さんが首班の自社さ政権ができます。自社さ政権に敗れた小沢さんたちはその後、野党勢力を大きく合同させて新進党を作りました。結成一年後の党首選挙では盟友の羽田さんと戦って党首となりました。

小沢　ぼくはその党首選には全然出る気がなかったんです。ぼくは別に、人を押しのけてでも党首になるという気はありませんでした。羽田さんがやりたければ羽田さんがやればいいとぼくは言っていたんです。だけど、羽田さんは、羽田さんをたきつける人たちに囲まれてしまったんですね。それでぼくは羽田さんに「これまでのように羽田代表、小沢幹事長の体制でいいじゃないか」と言ったんだけど、だめだったんです。
本当に何度言ってもだめだった。党首選の前に、渡部恒三さんも間に入って「仲間うちでそんな馬鹿な選挙はやめよう」と羽田さんを説得してくれたんだけど、羽田さんは言うことを聞かなかった。羽田さんは周りの取り巻きにおだてられてしまったんですね。

――それで、小沢さんの周りの方々も、小沢さんに立ってほしいということになったわけですか。

小沢　はい。ぼくも最後まで「いやだ、いやだ」と言っていたんだけど、そうもいかなくなってしまったんですね。羽田さんの取り巻きの人たちが最初からいた人たちでなくなってきて、これではしょうがないな、と思ったんです。

――羽田さんの本心というのは、どういうところにあったんでしょうか。

小沢　どういうことはないでしょう。別に何もないと思いますよ。

――やはり本来は小沢さんのアドバイスを聞いておけばよかったんだけど、一応首相にはなりました。しかし、在任期間があまりにも短く、最後はちょっとみじめな辞め方をして、そういうことが心の中に引っかかっていたんでしょうか。

小沢　それはあったかもしれない。それから、もう一度首班指名されたいということがあったかもしれません。取り巻きがおだてていたんだと思いますね。

――そして党首選の結果小沢さんが勝って党首となったわけですが、それ以降羽田さんが協力しなくなってしまったんですよね。

小沢　そうですね。興志会というものを作って、ぼくが羽田さんにいくら執行部に入ってほしいと言っても入らなかったですね。

——それと同時に細川護煕さんも協力しなくなったのですか。

小沢　いや、細川さんはぼくと羽田さんとどちらをということではなく、直接執行部の中には入らなくなった感じでしたね。

——結果的に羽田さんが九六年十二月に、細川さんが九七年六月に新進党を抜けていきました。

小沢　そうですね。興志会とかそういう分裂的な形になってしまったために、総選挙で負けてしまいました。

一九九六年十月二十日の初めての小選挙区比例代表並立制選挙では、新進党は四議席減の百五十六議席に留まった。このため、単独過半数に届かなかった自民党は自社さ政権を維持、橋本龍太郎政権の継続となった。

分裂のような格好になってしまったからね。選挙はその結果です。たしか一万票以内で七十選挙区くらい負けました。しかし、あの選挙は本当は絶対に勝てる選挙でした。もう一回政権を取れたんです。みんな目先のことで大きなチャンスを逃がしているんです。

——そして九七年十二月に新進党を解党します。これは、もう一回心機一転、同志を集め直す必要があると考えた結果だったんでしょうか。あるいは現実的に言うと、本来は一緒になるはずの公明党が一緒にならないということが原因だったのでしょうか。

小沢　新進党の出直し解党の理由としては、総選挙の後、細川さんと羽田さんから新進党を離党したいと告げられたことが一番の理由です。

当然、その後の公明党の問題も原因としてありました。公明党についていえば、ぼくは一つの政党を作ろうとしたんですが、公明党はあくまでも公明党を残すと言うんです。創価学会には「それはおかしいじゃないか。では、どうしてもと言うのなら参議院だけ公明党を残すということではどうか。衆議院は一緒になろう」と話したんですが、最後までどうしても譲らなかったんですね。それで、解党以外にないじゃないか、となったんです。

――そうですか。後に民主党代表に就く岡田克也さんはこの時新進党の議員でしたが、小沢さんのこの新進党解党の件が原因となって小沢さんと分かれていったようですね。

岡田克也は通産官僚から自民党議員になり、新生党、新進党と、小沢と行動をともにした。しかし新進党解党後、小沢とは別の道を歩んで自由党には行かず、国民の声、民政党とたどり、民主党に行き着いた。民主党代表となったが、二〇〇五年の総選挙敗北の責任を取って代表を辞任した。

岡田のホームページ（二〇〇六年八月十三日）には「点検・小沢民主党（6）」という連載記事の中で、次のような記述がある。「岡田は、2大政党制の実現を目指し、93年に小沢と共に自民党を飛び出し、新進党の結党でも行動を共にした。だが、党首だった小沢が唐突に解党を決めた97年の新進党両院議員総会で、小沢に激しくかみついた。／『納得できない。新進党と（投票用紙に）書いた有権者への裏切りだ』／当時を知る議員は『岡田さんには、民主党が新進党の二の舞いになることへの警戒感がある。だから、言うべきことはきちんと言おうとしている』と解説する。／岡田は今、小沢と個人的に会うことはない」

小沢　その件は、「何とかしてみんなを率いてほしい」という要望があったから、ぼくは「いいよ」と言っていたんです。だけど、岡田さんは議員総会で「みんなを受け容れてほしい」という意味合いのことを質問したんですね。だけど、議員総会でそう聞かれれば、「どこでどうするかは自分で決めることでしょう。政治家なんだから、私が来いとか来るなとか言う話ではないだろう」と言ったんです。

　要するに「自分で判断してください。私にいちいち聞くべき問題ではない」ということを言ったんです。岡田さんとしては、「君たちも一緒にやろう」と言ってもらいたかったんでしょう。しかし、議員総会ですから「それぞれみなさんで判断してください」としか言いようがないでしょう。

――なるほど。岡田さんとしては、その言い方が自分たちを受け容れてくれないというような感じに聞こえたのかもしれませんね。

小沢　そういう感じに受け取られたかもしれません。でも、そんなことはないんです。一緒にやりたいって言うならぼくは一緒にやるんです。

――岡田さんにこだわるようですが、伏線というようなものはなかったのですか。岡田さんが羽田さんに肩入れしていたとか。

小沢　それはないと思います。岡田さんは自分本位の政治的な底意があって動くような人ではないですから。

――なるほど。しかし、岡田さんと言えば、この本（五百旗頭真ほか編『90年代の証言　小沢一郎　政権奪取論』朝日新聞社）のインタビューで小沢さんは面白いエピソードを語っています。

民主党代表だった岡田克也さんは僕に「民主党の政策に自民党と重なり合う部分が多いほど、国民は安心して民主党に政権をまかせる」と言ったことがある。僕は「その考えにはまったく反対だ。それは『55年体制』の考え方だ。何もかもが全会一致で運んでこられた時代はそれでよかった。だけど、今やそれが壁に突き当たって、にっちもさっちも行かなくなっているんだから、我々は旧来の自民党的、官僚的な手法や発想とはまったく違った理念や政策を打ち出さなければならない。自民党と同じでいいなら、何のために民主党が存在するんだ。そんなことでは絶対に選挙で負けるぞ」と言った。

――これは覚えていますか。

小沢　もちろん。ずっと年来言い続けているんだ。そんなことは当たり前だと思います。自民党と同じなら自民党でいい。他の政党は要らないということになります。岡田さんにもそういうようなことは言いました。その考え方は結局、官僚ののりしろの手の上で踊っているだけの話です。現状維持にしかなりません。

そういう感覚でいる限り政権は取れないと思います。民主党も、自民党と手を結んで消費税増税をやるから潰れてしまいました。増税をやるならやるで、国民との約束に基づいて、民主党の責任でやらなければいけない。ぼくはそう思っています。みんな旧体制の意識のままなんじゃないかと思いますね。

それでは幕藩体制のままなんです。それでは明治維新はできない、文明開化の世は来ないとぼくは言ってるんです。

――明治維新という言葉が出てきたのでちょっとうかがいますが、小沢さんは明治維新について「西

自由党結党後、初の定例記者会見で党のシンボルマークを披露する小池百合子広報委員長代理と小沢一郎党首＝1998年1月14日、国会内

郷隆盛と大久保利通がいたから維新ができた」とよく言及されますね。その点で大久保についてはしばしば高く評価されていると思いますが、西郷についてはどう捉えていますか。

小沢　西郷さんは武士の親玉です。だけど、ぼくも勉強不足を恥じたんだけど、その二人が活躍できて本当に明治維新ができたのは、薩摩の小松帯刀《こまつたてわき》のおかげだ。その二人と島津久光の間に入って活躍できるようにしたのも帯刀だし、坂本龍馬だって長州藩だって、全部帯刀の世話になってるんですよ。

　しかし、小松帯刀は早死にしてしまったからね。帯刀が存命で明治政府にずっといたらすごかったと思う。西郷や大久保どころではなかったでしょう。そのことに気がついて小松帯刀の本を読んでいるんだけど、奥さんがまた偉かったですね。子どもができなかったんですが、帯刀と祇園の芸子の間に子どもができた。それで、その奥さんは帯刀の墓の側に、芸子の墓と自分の墓を作ったんです。本当に偉いと思います。

——そういう人はなかなかいないですよ。

小沢　今度鹿児島に行ったら拝みに行きます。

——そうですか。小沢さんの『日本改造計画』を何回か読ませていただきましたが、その中で、アジア主義に対する言及があるんですね。アジア主義で言えば、研究者の間では西郷がしばしば指摘されていると思うのですが、そのあたりはどう考えますか。

小沢　それは歴史を勉強すると行き着くところですね。明治維新の話から外れますが、欧米が歴史を動かし始めたのは産業革命以降なんですね。その前は、何千年もアジアが文化的にも、あらゆる意味で優位にあったんです。火薬だって紙だって印刷だってみんな唐から伝わったものです。はるかにアジアが優位だった。だから、欧米の優位は人類史上においては二百年から三百年に過ぎないんです。

かつてのようにアジアがもっと大きな影響力を持つということは極々自然なことなんです。今中国が大きくなってきたけど、いわば元に戻っただけなんですよ。それからもう一つ、これを言うとキリスト教関係者は「そんなことはない」と言うけど、キリスト教哲学を背景とした西洋文明はもう行き詰まってきたとぼくは言ってるんです。西洋文明、キリスト教というのは神様一人が絶対で生物界では人間が頂点、あとの万物はすべて人間のためにあるという考え方ですね。

自然を征服するという産業革命を生んだ考え方でもあるんだけど、アジアの思想はこれとは違う。仏教哲学が背景にあって、人間の営みは大自然の中の一つでしかない。だから、自然との共生、他の人たちとの共生という哲学が生まれてくる。特に日本人は宗教的な偏見がない。いい加減と言えばいい加減なんだが、日本人が抱く自然と共生という考え方を世界に発信すべきだと思っています。

――なるほど。

小沢　哲学的にはキリスト教哲学に代わって仏教哲学が、二一世紀以降の世界には適していると思います。大自然の中の人間という捉え方は環境問題に通じます。自然破壊はいけないという考え方です。

専門家は「そうじゃない」と言うかもしれないが、みんな死んだら仏様になると言うでしょう。死んだら百八つの煩悩がすべてなくなって仏さんになると。キリスト教もイスラム教も唯一の絶対神の存在があるでしょう。絶対神以外は神様になれません。ところが日本ではみんな分け隔てなく仏様になってしまう。この発想が、ぼくはこれからの地球には大事なことになってくると思っている。

第5章　「陸山会事件」は国民に何をもたらしたか

東京高裁での控訴棄却後、無念の報告会に臨む石川知裕衆院議員。左は新党大地の鈴木宗男代表＝2013年3月13日、東京・永田町の衆院第1議員会館

検察が欲しかった「幻の金メダル」

一体、この日本はいつになったらまともな国になるのだろうか。そして国民はいつになったら事実に対して曇りのない目を開き、その事実に基づいてまっすぐに考えをめぐらすことができるのだろうか。

民主党政権を成立させ、年来の目標である政治改革を成し遂げつつあった小沢一郎は、その成果とは逆に憎しみに近い敵意に満ちた曇りだらけの目に囲まれ、政治人生の頂点に近い三年間をほとんど空費してしまった。日本政治の改革にかける小沢はそれでもおのれの使命感を捨てず、三度目の政権交代に向けて異様なほどの闘志を燃やしている。しかし、小沢の目指した改革が中途半端に終わらざるをえなかったために、国民が被った損害は限りなく大きい。

小沢と国民の行く手を阻んだものは一体どんな姿をしていたのか。いま冷静になって顧みてみれば信じがたいことだが、そこには何もない。ただ、張り子の虎のような幻だけがおどろおどろしく踊り、小さい自己保身と上昇志向だけを頼りとする無知な人々が口々に騒ぎ立てていただけのことだった。

民主党幹事長時代の小沢が事実上の国家戦略局長として、変則的な形ながらも政治主導の国家予算編成を成し遂げていた事実はすでに記した（第1章参照）。いったんは断念しかけた政治主導だったが、小沢の識見と人脈のおかげで、当初構想されていた形とは違うものの、貴重な政治主導による画期的な予算編成作業が達成された。

その時期は二〇〇九年十二月。しかし、年が明けた二〇一〇年一月十五日、ひとりの国会議員が予想外の悲劇に襲われた。東京地方検察庁の特捜部に前々日から呼び出しを受け、この日逮捕されてしまったのだ。

「最初、逮捕された時、何だろうと思ったんですね」

この時国会議員だった石川知裕は、後日私のインタビューに答え、逮捕の瞬間の感想を率直にこう話した。

私は「陸山会事件」の真実の姿を知るために、その細部から背景に至るまで石川を質問攻めにした。石川は、細かいことにまで立ち入った私の質問にひとつひとつ丁寧に答え、思わぬロングインタビューとなった。

インタビューの前にはいわゆる「陸山会事件」に関する本を十冊以上読み込み、補足取材もしていたため、質問と答えはかなり突っ込んだものになったと私は思う。答えにくい質問にも懸命に答えようとする姿勢は、石川本来の誠実な人柄をうかがわせた。

この石川の話を中心に、「陸山会事件」とはどんなことだったのか、まずは基本的な事実だけを淡々と記しておこう。


石川は早稲田大学卒業後に小沢の私設秘書となり、その後国会議員に当選したが、秘書時代の経理処理をめぐって「政治資金規正法違反」に問われた。結果的には、検察が根拠なく無謀にも狙いをつけた小沢は無罪確定。石川は、禁錮二年執行猶予三年の有罪判決が確定したが、実態としては単なる形式犯。私が法務に詳しい金融関係者や経理処理に詳しい会社経営者に確認したところでは、とても罪に問えるようなものではなかった。

北海道の真ん中近くにある足寄町《あしょろ》出身の石川は函館ラ・サール高校時代、一時期医師になることを目指していたが、国際政治にも関心を持つようになり、進んでいく足寄町の過疎化問題を考え政治の道を志すようになった。

早大の政治サークル「鵬志会」に入り、二年生になった一九九三年に細川護熙連立政権が誕生した。その中心で政権を支える小沢に関心を持ち、「小沢一郎研究会」も自分で立ち上げた。留年が決まっていた四年生の時、小沢の秘書だった南裕史《ひろし》に声をかけられ、そのまま小沢事務所に入っていった。

陸山会の経理処理のシステムを作ったのが、現在弁護士として活躍しているこの南だった。石川の推測では、小沢の考えも十分に踏まえて、間違いの起こらないように厳格な処理システムを考案した。後ほど説明するが、確かに厳格で透明な方法だった。南の後、このシステムを引き継いだのは樋高剛《たけし》で、さらに樋高を継いだのが石川だった。

二〇〇三年九月に小沢が率いる自由党と菅直人が代表の民主党が合併、同十二月に小沢が民主党の代表代行に就いて迎えた翌二〇〇四年から、小沢事務所は増える秘書で膨れ上がり始めた。石川の記憶では二〇〇四年から二〇一〇年くらいまでが多く、最大の時は二十人近かった。かつて取材した私も記憶しているが、民主党政権を目指していた小沢は、初めて立候補した新人のために自ら秘書を派遣し選挙運動を指導していた。

「政治家にとって秘書の数は支持を広げるのと比例しています。そもそも政治資金を集めるのは秘書を雇うためだと言っても過言ではないです。政治団体の人件費の割合はもう半分以上だと思います。

その支出が多いのは小沢さんにとっては政権を取るために当たり前のことだったと言えるんです」

小沢は韓国人や台湾人、イギリス人の秘書も雇っていた。政権を取った後の通訳として必要だろうという小沢の考えだったが、非常に優秀な人材だったという。

石川のざっとした記憶では、これらの外国人秘書も含めて秘書一人の平均年収は三百万円から三百五十万円。これに住居費や光熱費、食事代などをプラスして一人当たり五百万円近い人件費となる。最大二十人とすれば、毎年の経費二億円のうち半分近い一億円弱が人件費だった。

このため、収入の多い年は確かにあったが、ならせばそれほど大きい余裕があったわけではない。このような秘書の増加に対応するために、この際、個人個人が各部屋に分かれたアパート形式の寮を建てた方がいい。小沢の自宅に近い世田谷区深沢に土地を求めたのは、これが発端だった。

土地代金は約三億五千万円。経理担当の石川は小沢に相談して、小沢個人から陸山会に四億円を借り受けた。ここで南らが考えた従来の経理システムだと、この四億円を銀行の定期預金に入れ、陸山会の代表である小沢が改めて銀行から四億円の預金担保融資を受けることにしていた。あとは、陸山会代表の小沢がこの融資金の中から不動産代金を支払って終わりである（318頁・図1参照）。

なぜこのような手数をかけるかと言うと、陸山会が買う秘書の住居用土地は小沢個人のものではなく、あくまで陸山会という政治団体のものだからである。ここのところは会社員や公務員などにはわかりづらいが、個人事業主ならピンと来るという。あくまでプライベートと会社の経理は分けておきたいという潔癖さから来ている。

特に小沢の場合は、政治家個人としては「小沢一郎」、陸山会代表としては「小澤一郎」と漢字の字体まで変えている。ここに名前を挙げることはあえてしないが、政治家の中には政治家個人と政治団体代表が同一人物であることを隠れ蓑にして政治資金で個人住宅などを買っている者もいるという。つまり、字体まで変えて預金担保融資を受ける小沢の手法は、政治家の中では珍しいほどに清潔で潔癖なものなのだ。

しばしば報道されるが、たとえば政治家個人が私的な用に供するものを政治資金で購入する事例は少なくない。しかし、小沢は政治団体代表としての名前を「小澤」にして、そういうことがほとんどできないように自らを縛っている。

ところが、石川がこの取引の経理を担当した二〇〇四年十月は都合の悪い事情がいくつか重なってしまった。

ひとつは、石川自身がこの手法にそれほど深くは習熟しておらず、前任者の樋高に教えを請いに行ったが、国会議員の樋高も多忙のためあまり時間が取れないという事情があった。

二つ目には、このころ石川は民主党の候補者公募に応募することにしており、実を言えば小沢自身の反対に遭っていた。小沢にしてみれば、新人に対して経理システムをまた一から教えなければならず、政権交代を目指して忙殺されている折り、そういうことは避けたかった。

そして三つ目は、仲介に入った不動産会社の度重なる入金催促だった。このため、石川は十月二十九日午前、預金担保融資を経ることなく、小沢個人から陸山会が借りた資金の中から直接三億五千万円を不動産会社に支払った。石川が陸山会の預金や他の政治団体の預金などをかき集め、りそな銀行から四億円の預金担保融資を受けることができたのは同日の午後になってしまった（319頁・図2参照）。

「小沢さんは基本的にちゃんとやれよということしか言わない人ですから、具体的にりそな（銀行）

図1　従来の経理システム

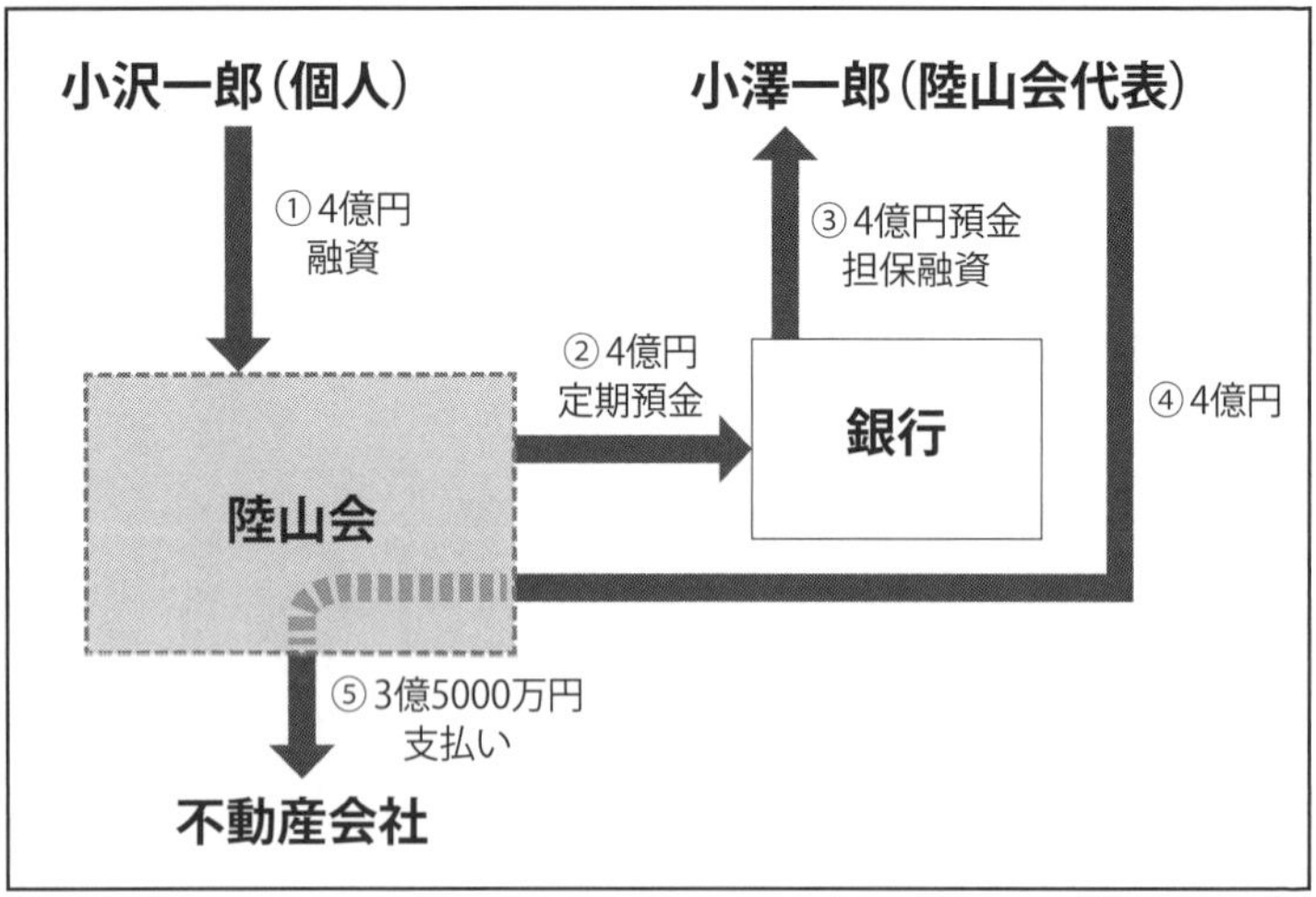

でこうやってという指示は受けていません。ただ定期預金をする時に印鑑が必要ですから、こういうようにしますと概要だけ説明して、押してもらいました」

石川をはじめとする関係者が全員多忙の時、おまけに不動産会社の支払い催促が重なって、預金担保融資と支払いの手順が狂ってしまった。後に検察はこの部分に不自然さを見いだす。十月二十九日の午前中に三億五千万円を支払って土地を購入しているのに、なぜその日の午後になって「小澤一郎」が銀行から預金担保融資を受けているのだろうか。この複雑な資金の動きの裏には何か隠したかったことがあるのではないだろうか。検察はそう推測した。

もうひとつ、樋高のアドバイスもあって、土地入手の日付を実際の代金支払いの日ではなく、本登記の二〇〇五年一月にしたことも検察の追及するところとなってしまった。政治資金収支報告書への虚偽記載とされたのはこの部分である。

図2　ミスが重なった末の実際の動き

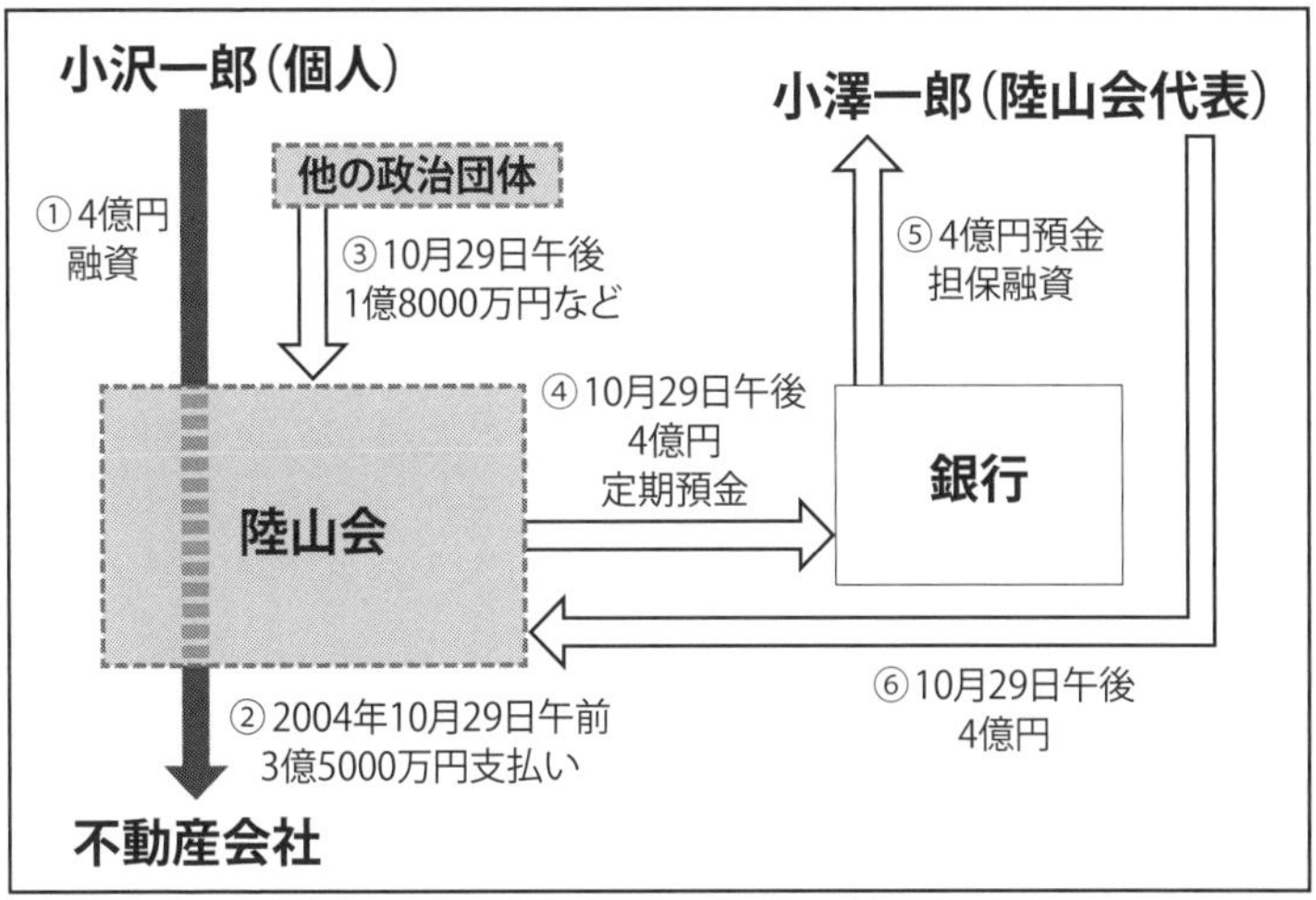

しかし、前に説明したように預金担保融資は何ら珍しいものではない。実際の資金の動きは複雑になってしまったが、従来考案されていた経理システムからのミスによる単なる逸脱だ。罪になるようなことではない。土地入手の日付にしても、実際に代金を支払った日付にすべきだという現金主義と、本登記の日まで待つべきだとする考え方と二つある。石川は不動産会社の司法書士にまで相談して後者を選択している。

いずれにしても、問題は単なる政治資金収支報告書の書き方の相違にあるだけで、現職の国会議員を逮捕して、さらに政権党の元幹事長を強制起訴するほどの話ではまったくない。

しかしそれにもかかわらず、検察は執拗に事件化に執着した。なぜだろうか。

その最大の要因は、小沢が最初に陸山会に貸し付けた四億円の出所に疑問を抱いたからだ。政治資金収支報告書の記載ミスや認識の相違などで国会議員に対してここまで執拗な強制捜査を続けることができないことは検察もわかっている。この問題に関しては検察庁内部でも捜査積極派と消極派とに分かれており、積極派の最右翼は実際に捜査に当たった東京地検特捜部だったことが、検察情報に強い元朝日新聞記者、村山治の著作『小沢一郎vs.特捜検察20年戦争』（朝日新聞出版）に書かれている。

その動機の大半は、事の経緯を丹念にたどる限り、正義や社会的使命といったところにはない。検察の暴走を正そうと法相時代に指揮権発動まで考えた検察出身の現立憲民主党参院議員、小川敏夫の次の言葉が動機の要点を言い当てているだろう。

検察の世界では、特捜部はエリートコースである。／検察トップの検事総長が何代も輩出している。そうしたトップに立つ検事は「誰々を挙げた検事」だとか「何々事件を仕上げた検事」という勲章をぶらさげている。仕上げた相手が大物であるほど勲章も大きい。／金メダルが閣僚、銀メダルが国会議員か都道府県知事、銅メダルが事務次官などキャリア官僚――（略）小沢氏は、政界における実力と存在感からいって、優に金メダル級である。（『指揮権発動　検察の正義は失われた』朝日新聞出版）

しかし、金メダルがそれほど欲しいからと言って、確証もなしに強制捜査に着手することはできない。検察内部でメダル獲得にはやる特捜部を脇目に上層部が消極的だったのは事態を冷静に捉えていたからだ。実際にあったのはせいぜい収支報告書の虚偽記載であり、石川ら秘書の在宅起訴で終わりの事件だろう、と踏んでいた。

それでも石川をはじめとする強制捜査を認めたのは、前記村山の著書によると当時の特捜部長、佐久間達哉ら「現場のガス抜き」だった。

「ガス抜き」で強制捜査を受ける側はたまったものではないが、小沢は、石川が逮捕されたほぼ一週間後の一月二十三日に検察の事情聴取に応じ、聴取後記者会見を開いた。会見でまず小沢が明らかにしたのは四億円の原資だった。

原資は、まず①東京都文京区の湯島にあった自宅を売却して深沢の自宅を建設した時の差額の二億円、②銀行の家族名義の口座から引き出した三億円、③別の銀行の家族名義の口座から引き出した六千万円。これら五億六千万円を赤坂の事務所の金庫に保管していたが、二〇〇四年十月には金庫に四億数千万円が残っており、この中から四億円を陸山会に貸し付けた。

疑いをかけられた者がここまで具体的に説明した場合、本来は捜査は終わるはずだったが、特捜部は金メダルに固執した。特捜部は脱税で服役中の水谷建設元会長の水谷功に目をつけ、建設業界の裏事情を聞き出した。さらに同社の元社長、川村尚らから事情聴取し、岩手県奥州市の胆沢《いさわ》ダム建設工事の下請け受注に絡んで赤坂の全日空ホテルで石川に五千万円を手渡したという供述を得た。特捜部はこの五千万円が小沢の四億円の原資の一部だと見なした。

これが事実なら政治資金収支報告書の記載ミスも単なるミスではなく、悪質な隠蔽工作となる。しかし、小沢はもちろん石川も最初から最後まで否認を貫いた。実現しなかったが、石川は、川村と並んでの対質尋問まで要求した。特捜部はむしろこの対質尋問を恐れているように見えた。

特捜部は最後までこの川村の供述を裏付けることができなかった。検察審査会への捜査報告書など、その後次々に明らかになる特捜部の極めてずさんな捜査資料の作成事情を見ると、この川村供述も巷間様々に言われているように信頼性が極めて薄い。

最終的に検察は小沢を起訴できず、舞台は検察審査会に移った。その検審への捜査報告書を作成するために、特捜部は再度石川を任意で呼び出した。石川はこの時、個人的に強く支援してくれる佐藤優に知恵を授けられ、内密にICレコーダーを忍ばせていた。もちろん聴取の状況を密かに録音するためだったが、その実際の内容と、この聴取を基に、後に担当検事が作成した捜査報告書の中身とは衝撃的と言っていいほどに違っていた。

法廷で石川と川村の対質尋問が実現することをいかに回避したがっていたか。次に示す担当検事と石川の問答の部分でよくわかる。先に紹介した小川敏夫の著書『指揮権発動　検察の正義は失われた』は巻末にこの問答の全文を載せており、そこから引用させていただく。

田（田代政弘検事）——検察官の主張としては、水谷建設から五千万が行ってってね、それが、石川さんが受け取っているのだと。（略）っていうふうに認定できるっていうふうな主張すると思うんだよ。（略）それに対して、弁護人は、当然否認するから、あー川村の供述調書も不同意になって。（略）それじゃ、川村を証人尋問すると。（略）で、検察官は多分、川村の証人尋問請求すると思うのね。（略）うん、で、それに対して弁護人は、ま、あの、じゃ、川村やって、法廷で黒白つけましょうという態度も取りうるし、または、その、5千万が、どうかっていうことは、この本件の虚偽記入の、虚偽記載の事実とは。（略）全然関係ないでしょと。

石（石川）だから、不同意にして、それで呼ばれて、もし呼ばれた場合は、徹底的に戦うしかないですよね。

田　うーん。うーん。その、いやあのさ、じゃ石川さんの弁護士の立場からすると。（略）川村が法廷に出てきて、たとえ嘘でもね、あることないことしゃべられること自体、不利益じゃないですか。（略）だから、もう法廷、証人として採用してくれるなと。裁判所に。えーなぜなら、その本件の、この4億円の不記載と。（略）その、5千万があったかどうかは関係ないでしょと。成否に。だからその立証させないでくれと。（略）という主張をすることもできるんですよね。

石　そうですね。

田　そこはどっちを選択するの。（略）いや、個人的には多分呼んで、白黒つけたいっていう……んでさ、思うよな？

石　私は、そう思ってます。はい。私は法廷でどなりつけてやろうと思ってます。本当に。（傍点は筆者。また、引用2行目「受け取っているのだと」に明らかな脱字があったので修正した）

担当検事の言葉遣いの軽さにも驚くが、検察にとって小沢側の「犯罪」を立証するただひとりの証人、川村の供述に対する自信のなさに驚く。法廷で対質尋問された場合、「徹底的に戦うしかない」と答える石川に対して明らかに困り切り、最後は「証人として採用してくれるな」「その立証をさせないでくれ」とほとんどあからさまに石川に頼み込んでいる。

川村の供述については、検察内部でも明らかに不信感を持って見られている。その事情は公式には明らかになっていないが、この問題に関する検察のずさんな供述調書の作り方を見ればおのずと推察はつく。改めて記すが、検察は「犯罪」に関することは最後まで何一つ立証していない。

立証できたのは、318頁で説明した、解釈に議論のある些細な「記載ミス」だけだった。

検察は金メダルを取れなかったばかりか、裏付けのない見込み捜査に固執した結果、国民が戦後初めて選挙で政権交代させた民主党政権を窮地に追い込み、国民の政治への期待を大きく損なう原因を作った。本来であれば「永久追放」という表現が当てはまるような罪科を犯したことになるだろう。

小沢は二〇〇九年十二月、実質的な国家戦略局長の役割を果たして、歴史的役割を終えた土地改良予算をバッサリ削り農家戸別所得補償予算を創設するなど、政治主導の国家予算編成をなかば成し遂げた。しかし、年が明けた一月から予想外の「事件」に巻き込まれ、文字通りの「無罪放免」が確定したのは約二年十カ月後の二〇一二年十一月十九日だった。民主党政権が終わるほぼ一カ月前だった。

小沢はインタビューの間、検察などへの恨み言はほとんど洩らさなかった。ただ一度だけ、小沢が思い描いてきた政治改革の具体化が民主党政権でどれだけ実現したかという話になった時に、こう言った。

「実現させようと思っていたんだよ。だけど、そこを邪魔されたわけだから。いよいよこれで実現できるっていう時になあ」

小沢には珍しく、あとは息を吸い込み、しばらく沈黙の中に墜ちていった。

陸山会事件で「虚偽捜査」の標的となった小沢元秘書の石川知裕に聞く1

政治と検察の関係が厳しく問われている。

二〇二〇年一月三十一日、検察の動きに注目していた人々に衝撃が走った。二月七日に定年となる黒川弘務・東京高検検事長の定年延長が閣議で決定したのだ。黒川は「官邸のお庭番」と揶揄されるほど政治に近かった。

実は検察内部では、次期検事総長に林真琴・名古屋高検検事長を起用する人事案が固まっていた。しかし、安倍官邸が黒川の起用を強く希望。法務省を通じて稲田伸夫現検事総長に退任を促していたが、稲田が拒否。やむなく黒川の定年延長となった。(二〇二〇年一月三十一日「法と経済のジャーナル」村山治)

安倍官邸としては国民生活と法を守る「秋霜烈日」の検察より「官邸のお庭番」検察の方が使い勝手がよかったのかもしれないが、その後、内閣の都合で検察上層部の定年を延長できる検察庁法改正案が国会に提出されるとツイッター上で猛反対の波が起こり、同改正案は廃案となった。

黒川はその後、コロナウイルス対策の自粛期間中に産経新聞記者や朝日新聞社員と賭け麻雀に興じていたことが「週刊文春」に報道されて訓告処分を受け検事長を辞職した。稲田検事総長の後任には林が就いたが、安倍官邸との距離感が国民注視の的となっている。

ロッキード事件における田中角栄元首相のケースのように、検察と政治は常に緊張関係にある。そして、検察が政治権力と対峙し続けることができるのは、国民の支持があるからだ。捜査の方向を間違え、国民の支持を失った時、検察の力は急速に萎え衰え、最後はあるかなきかのごとくなってしまう。

その検察に対する信頼感があるかなきかのごとくなってしまった典型例は、二〇一九年の厚労省の村木厚子元局長の「偽証明書発行事件」と、二〇〇九年の「陸山会事件」だ。方向性を間違えた上に、むしろそのことを糊塗するために強引な捜査を進め、罪なき人々を「冤罪」に落とし込んだ時点で、国民の信頼感はほとんど失われてしまったと言っていい。

「陸山会事件」は「冤罪」を生んだだけではなく、国民が選挙で自ら選択した政権交代を形骸化させ、日本の政治の進化を大きく阻害した。

その捜査の根底に流れていたのは、「秋霜烈日」の正義感ではなく、検察官僚の中での卑しい出世意識と卑小な自己防衛感情だった。検察本来の歴史的使命からすれば、文字通り「万死に値す」と言ってもいい愚かな捜査だった。

政界では珍しいほど潔癖な経理システムを持つ小沢一郎の政治団体が、その潔癖さゆえにあらぬ誤解を受け、不勉強な検事たちの疑惑を招いた。

愚かな捜査の結果、最終的には当然ながら「無罪」が確定したが、この間に失った貴重な時間は、政治家・小沢にとっても日本政治全体にとっても大きすぎる損失だった。

その過程を振り返ってみると、起訴を見送った検察は、自らの体面を第一に優先させ、内容を改竄した「虚偽捜査報告書」を検察審査会に送り強制起訴させた。さらに民主党の反小沢勢力は「裁判の判決確定まで党員資格停止」という理不尽な結論を出した。

この事件をめぐっては小沢の秘書だった衆院議員の石川知裕ら三人の元秘書が有罪判決を受けた。政治資金収支報告書への「虚偽」記載が有罪の理由だったが、経理の専門家らによればミスとも呼べない代物で、裁判では商法・会計学専攻の大学教授が石川の記述の方がむしろ正しいと指摘した。

石川は検察官の聴取、法廷での証言台でも建設会社からの現金受け取りを否定し、現在も否定し続けている。真実はひとつしかない。石川は「冤罪」にもめげず、敗れはしたが二〇一九年四月の北海道知事選に野党統一候補として立候補した。

そんな石川に直接話を聞いた。レコーダーを置いた場所は、石川が水谷建設から現金五千万円を受け取ったと検察が捏造した東京・赤坂の全日空ホテル（現ＡＮＡインターコンチネンタルホテル東京）二階アトリウムラウンジのテーブル。

コーヒーカップとレコーダーを間に挟んで、細かいことまで質問を続ける私に、石川はひとつひとつ誠実に答え、約三時間に及ぶロングインタビューとなった。

――大変失礼な質問かもしれませんが、石川さんはまさにこのラウンジで水谷建設から五千万円を受け取ったと検察から追及されました。しかし、授受があったとされた二〇〇四年十月十五日のその日、水谷建設の水谷功元会長と川村尚元社長は朝から仙台にいて、いったん東京に寄ってから、その足で本社のある三重県に戻ったということですね。そうなると、このホテルには立ち寄る余裕がなかったですね。

石川　はい。この事件の最大の謎はやっぱりその五千万円ですが、私ももう寝耳に水の話でした。ただ、別の秘書が翌年の四月にここで五百万円もらっているんです。

――二〇〇五年ですか。

石川　はい。五千万円を二回、小沢さんサイドに渡したと水谷建設は言っていたということですが、その秘書としても五千万円みたいな嘘を証明付けられては困るので、実は五百万円だったという話をしたんです。

ただ、その取り調べは、捕まった前田恒彦検事が担当して調書を取ったので、検察側がその調書を破棄したんです。

前田恒彦は、二〇一〇年九月に無罪判決を受けた厚生労働省の元局長、村木厚子氏の「冤罪」事件で大阪地検特捜部の担当検事をしていたが、証拠となるフロッピーディスクを改竄、証拠隠滅罪で実刑判決を受けた。

　陸山会事件では小沢の秘書の一人を担当。調書作成の際に検察事務官を立ち会わせていないことが判明し、検察はこの調書の証拠申請を取り消した。


——その五百万円というのは、簡単に言えばその秘書が自分のポケットに入れてしまったということですか。

石川　そうです。

——その秘書個人が言ってみれば着服してしまったということですか。

石川　そうです。だから、とにかく二〇〇五年四月に五百万円があったんだから、その前年の十月にもあっただろう、と検察は言うわけです。そして、この五百万円がいつの間にか五千万円に化けているんです。

——検察のシナリオの中で、どうしてそんなに金額が化けたのでしょうか。

石川　土木建設会社がなぜ小沢事務所に献金するかと言うと、建設業界の話し合い、いわゆる談合システムの特徴から来ているんですね。

　民間同士の談合システムの中でお互いにウィンウィンの関係なんです。A社が仕事を取ったとして、ほかの会社が何かの事情で文句を言ってきたとします。その時に、A社は小沢事務所の名前を利用できるんです。「小沢事務所がうちに取らせろと言った」と、小沢事務所のせいにできるんです。本当はそんなことがなくてもですね。

実際、小沢事務所の秘書の中には建設業界に顔の利く人がいました。その秘書は今は事務所にはいませんが、そういう秘書や小沢事務所の名前が「張り子の虎」の代わりになるんですね。いざと言う時に弾よけになるから献金しておこうとなるわけです。

私自身は土木建設業界に関してはほぼノータッチだったんですけど、やっぱり私が現職の国会議員だったので狙われたんだと思います。

世田谷の土地を買うために小沢さんから預かった四億円を私は分散して銀行に入金していたんですが、そのうちの五千万円を検察が後から洗い出していって、事件にしたんだと思います。

――なるほど。小沢事務所やその辞めた秘書が「張り子の虎」状態になる状況があって、建設業界はヤミ献金をやっているに違いないと検察は見たわけですね。

石川 そうです。

――そして、二〇〇五年四月に秘書の一人が五百万円もらっているので、その前年にも行っているにちがいないとなったわけですね。

石川 そうです。これは何度も吉田（正喜＝当時東京地検特捜部副部長）さんに申し上げたのですが、私は十回以上に分散して銀行に入金しているんですよ。じゃあ私がその五千万円を受け取ったとしたら、あとの分散した三億五千万円はどことどこの建設会社から持って来たんですかと。

私は小沢さんから四億円を預かって、しかも一億円の束を二回に分けて持って行ったことをはっきり覚えているんです。じゃあ、水谷建設以外の五千万円だとか三千万円だとかはどこの建設会社なんですかと言っても「そんなものは必要ないんだ」の一点張りなんです。その時に、もう何を言っても無理だなとわかりました。

――それから、東京高裁の裁判で出てきた話ですが、世田谷の土地の本登記を先に延ばすという件は石川さんサイドではなく、不動産仲介業者の方から提案があったということでした。これは事実なんですか。

石川　はい。実際は二〇〇四年十月に買ったのですが、本当は翌年の二〇〇五年に買いたいという話を最初にしたんです。絶対に買うと決めていたので、二カ月ばかり延ばしてくれればいい話だったんです。

その時に一番大事だったのは、政治資金収支報告書に載る年を遅らせたかったということです。民主党の代表選が二〇〇五年の九月に予定されていたんですが、その前に、どうして世田谷の土地を買ったんだとか変な噂を立てられるのがいやだったんです。

そういうアドバイスが先輩秘書の方からあって、翌年の一月一日以降に買いたいという話を不動産会社の方にしていたんです。

このころの民主党代表の座は、不測の事態が連続して起こり、次々に入れ替わった。二〇〇二年に菅直人が代表になったが、年金未納問題で辞任し、二〇〇四年に岡田克也が代表に。二〇〇五年には、郵政選挙があって小泉自民党が圧勝。惨敗した責任を取って岡田が辞任。後任代表の前原誠司は二〇〇六年に偽メール問題で辞任。続く代表選で小沢一郎が菅を破って代表に就いた。

――なるほど。代表選に合わせて、先輩秘書の方が細心の注意を払っていたわけですね。

石川　はい。二〇〇四年に買うと二〇〇五年の収支報告書に出ますから。ところが不動産会社か売り主の企業が急いでいて、結局二〇〇四年十月に決済するんです。

それで、その前にこちらの考えを説明しますと、不動産会社の方でこういう方法がありますと説明されるわけです。つまり、お金を払ってもらっても登記自体は仮登記にして、翌年に本登記にしましょうということです。これは、紹介された司法書士からも聞きました。

――それは会計上、現金主義か発生主義かという考え方の違いですね。この場合には発生主義を採ったということで何の問題もないことだと思います。

世田谷の土地について、石川が実際に現金を支払ったのは二〇〇四年十月二十九日だったが、本登記したのは翌二〇〇五年一月七日だった。検察はこの「期ズレ」の裏に、水谷建設からのヤミ献金を隠す目的があったのではないかと石川を追及したが、ヤミ献金の事実は出てこなかった。

この「期ズレ」問題は裁判でも焦点の一つとなったが、二〇一一年十二月二十日、会計学、商法の権威である弥永真生《やながまさお》・筑波大学教授が東京地裁の法廷に立ち、「本登記の時点で土地代金の支出を収支報告書に記載した陸山会側の対応には問題はない」という趣旨の証言をした。

石川　そのことは取り調べ担当検事の田代（政弘）さんにも随分説明しましたけど「十月にお金は出ているんだ」と言われると「それはそうですね」という問答になってしまうんですね。しかし結局、それが一体何の罪になるんだという話になるから、五千万円という話が出てきたんだろうと私は思っています。

——検察のやり方としてはそれしかなかったのかもしれませんが、すでに虚偽の領域に入っていますね。検察側は結局二つとも黒星なんですね。水谷建設の五千万円もだめ、期ズレの問題も発生主義で問題なし。結局二つとも無実です。

石川　私は今でもそう思っています。

——それはもう常識だと思うんです。私は石川さん以外の関係者や専門家から取材して、実は、小沢事務所の当初の計画はこういうことだったんだろうと推測しています。まず土地代金としてちょっと足りないから小沢さん個人が立て替えておこうということで四億円を出しました。これは事実です。

計画では、ここでこの四億円を銀行に預けて定期預金を組む。次にこの定期預金を担保にして同じ額の四億円を銀行から融資してもらう。借りる側は陸山会ですが、陸山会には法人格がないので代表の小沢さんが借りる側になる。（318頁・図1参照）

石川　そうですね。

——ここで肝心なことは、小沢さんは個人では「小沢一郎」という字体を使っているのに対して、陸山会代表としては「小澤一郎」という字体に替えているんですね。

こうしておけば、個人としての「小沢」さんと政治団体代表としての「小澤」さんは違うんだという区別ができますよね。ここに潔癖さを求める小沢さんの基本的な政治哲学が出ていると思うのです。

こうしておけば、例えば買った土地が将来値上がりして売ったとしてもその利益は個人としての「小沢」さんではなく、まさに政治団体の代表としての「小澤」さんのものであり、個人としての「小沢」さんとしてはその利益を勝手に使うわけにはいかないとなるじゃないですか。

政治家個人としての名前と政治団体代表としての名前が一緒であることをいいことに、政治資金を個人的に使ってしまう議員が結構いる今の政界の中で、小沢さんは珍しいほど潔癖な処理の仕方をしていると私は思います。

しかし、計画は以上のようなものだったのですが、世田谷の土地に関しては違う動きになってしまったのではないか、と思うんですね。

石川　はい。

――小沢さん個人から四億円を借りてきたという事実は同じですけど、二〇〇四年十月二十九日の午前中にこのお金ですぐに買ってしまったんですね。これは、潔癖性を求める小沢さんの基本哲学からするとまずいことなんですね。

例えば土地が値上がりして利益が出た場合、これだと個人としての小沢さんにその利益が来てしまう。それで仕方がないので、その十月二十九日の午後になって、いろいろなところから改めて資金を集めて、その預金を担保に銀行から融資を受けた。そうやって形を整えようとしたんだと思うんですね。（319頁・図2参照）

しかし、このあたりの動きはたからみたら非常に不自然で、「あれ、何をやっているのかな」と検察の目に映ってしまったんですね。

石川　そうですね。非常に時間のない中で、私自身も金融知識が不足していました。前任秘書の樋高（剛＝元衆院議員）さんには相談したこともあるんですが、以前の不動産取引ですと金融機関からお金を借りてやっているという前提があったので、それに倣ってやろうとしたのが、結局不十分だったということです。

――民主党政権の法務相だった小川敏夫さんの著書（『指揮権発動　検察の正義は失われた』）には、石川さんに対する田代政弘検事の取り調べ録音データの反訳書が掲載されています。

二〇一〇年五月十七日のもので、検察審査会が小沢さんを強制起訴する判断材料としたいわゆる「虚偽捜査報告書」の元になった取り調べ録音です。

石川さんが佐藤優さんのアドバイスに従って録音していたものですが、この録音データと「虚偽捜査報告書」の中身とはまるで違うものなんですね。それで、録音データを改めて読んでみると、面白いと言っては失礼ですが、田代さんはすでに石川さんの無罪をはっきり認識しているんですね。

その田代さんは、さすがにこのころは預金担保融資のことを理解していて、私がさきほど話したこととほぼ同じことを推測しています。

石川　私も樋高さんのアドバイスを受けたのですが、その意味をよく斟酌できていないままにやっていたというのが実情だったと思います。

――そういうことだと、すごく納得できるんです。だから、この午前と午後の不自然な動きが出てしまったということですね。

石川　この時は、実は民主党の立候補公募直前だったんです。二〇〇四年十一月十七日に公募の面接があって、この十月には小沢さんはあまり口をきいてくれなかったんです。私の立候補に小沢さんが反対だったんですね。

――そうなんですか。

石川　今思えば私の未熟ということに尽きます。だから私が罪を犯そうと思ってやっているのではないということは、二十日間も取り調べていたわけですから、検察側もわかっているわけです。

――完全にそう思います。何の問題もないと思います。

石川　だから、逮捕された時、一体何だろうと思ったんですよね。記載ミスということですけど、金額が大きいからという論法だと思うんですが、果たして逮捕まで必要で、公民権停止まで必要なのかと、本当に憤りを持っていますが、仕方ないですね。

――前任者の樋高さんには、石川さんの方から「ちょっと教えてくれませんか」と言ったわけですか。

石川　そうですね。

――そうしたら、預金担保でしっかりやった方がいいぞという話になったということですね。

石川　はい。代議士というのは、こうやって一時間とか二時間とかなかなか時間が取れないんですよ。樋高さんも忙しい中、私自身も公募を出していて非常に忙しい中で、毎日連絡する間柄ではありましたけれども、時間をつなぎつなぎ相談するという形でした。だから、そういう樋高さんからアドバイスをもらったけれども、午前中に払ってしまったということです。

――小沢さんから借りた資金で午前中に直接支払ってしまったわけですが、ここのところは別に違和感はなかったですか。

石川　違和感はなかったですね。

――そんな深いことは考えなかったですか。

石川　そうですね。同じ日ですから。

――後でほじくり返されるのではないか、とかは考えなかったですか。

石川　そうです。ほじくり返されるとは思っていないですし、その前に違法だと思っていないですから。むしろ、きちんと収支報告書として提出する時にこういう形を取っておこうと思ったけど、午前中にこれが間に合わなかったというだけのことだったですね。

陸山会事件で「虚偽捜査」の標的となった小沢元秘書の石川知裕に聞く2

小泉進次郎環境相は二〇一五年六月、軽井沢プリンスホテルで女性と密会、その費用を政治資金から出していたことを「週刊文春」に暴露された。

政治団体には法人格がないために、本来政治資金として使われなければならない資金を私的に流用してしまう事例が後を絶たない。

そんなよどみ切った政界にあって、小沢一郎は珍しいほど清潔な経理システムを採用している。小沢自身が、政治団体代表としては「小澤一郎」、個人としては「小沢一郎」という表記の使い分けをして、政治資金と個人資金との区別をはっきりさせているのだ。

「陸山会事件」では、個人としての「小沢一郎」が政治団体代表としての「小澤一郎」に四億円を貸し付け、「小澤一郎」が四億円を銀行に定期預金として組み入れて担保とし、改めて四億円を借り入れた。秘書の住宅用の土地を買う代金、つまり政治資金ということを明確にするためだ。

しかし、検察はこの動きの目的と清潔な動機を理解できず、四億円の裏に「ヤミ献金」があるのではないかと見立てた。預金担保融資を使って事業資金と個人資金を明確に分けるやり方は個人事業主の間ではよく使われているが、不勉強な記者たちはこのことを知らず「疑惑報道」を繰り広げた。

この手法にそれほど習熟していなかった元秘書で元衆院議員の石川知裕はひとつ手順を間違え、より複雑な動きをすることになってしまった。しかし、このことは不自然ではあるが、もちろん何ら罪になるようなことではない。
それにもかかわらず石川は「冤罪」に落とされ、国会議員の立場を失った。ミスにもならない誤記載を文字通り針小棒大に喧伝し、「疑惑」プロパガンダを繰り広げた検察と当時のマスコミの罪は限りなく重い。
石川の「冤罪」もさることながら、小沢一郎という国民的政治家の貴重な時間を奪い取り、国民から新しい日本政治の可能性を取り去ってしまった。

――二〇〇四年十月二十九日の午前中に、石川さんは、小沢さんから預かった四億円をもとに、不動産仲介会社に対して土地代金三億五千万円をすぐに支払ってしまいました。本来であれば、この四億円をりそな銀行に定期預金して、改めて四億円の融資を受ける手順になっていたはずですが、前の担当秘書との打ち合わせ不足などからこの手順を踏み忘れたわけですね。
仕方がないので石川さんは小沢さんの他の政治団体などから資金を集めて、午後になって別に四億円の定期預金を作り、その預金を担保に融資を受けたのですね。このあたり、小沢さんは知っていましたか。

石川　基本的に小沢さんは「ちゃんとやれよ」ということしか言わない人ですから、具体的にりそな（銀行）でこうやってというような指示は受けていません。ただ、定期預金を作る時に印鑑が必要ですから、概要だけ「こうしますから」と言って、「わかった」ということで印鑑を押してもらいに行きました。

――ちょっと手順を間違えてしまったので、こういう形になってしまった、これではまずいのでこうやってしっかりやれよ、というような指示はなかったですか。

石川　樋高さんに相談して、小沢先生に「こうやりますから」と言って許可をもらったと思います。後からこんな巨大事件のようになっていますけど、その時の意識は全然そんなことはないですから。

それまでに私も不動産を二つも三つも買う手続きをしていますが、これらも預金担保です。仙台と盛岡でこの前に不動産を買っていますが、預金担保です。だから、逮捕しようと思っている検察から見れば重要なやり取りに見えたのかもしれませんが、私らからすると、やっぱり仕事の一環なんですよね。

——そうですか。そうすると、預金担保融資は普通のことだったんですね。

石川　普通のことではありますね。

——印鑑は二つ必要ですよね。個人としての「小沢一郎」の印鑑と、政治団体代表としての「小澤一郎」の印鑑とですね。

石川　要は権利なき社団法人なので、最終的には陸山会の代表の「小澤一郎」さんの印鑑が必要になるんです。

——最初にこの経理システムを考えたのは非常に経理に詳しい秘書だったと聞いたのですが、この秘書がシステムを作るにあたっては小沢さんの考えもかなり強く入っていたのでしょうね。

石川　それはもう当然反映されています。

——当然そうでしょうね。その基本は、個人としての「小沢」さんと政治団体代表としての「小澤」さんをしっかり区別しようという哲学ですよね。

石川　そうですね。

——それは非常に立派な哲学だと思うんです。個人も政治団体代表も同じ名前であることをいいことに、政治資金を私的に流用する政治家が後を絶たない中で、小沢さんはむしろ潔癖を目指している姿勢がよくわかります。そういうことに関して、この取引についても、その趣旨を踏まえて「しっかりやれよ」というような話だったわけですね。

石川　はい。それで私がちゃんとやっていなかったというだけの話です。

——それで、ここを検察に突っ込まれてしまったということですよね。

石川　はい。

——小沢さん自身は、この細かいやり取りは関知していなかったということですね。

石川　そうですね。二〇〇四年の参院選に勝っていよいよこれからという時で小沢さん自身が非常に忙しい時でしたから。私自身も立候補の公募になって、小沢さんのところから出て自分で勝負しようと思っていたので、言い訳を一つ言うとしたら、このことに身が入っていなかったということだったと思います。

——それから、検察に突っ込まれたもう一つの要因が、他の秘書が五百万円を黙って着服していたということですよね。

石川　はい。しかし、その人を弁護するわけではありませんが、そのお金というのは自分のためだけじゃないんですね。マスコミの人と飲んだ時におごったりとか、我々後輩におごったりとか、そういう使い方もしていたんですね。秘書は経費を自由に使えないから経済的に厳しいんです。

——秘書が途中で抜いてしまうという話は、政界裏話としてはしばしば聞きますね。

石川　だから、それでその秘書の行為を肯定できるかと言うと、それは確かにできないですけれども、そういう使われ方をしていたので、仲間の私からすると一方的に責めることはできないのかな、と思います。

「陸山会事件」の経過を概略的にたどると、検察は小沢一郎を起訴できずに、石川知裕に対する「虚偽捜査報告書」などで検察審査会を誘導、検審が強制起訴した。しかし、当然のことながら小沢は無罪確定。

これに対して石川ら秘書三人は有罪が確定したが、その罪は政治資金収支報告書への「虚偽記載」という形式的なものだった。会計学、商法に詳しい大学教授によれば、石川の記述の方が正しいとされる代物だ。

石川の裁判で最大の争点となったのは、水谷建設の川村尚元社長が、石川に対して本当に五千万円の現金を渡したのかどうかという点だった。

川村は東京地裁の一審法廷で、渡したと証言したが、石川は、受け取っていないし川村と会っていない、と証言している。石川の弁護側は東京高裁の二審法廷に対して証拠申請をしたがほとんど却下された。

却下された新証拠の中には、川村が現金を渡したとされる日、川村と水谷建設の元会長がともに朝から仙台にいて、いったん東京に寄ってから本社のある三重県に帰ったとする川村と元会長の証言も含まれていた。受け渡し場所とされる全日空ホテルに立ち寄る時間的余裕はなかったとされている。

重要な新証拠を却下した飯田喜信・東京高裁裁判長（当時）の判断には驚きの声が上がったが、この飯田裁判長は「東電ＯＬ殺人事件」の東京高裁判決でも、最終的に無罪が確定したネパール人被告のゴビンダ氏に対して、一審の東京地裁無罪判決を覆して有罪判決を下し、「十五年間獄につないだ」という「冤罪裁判官」の汚名があった。

――もうひとつわからないのは、水谷建設元社長の川村さんの証言ですよね。まさにこの全日空ホテル（当時）のアトリウムラウンジで、石川さんに五千万円渡したなどと、事実ではないことをなぜ言ったのか。

実は私は、取材を通して、「陸山会事件」とはまったく関係のない個人的な事情、問題が川村さんにあったと具体的に聞いています。しかし、ここではあえてそのことには触れません。石川さんは個人的にはどう見ていますか。

石川　川村さんの名刺を見ると、確かに小沢一郎政経フォーラムには来ているんですけど、はっきり言えば私は会ったことがないので、わからないんです。

私はもともとゼネコン担当ではありませんから、大手ゼネコンの担当の方しかわからないんです。大手の担当の方とのお付き合いしかないので、その下までの人間関係は構築できないんです。まずこれが、わからないというか川村さんを知らないという前提の説明です。

そこで、なぜ私がということですが、やっぱり国会議員だった私を逮捕するために何かの仕掛けが必要だったということだと思います。そこで、脱税で収監されていた水谷建設の元会長を攻めればいいということになったのだろうと思います。川村さんが何でそういう証言をしたかは本当に皆目見当がつかないです。

――石川さんは国会議員でしたから、石川さんをやれば最低線の星は一つ稼いだかな、という感覚が検察にあったのではないでしょうか。

石川　それはありますね。しかし、死ぬまでにそれは解決したいですね。何で川村さんは嘘を言ったのか。私だけでもいいから本当に真相を聞かせてほしいです。

――石川さんの裁判に川村さんが出廷して証言しましたね。

石川　私の目の前に来ました。

――そこでものうのうと喋っているわけですか。

石川　そうです。だけど、「渡しました」と言う時は下を向いて非常に小さな声でした。やっぱり嘘をついている時はこうだな、と思いました。

――石川さんと担当検事の田代さんのやり取りを読むと、検察の自信のなさには本当に驚きますね。弁護側は当然川村さんの証言について不同意を表明する、その場合、川村さんと石川さんが法廷で対決することになるから、検察官の田代さんは「それだったら証人として川村さんを呼ばないでくれ」とほとんど頼み込んでいるんですね。

石川さんと川村さんが法廷で対峙するのを恐れていたみたいですね。

石川　田代さんは、私に五千万を渡したなんて初めから信じていないですから。

――そうですね。このやり取りの記録を見ると、ほとんどはっきりそう言っていますね。

石川から聴取した担当検事が、水谷建設からの五千万円受け渡しを「初めから信じていない」。これは極めて重要な事実だ。その裏付けとなるものを、ＩＣレコーダーに残った石川と担当検事の田代とのやり取りから引用しておこう。

田（田代検事）　……僕なんかがこう、まぁこれは別に、確たる証拠があるってことじゃないんだけどさ、やっぱりーあの4億円を、要するに水谷建設からもらった5千万円をそのまま入金したんではないんだと。

石（石川）　はい。

田　という石川さんの話をね、信じるとして、4億円、先生からまるまる渡されたんだっていう話を信じるとして。

石　はい。

田　そういう前提でいくとさ、やっぱりあの金っていうのはさ、あの、あれだね、改革国民会議（注・「自由党」の政治資金団体）とかさー、あっちの方が、お金が行った可能性が高いって、俺はみてるんだよ。

（略）

田　まぁ、あのー、そんなこと今さらほじくり返してどうこうするつもりもないし。そんなこと報告もしてないんだけど。水谷5千万で頭凝り固まってるからさ、（略）別に言う必要もないんだけど。なんか、真相はそんなとこかなって感じは、僕はしてるんだよね。（小川敏夫著『指揮権発動　検察の正義は失われた』から）

ＩＣレコーダーで録音されていることを知らない担当検事が、地検特捜部上層について「水谷5千万で頭凝り固まってるからさ」と嘆息し、四億円の出所について旧自由党の資金が行ったのではないかと素人のような推測を語る。

「なんか、真相はそんなとこかなって感じは、僕はしてるんだよね」

石川の担当検事の本音の呟きである。この本音を前にして衝撃を受けない人はいないだろう。担当検事が事件性をまったく信じていないケースが白昼堂々公訴維持されてきたという事態。日本は法治国家と言えるのだろうか。

そして、検察は何一つ事実を摑めずに一人の国会議員を「冤罪」に落とし込み、国民的政治家から極めて貴重な時間を奪って、国民から新しい政治への可能性を取り上げた。その重い事実がここに存在する。

また、自由党の政治資金が流れたのではないか、とする田代の推測も的外れだ。私は関係者から取材したが、そのような事実はない。

石川　田代さんは二十日間の取り調べの中で、そんなこと（五千万円の受け渡し）は俺たちも信じちゃいないからと、上から言われているからとほのめかしているんですよ。

――それで素朴な疑問として首を傾げるのは、検察の論理としては五千万円が石川さんに手渡されたと。そうすると、その五千万円がどうやって四億円に化けたのか、ということですね。

石川　そうです。だから、まったく説明がつかないんですよ。検事さんには何度も申し上げたんですが、「そんなことはどうでもいい」の一点張りですから。

――ICレコーダーで録音した田代政弘検事とのやり取りは実に重要なものですが、この本（佐藤優、魚住昭責任編集『誰が日本を支配するのか⁉ 検察と正義』マガジンハウス）には石川さんの「獄中日記」が掲載されています。この日記には、身柄拘束十日目に、田代検事に代わって、東京地検特捜部の吉田正喜副部長（当時）が取調室で待っていたことが書いてありますね。

そのやり取りについては、石川さんは元検事の郷原信郎さんとの対談で詳しく語っています（郷原信郎『検察崩壊　失われた正義』毎日新聞社）。それによると、吉田副部長はのっけから検察審査会の話を始めたということですね。

聴取を始めてから十日目、もちろん、小沢さんに対する起訴、不起訴の判断も出ていない段階で、いきなり不起訴を前提にした検審の話をし始めるというのは実に不思議ですよね。

石川　本当に今でもよく覚えています。これは鮮明に記憶しています。取調室に行ったら、突然いつもと違う人がいてびっくりしました。それで、最初に言われた言葉が非常に謎めいたものだったんです。

「あなたはコストをかけたこの政権交代を潰していいと思いますか、思いませんか」という謎かけをしてくるんです。それで何を言うかと思ったら、「結局このまま行っても小沢さんは検察審査会で間違いなくクロになってダメになる。だから、石川さんが水谷建設の五千万円をもらったと認めて、秘書だけの事件にしてすっきりさせましょう」と言うわけです。

最初はすごい丁寧な言い方だったんですが、私としては受け取っていないものは受け取っていないとしか言えません。そうしたら、最後の方はもう「この野郎」みたいな言い方をされました。

――吉田副部長（当時）がそう言ったわけですね。

石川　「お前はただの運び屋だからメーリングマンなんだよ」とか言われました。最初は意味がわからなかったんですが、結局郵便配達ということでしょうか。

「素直に吐けばいいんだよ」と言われて、もう脅しすかしで、その後、涙まで流して「あなたは北海道の選挙民から選ばれて、有権者が悲しむじゃないですか」とか言うわけです。私としては、何であなたが悲しむんだよ、という話です。

それで、佐藤優さんから「とにかく吉田には気をつけろ」という紙が送られてきて、私は吉田さんの機先を制した方がいいなと思って、対抗上、土下座とかしたわけです。

佐藤優は同志社大学大学院神学研究科修了後、外務省に入省、ソ連担当として鈴木宗男らとともに北方領土返還などに尽力したが、「国策捜査」の末に背任容疑などで逮捕された。勾留中の取り調べで容疑を一切認めず、勾留期間は五百十二日間に及んだ。

佐藤は早くから小沢一郎、石川知裕の無罪を主張、勾留中の石川に対し、弁護士に託して六十一通のメッセージを送って励ました。その中の二〇一〇年二月三日のメッセージにはこう記されている。

「鈴木宗男事件で、吉田正喜は取り調べ室で泣いて、土下座して業者にウソの自白をさせた。こいつには要注意」（『誰が日本を支配するのか⁉︎　検察と正義』）

吉田正喜は中央大学法学部卒業。東京地検特捜部副部長として陸山会事件を担当。石川を担当した田代検事と共謀して虚偽捜査報告書を検察審査会に送り、小沢一郎の起訴相当議決を導いたとして市民団体から告発された。
しかし、同時に告発された田代とともに不起訴となっている。
虚偽捜査報告書について、小沢に無罪を言い渡した東京地裁判決は、作成の経緯や理由、原因などを徹底的に調べるよう検察庁に厳しく求めた。
しかし、検察は最終的に田代の「記憶違い」という結論を出した。このため、当時の民主党政権の小川敏夫法相は、正しく再調査するよう検察を指導する目的で、指揮権発動を決断した。だが、野田佳彦首相に最終報告する予定だった日の前日にあたる二〇一二年六月四日、突如法相を解任された。
（『指揮権発動　検察の正義は失われた』）

——吉田さんが、「秘書の事件にして終わらせましょう」と提案したということですが、秘書の事件というのはどういう意味ですか。

石川　結局、石川が五千万円をもらったことにしろ、ということです。

——それは、あまりにひどいじゃないですか。

石川　もう、びっくりですよ。賄賂をもらって、秘書が自分の懐に入れたことにしたらいいじゃないか、というわけです。

——副部長の吉田さんが、そういうことを提案されたわけですね。

石川　そういうことです。

——とにかく、一応もらったんだという形を作りたかったんでしょうか。

石川　そうです。

――実際は石川さんがもらったことにしたらどうだ、と言ったわけですね。

石川　もらったことにしたらどうだ、と言うより、もう認めろの一点張りでしたね。

――要するに抜き取ったと。小沢さんではなく、秘書の事件にしたらどうだというわけですね。

石川　そうです。秘書の事件にして、これですっきりさせようというのが最初の提案でした。

――そうすると、はっきり言って、十日目に出てきた吉田副部長は実はこの時、かなり苦しかったんでしょうね。

石川　そうですね。やっぱり上の方から、話がだいぶ違うじゃないか、ということで十日目に出てきたんだと思います。

――水谷建設の川村（尚社長＝当時）さんを脅しすかしでかなり追及したでしょうが、ディテールに関して曖昧なところが出てきて、これは大丈夫かみたいなことがあったんじゃないでしょうか。

石川　そうですね。だから、結局、裁判では推認はされましたが、この五千万円自体は証明されていないんです。

――そうでした。推認というふざけた判断を裁判所は取りましたね。

石川　もうふざけた話ですけどね。

――小沢さんは今の政界には珍しいほどの清潔な会計システムを採っていますが、個人的にもお金のことに関して非常にきっちりされているんですよね。

　例えばコピーにしてもできるだけ紙の裏まで使ったりされているそうですね。石川さんの著書はほとんどすべて読んでいますが、その中で非常に印象深いエピソードがあったのを覚えています。

小沢さんと一緒に別荘に行かれた時に、石川さんがレトルトカレーの賞味期限切れを確認して捨てようとしたんですね。そうしたら小沢さんがそれを止めて「一応食べてみて、おいしかったらそれでいいじゃないか。何でも自分の身体でまず確認してみろ」という話をされたということでしたね。

石川　要は、ふだん小沢さん自身がきっちり注意を怠らなければ、あとはそれぞれちゃんとやっている、というのが小沢流なんです。だから、政治資金収支報告書にしても、いちいち細かいところまで口を出しませんけど、一事が万事、ふだんの心構えが大事だということです。

——そこのところで、小沢さんは、立候補する石川さんに対して、企業経営者的な厳しさが足りないぞとアドバイスしたという話が、石川さんの著書に書いてあったと思うのですが。

石川　立候補する時に言われました。

——小沢さんは、石川さんが立候補する時に、なぜ反対したのでしょうか。まだ早いとかということですか。

石川　それは、新しい秘書にまた最初から教えるのが大変だからです。

——そうなんですか。

石川　それは、はっきり言われました。居酒屋の庄やに呼ばれて「立候補やめろ」と。「これから政権を取って行く時に、石川に任せておけば安心だ」というわけです。私を東京全体の責任者にさせようと思っていたと思うんですが、それを振り切って私が出て行ったんです。

——なるほど、そうなんですか。そこでお聞きしたいのは「政治にはお金がかかる」と言う時のお金のかかり方なんですね。石川さんは秘書をされていたわけだから、事情をいろいろとご存じだと思うのですが、まず秘書を抱えているとそれだけ人件費がかかるわけですよね。民主党が政権を取った前後に、小沢さんは新人を積極的に発掘されて、そこにベテランの秘書を派遣していろいろと教育されていましたよね。

石川　指南しました。

――指南して当選させるように頑張るわけですね。それが力の源泉の一つだと思うのですが、そうすると秘書を何人も抱えていなくてはいけません。その人件費だけでも大変だと思うのですが、どうなんでしょうか。

石川　政治団体における人件費の割合は、もう半分以上だと思います。

――人件費が半分以上を占める？

石川　はい。政治家にとっては、秘書の数は支持を広げるのと比例しているんです。そもそも政治資金を集めるのは秘書を雇うためだと言っても過言ではないです。だから、その支出が多いのは、小沢さんにとっては政権を取るために当たり前のことだったと言えます。

――小沢さんは最大で何人ぐらいの秘書を抱えていたんですか。

石川　外国人も入れて二十人近かったと思います。

――それはいつごろのお話ですか。

石川　二〇〇四年以降、二〇一〇年までが最大だったと思います。

――石川さんはちょうどその時いらっしゃったわけですね。

石川　そうです。

――外国人の秘書は何人ぐらいいましたか。

石川　常に二人か三人です。台湾の方、韓国の方、それからイギリスの方ですね。政権交代した時に通訳として必要だろうということで、ずっと入れていました。優秀な人たちだったと思います。韓国の方は東大の大学院を出ていて、台湾の方は民進党の外交部の幹部になっていると思います。そういうネットワークをどんどん広げているのはさすがに小沢さんだなと思いましたね。

――そうですか。それでは、秘書を二十人とします。そうすると、平均年収はどのくらいになるんですか。

石川　三百万円から三百五十万円でしょう。安いです。

――すると、全体で六千万円から七千万円ということになりますね。

石川　そのぐらいいっていましたね。私が事務所を辞める時に額面で三百五十一万円です。

――そうなんですか。

石川　その時三十一歳ですから。ただ、三百五十一万プラス住居費、光熱費、食事代がプラスになって、合計五百万近いものをもらっていたと考えていいでしょうね。

――そうしますと、単純計算で一億円弱が人件費ということですか。

石川　そうなりますね。毎年の経費が二億円ぐらいかかっていましたから。一番いい時で三億円収入があって、二億円の出費で一億円ずつ政治団体に積んでいる時もありました。だから、それでマンションを買って収支トントンになっていくんですけど、人件費でやはり八千万から一億ぐらいかかっていたと思います。支出全体の四割から半分は秘書の人件費でしょう。

――それで初めて、選挙の時に新人を幅広く支援できて、政権交代につなげることができたわけですね。

石川　はい。その動きは二〇〇七年の参院選の時からだったと思います。

――私も、二〇一〇年の参院選の時に、小沢さんに同行して鳥取、島根の方に取材に行きましたが、確かに小沢さんの秘書の方々が新人候補について頑張っていましたね。

石川　そうですか。

――そこで、話はそもそもの始めに戻って申し訳ないのですが、「陸山会事件」の発端になった世田谷の土地の件ですね。ここに秘書の寮を建てるという話のきっかけはどういうことだったのでしょうか。

石川　そうですね。もともと小沢さんの家の近くに秘書の家が三軒あったのですが、一軒家が三つだったので、一時期、秘書同士の人間関係から難しい時があったのですね。それで、この際気兼ねの要らない寮を作った方がいいのでは、ということになったんです。

　小沢さんは、先ほど言った台湾と韓国、イギリスの秘書の方にそれぞれマンションに住んでもらっていたんです。それで、日本人秘書も、アパートを建てて寮を作った方がいいんじゃないか、ということが話の始まりだったんです。

――そうなんですか。一般的に「政治にお金がかかる」とよく言われますが、大半は人件費プラス福利厚生費なんですね。特に小沢さんのように、リアルに政権交代を目指している政治家にとっては秘書の待遇、秘書の人数というのは死活的に重要なんですね。そのような事情も背景もすべて吹っ飛ばして、検察はまったく無根拠に石川さんを逮捕、起訴したわけですが、石川さんの「獄中日記」（『誰が日本を支配するのか⁉　検察と正義』）を読むと、さすがに無根拠な事案だけあって検察も必死でしたね。

石川　取り調べは私も本当に苦痛でしたね。カツン、カツンと刑務官の靴音が聞こえてくると、布団から出るのが本当に苦痛なんです。

――カツン、カツンと靴音を響かせて、刑務官が呼びに来るわけですね。

当選確実となり、夫の石川知裕元衆院議員と喜ぶ石川香織氏＝2017年10月22日、北海道帯広市

石川　そうです。ガチャッと扉を開けて「出房」と言うわけです。

――出房。

石川　最初「出動」と聞こえたんです。ガンダムかなと一瞬思ったくらいです（笑）。

私は東京拘置所のD棟十一階一号室にいたんですけど、配膳係をやっていた人は明らかに冤罪だったと思います。当時、ここには死刑囚が五人いました。五人のうち三人は、秋葉原無差別殺傷事件、埼玉県本庄市保険金殺人事件、それからオウム真理教事件の死刑囚でした。私も驚愕しました。そんな人たちと一緒だったのかと思って。

――石川さんは著書の中で、「死刑囚なんだけど、テレビを見ながら結構普通に笑っているのを聞いていて、やっぱり考えるところがあった」というようなことを回想されていますね。

石川　そうですね。ヘッドフォンで音を聞きながらテレビを見ていたと思うんですが、結構ハハハとか笑っていました。刑務官からは、トラブルになるから見てはいけないと言われましたが、ガラスの窓から結構見えてしまうんですね。

私は端の一号室だったので、運動場に行く時全部の房の前を通りますから。大体書物が積んである人は死刑囚か無期だったと思います。部屋はすごい汚かったです。

——こういう時は、眠っている間、夢は見るものですか。

石川　見なかったですね。拘置所では十分本を読めたので、時計がなかったからわかりませんが、たぶん夜中の一時とか二時ごろまで本を読んでいました。それで朝の七時前に起床ですから、疲れ切って夢を見る暇もなかったですね。

——そうですか。石川さんは、何の罪もないのに普通の人が経験できないような大きな挫折を味わいました。しかし、敗れはしましたが挫折から立ち上がり、野党統一候補として北海道知事選を戦いました。今後、どのように生きていきたいと考えていますか。

石川　「陸山会事件」によって、私の政治生命は一旦は絶たれました。しかし、二〇一七年の衆院選で、私の妻が小選挙区で勝利しました。それから私自身、北海道知事選で野党統一候補として選ばれました。

これは、事件に対して、石川は「冤罪」だったのではないかと多くの国民が感じてくれている証しだと、私自身思っています。

いま、安倍一強体制と言われて、その影響で政治の私物化が進んでいます。こういうものを跳ね返し、原点に戻って、国民のための政治を行うために頑張って参りたいと思っております。

第6章　安倍暗黒政治からの脱出は可能か

「私や妻が関係していたということになれば、それはもう間違いなく総理大臣も国会議員も辞めるということは、はっきりと申し上げておきたい」。安倍晋三首相は衆院予算委員会でこう答弁した。森友学園の新設小学校名誉校長には首相夫人の安倍昭恵氏が就き、小学校名には当初、「安倍晋三記念小学校」という名称が付されていた。安倍首相は否定しているが、安倍氏から昭恵氏を通じて100万円の寄付があったと学園側は明らかにしている。昭恵氏らの関与が記された公文書は後に大きく改竄され、改竄作業を強いられた財務省近畿財務局職員の赤木俊夫氏は自殺に追い込まれた＝2017年2月17日、国会内

安倍首相の権力私物化に協力した官僚がみんな出世する

司法試験を目指してきた大学院生が二十七歳で政界に入り、以後、自民党内では政権の中枢でこの国の政治のあり方を目撃し続け、政権党から外に飛び出してからは二度の政権交代を成し遂げて政治改革にエネルギーを注ぎ込んできた。

現時点の日本政治は「安倍一強」とも言われるが、全有権者に占める自民党の得票割合は二〇一九年夏の参院選を見ても二割を切っている。

投票率が半分の50パーセントにも満たない低い水準であることも大きい原因だ。大半の国民が日本政治の現状に諦め切った感覚を持っていることがよくわかる。この政治状況について、小沢一郎はどう考えているのか。

一見すると「安倍一強」だが、その政治の果実は非常に乏しく、「政治の私物化」に必要な権力を維持するために公文書を改竄、廃棄し、疑問だらけのその場しのぎの答弁を延々と続けている。

こんな安倍政治に対する小沢の批判は遠慮のないものだった。

歴史的使命感と深い洞察、持続する情熱で日本政治を揺り動かしてきた「職業政治家」（マックス・ヴェーバー）の小沢にとってみれば、「私物化」だけを頭に置く安倍政治は到底我慢のならないものだろう。

――まず真っ先におうかがいしたいのは安倍政権への評価です。「桜を見る会」の問題や河井案里参院議員への一億五千万円提供など政治の私物化が大きい問題になっています。森友や加計問題もやはり政治の私物化の問題でした。こういう安倍首相の政治のあり方について、率直にどうご覧になっていますか。

小沢　どうしようもないくらいです。権力が長く続くと腐敗するということがあるけれども、安倍さんの場合は長いだけじゃない。彼の体質といったものが、こういう私物化、腐敗を生んでいると思います。何をやっても悪いと思ってない感じです。

――そういう感じですね。

小沢　そこが問題なんです。ああ、悪いことをやってしまった、という態度が見えればまだ論評のしようがあるけども、悪いと思わない、平気で嘘をつく。

そして権力をまったく私物化している、おもちゃのようにしているから、もうどうしようもない政権です。いまだかつて日本の憲政史上こんな政権はなかったんじゃないですか。

――具体的に言うと、河井案里さんへの一億五千万円供与の問題では、安倍首相に対して批判的だった広島の溝手顕正《けんせい》参院議員（当時）を落とすために、同じ自民党の河井さんに通常の十倍もの資金を注ぎ込んだと言われています。

これに対しては、安倍側近と言われる下村博文衆院議員や、あるいは中谷元衆院議員まで「尋常の額ではない」と言っていますね。同じ自民党内でこういう不公正なことをやる自民党総裁というのは、かつていなかったのではないですか。

主催した「桜を見る会」であいさつする安倍晋三首相。自らの選挙区から850人の有権者を招待するなど、公職選挙法違反や財政法違反などが強く疑われる事案となった＝2019年4月13日午前9時1分、東京都新宿区の新宿御苑

小沢　いないですね。実際には選挙を金で動かすのは幹事長なんです。ぼくも、自民党時代に二度三度と全国レベルの選挙を担当したけれども、ぼくは各候補者にも各派閥にも公平に資金を配りました。

だから、とにかく安倍さんの体質だと思う。「あいつは憎らしい、許せない」となって、こっちに金を出そうとなったんですね。

ちょっと自民党内でも、この安倍さんのメチャクチャなやり方には批判が出始めたと思います。不協和音が自民党内でも出てきていると思う。そんな感じがする。

――それから、二〇一九年の暮れから非常に問題になってきた「桜を見る会」の私物化の問題ですね。招待客の中には、山口県の安倍首相の選挙区有権者が八百五十人いるということがわかっています。

そして、それを含む最低でも五、六千人いるとされる安倍事務所推薦の招待客。この人たちは、会招待の対象である功労者、功績者ではありません。

これは明らかに税金を使った公職選挙法違反、買収、供応にあたるのではないでしょうか。そしてまた、税金の目的外使用ということで財政法違反でもありますね。

小沢　当然そうでしょう。これは告発されていますね。

――はい。背任で告発されていますね。

小沢　要は、検察が動かなければ仕方ないんです。韓国の検察は大統領と対決してまでやっているのに、日本の検察、警察は官邸の顔色をうかがっているんだからしょうがない。

国としての日本は、その意味ではものすごい後進国だと思います。後進国で全体主義社会みたいなものです。ちょっとひどすぎる。今までの歴代総理もいろいろとありましたが、それぞれに最低限の良識や常識を持っていました。しかし、安倍さんにはそういうものが全然ない。

――そういうことですね。ひどい警察、検察の話で言えば、小沢さんがまさに体験された陸山会事件というデタラメ捜査の案件がありましたが、最近の典型的な事例では、伊藤詩織さんのケースが指摘されます。

ジャーナリストの伊藤詩織氏が元ＴＢＳワシントン支局長の山口敬之氏に乱暴されたとして告訴した事件は、告訴状を受けた高輪警察署が逮捕状を取るまで捜査しながら逮捕直前でストップがかかった経緯を含めて、社会に衝撃を与えた。

事件の経緯を生々しく描いた伊藤氏の著書『ブラックボックス』（文藝春秋）によれば、山口氏から乱暴されたのは二〇一五年四月三日深夜。酒に強い伊藤氏は、山口氏と飲食中に初めて気を失い、意識を取り戻した時は山口氏のホテルの部屋で乱暴されていた。伊藤氏は乱暴目的で気を失わせる「デートレイプドラッグ」の使用を疑っている。

伊藤氏は高輪署に告訴したが、警察の捜査を指揮する検察は当初から消極的だった。それでも一線捜査員が積極的に捜査し逮捕状を取った。山口氏が米国から一時帰国する二〇一五年六月八日に成田空港で逮捕する予定になっていたが、その直前に警視庁の中村格《いたる》刑事部長（当時）がストップをかけた。

週刊新潮の取材にその事実を認めた中村氏は、刑事部長の直前まで菅義偉内閣官房長官の秘書官を務めており、山口氏自身は安倍首相に関する著作を幻冬舎から二冊出していた。

結局、山口氏は書類送検されたが、東京地検は不起訴処分とし、検察審査会は不起訴相当の議決を出した。

しかし、一方で伊藤氏は山口氏に対して一千百万円の損害賠償を求める民事訴訟を起こし、山口氏も「社会的信用を奪われた」などとして、慰謝料一億三千万円を求めて反訴した。東京地裁は判決で、山口氏の性暴力を認定して伊藤氏の訴えを認め、山口氏の請求を棄却。山口氏は控訴している。

安倍首相に近く、安倍氏の関連本を二冊著している著者が、菅官房長官の元秘書官に逮捕直前に救われるという構図が一般の憤激を呼び起こし、健全な社会常識に与えた傷口は今も疼き続けている。

――山口敬之氏から乱暴されたということで被害に遭った伊藤さんが自ら名前と顔を出して告発しました。

それだけでも衝撃的なことだったのですが、現場警察は準強姦罪で逮捕状を取ったのに、逮捕直前になって当時の中村格警視庁刑事部長がストップをかけるという前代未聞のことまで起こりました。この中村刑事部長は直前まで菅官房長官の秘書官で、さらに山口氏は安倍首相を褒めあげる本二冊を書いた著者だったのですね。

こういう事態は、全警察への国民の信頼を大きく揺るがしたと思います。

小沢　ひどいですね。検察、警察というのは、国民の基本的な権利、人権を規制できる制度的力を与えられているわけだから、それが悪用されたらみんな罪人になってしまいます。あるいは本来の罪人が罪人でなくなる。もう好き勝手にできるようになってしまう。だから、日本は本当に歪んだおかしな国になってきてると思います。

――さらに安倍政権についてはひどいことがたくさんありますが、森友問題に絡んで公文書改竄の大変な問題がありましたね。これは安倍昭恵さんの関与を隠すためと思われますが、この案件は通常であれば最低でも麻生財務大臣の辞任、それから、これほど大胆に確信犯として公文書を改竄すれば内閣総辞職に相当するケースだと思います。

それが何もなくて、結局、担当していた財務省近畿財務局の官僚の方が自殺してしまいました。このケースは、霞が関の官僚の士気を本当に失わせる重大な要因となってしまったのではないでしょうか。

小沢　そう思いますね。だから、官僚までもが劣化する原因を安倍内閣が作ってしまっている。こういうことをやっていると、官僚の頭の中、心の中では、結局官邸にゴマだけをすっていればいいということになってしまいますから。士気の低下、倫理感の喪失、これは安倍政権の罪ですが、それだけでは留まらないかもしれない。もしかすると全国民に影響を与えているかもしれない。嘘をついても

参院予算委員会の証人喚問で、野党議員の質問を聞く佐川宣寿前国税庁長官＝2018年3月27日、国会内

平気だというわけですから。

基礎的な倫理、道徳といったものを総理自らが破壊してしまっている。その意味で本当に恐ろしい政権、まさに亡国の政権です。

――そうですね。ですから、さきほど山口氏の逮捕に対して直前でストップをかけた当時の中村格警視庁刑事部長は、今度警察庁のナンバー2に出世しましたからね。

小沢　警察庁次長になった？　信じられないね。

――そして、森友の時に財務省の理財局長をやっていた佐川宣寿氏は、その後退職前に国税庁長官になりましたからね。つまり、安倍政権のデタラメな私物化に加担した官僚が出世してしまうんですね。

小沢　安倍さんの権力の私物化に協力した官僚がみんな出世するという話です。本当に、よくそういうことができるなと思うことを平気でやりますから。

――日本の官僚というものは、これまで省益で動くことはありましたが、最低限の公正さはあったと思います。それが今、その公正さまでまったく失ってしまったんじゃないかと思うんですね。

小沢　公正さがなくなっちゃった。あるのは安倍さんに対する忠誠さだけだね。

――だから、内閣人事局というものも、構想した当初は、こういう政権をまったく想定していなかったんじゃないでしょうか。

内閣人事局は、橋本龍太郎政権の時の「橋本行革」に関連して、松井孝治（元参院議員、鳩山内閣の官房副長官）が、国家戦略局と「車の両輪」として構想したのが端緒。財政的資源配分と人的資源配分の枢要なところを官邸が押さえて、国民のための政治を「官から政へ」取り戻すことが目的だった。

――内閣人事局の当初の狙いというものは、各省の省益による動きを政治の側がコントロールして国民のための政治を作るということだったと思うのですが、ここまで私物化されるとは夢にも思っていなかったのではないでしょうか。

小沢　本当に、安倍総理個人のために内閣人事局を作ってしまったということになってますね。こんなことは想定していなかったと思います。

――残念ながら、そういう形になってしまっています。

小沢　驚くべき政治ですよ。

――内政問題を見ても、あまりに失敗が目立ちますね。大学入試改革の失敗もひどいものでした。英語民間試験や国語・数学の記述式試験の導入失敗の事例は、少し考えただけでも採点の困難さがわかります。これなどは、まさに文部官僚の士気の低下のなせるわざじゃないでしょうか。

小沢 そう思いますね。それで、そこにみんな政治家の利権が絡んでいる疑いがあるんですね。結局、いつも利権なんですよ。

――そうなんです。いつも業者の名前が出てくるんですね。

小沢 それは文部行政だけではない。沖縄・辺野古の問題もそう、原子力の問題でもそうです。全部利権の話が出てくるんです。森友や加計だって利権の話ですから。驚きますね。唖然とするばかりです。

――そういう意味では、マスコミが利権の構造をどんどん暴いていくことが大事ですね。

小沢 それはもちろん大事ですが、そのためには、やっぱり野党がしっかりしなければダメなんです。日本のマスコミもやっぱり権力に弱い面があります。そこはまだ後進国・日本の姿だと思いますね。野党がしっかりしてさえいれば、安倍政権はとっくの昔に倒れていたでしょう。絶対、退陣だったと思いますよ。そういう意味で、これから野党をしっかり再組織して、何としても安倍政権を追い込んでいきたいと思っています。

「原子力政策」と「対米政策」の壁

「公私の別」と言った時の「公」とは何だろうか。ドイツ出身の哲学者ハンナ・アレントはかつて「公」の考え方について、わかりやすく「テーブル」の比喩を例示した。

二人がテーブルを挟んで向き合い会話を交わす。三、四人がテーブルを囲んでカードゲームに興じる。あるいは大勢の人がテーブルに着いて、ある議題に関して論じ合う。人々の間にあって人々が分かち合い、人々の拠って立つポジションを平等に保証するもの、それが「テーブル」であり、公の場所なのだ、と。

この「テーブル」が一人の者に占拠され、その者のわがままな考え、意思だけが通り、その者により近く、阿諛追従《あゆついしょう》を専らとする人間だけが「テーブル」に着くポジションを恣意的に与えられるとすれば、そこには「公の場」はすでに存在しない。（ハンナ・アレント『人間の条件』、志水速雄訳、ちくま学芸文庫）

政治が成り立つ基盤は「公の場」である。平等に分かち合う「テーブル」が間になければ議論が成り立たない。安倍首相は、一方でその「テーブル」を破壊しつつ、他方で、現代日本が直面する最も大きい問題について、まったくと言っていいほど積極的に取り組む姿勢を見せていない。

現代日本が直面する最も大きい問題というのは、言うまでもなく、国内問題では、原子力・エネルギー政策、対外問題では対米政策である。果たして、このままでいいのだろうか。

――安倍政権が国内政策にどう取り組んでいるか、小沢さんの評価をおうかがいします。現代日本が直面している最大の内政問題は言うまでもなく原子力・エネルギー政策です。世界は福島第一原発の事故を契機に、風力発電を中心に再生エネルギー・ビジネスに大きく動いています。

しかし、当の日本では安倍政権がまったく動いていません。原子力にしがみついて、原子力から離脱する姿勢がまったく見られない。これも驚くべきことではないでしょうか。

小沢　これは、構造的に言うと、政官財学という四者の利権なんです。これはものすごく強固なもので、安倍さんや自民党の大部分はこれに乗っかっています。そして、これはなかなか崩せないんです。世界の大勢は原子力から脱出することに目覚めています。そして、何とか新しいエネルギーを求めて頑張っているのに、日本はいまだにひたすら原発ですから。これは、何もかも利権なんです。

――やっぱり、原子力から離脱するには相当大きい政治力を必要とするのではないでしょうか。

小沢　この利権の構造を壊さないといけないですからね。

――福井県敦賀市の高速増殖炉もんじゅは廃炉が決定しましたが、青森県六ケ所村の再処理工場はいまだ続けていますね。この核燃料サイクル計画は日本の原子力の骨格だと思いますが、ここを変えないと日本の原子力からの離脱はできないと思います。

小沢　六ケ所村の再処理工場は全然うまくいっていないそうですね。

――まったくうまくいっていないです。それで、その再処理工場を中核とする核燃料サイクル事業をやめない限り日本の原子力はなくならないですよね。

小沢　それはそうです。

――原発の使用済み核燃料は今、電力会社が資産として持っています。しかし、実のところは資産の体《てい》をなしていないし、超危険な存在であるだけなんですね。

日本の原子力政策の骨格を形作る核燃料サイクル事業の最大のポイントは使用済み核燃料の存在にある。

福島第一原子力発電所の過酷事故で極めて危険な事態に陥った四号機で見られたように、使用済み核燃料は現在、全国の原発敷地内で水冷保管されている。しかし、ほとんどの保管プールは、使用済み核燃料が満杯の状態に近い。満杯に近いこの使用済み核燃料が抱える問題は大きく二つ指摘できる。

①経営上の問題。使用済み核燃料は再処理工場に売る建前を採っているため資産項目に計上されている。しかし、実質的に破綻している核燃料サイクル事業が文字通り終結し再処理工場が閉鎖されれば、この使用済み核燃料はただの超危険なゴミとなり、電力会社の資産勘定に巨大な穴をあけることになる。そうなれば日本の電力会社は事実上の倒産となる恐れが強い。

②核政策上の国際問題。再処理工場は使用済み核燃料からウランとプルトニウムを取り出すが、このプルトニウムが核兵器に転用される恐れを含み、核政策の観点から、日本は国際的に警戒されている。

小沢　そう。使用済み核燃料については、経営上の問題もあるが、今やアメリカが警戒し始めているんです。

――プルトニウム問題ですね。

小沢　プルトニウム問題。技術的にすぐにはできないのだろうけど、日本は潜在的に核兵器をかなり持てるそうですね。

――日本が国内外に保有しているプルトニウムは約四十六トン、中国の軍事的な推定保有量の十倍と言われ、核弾頭の潜在的保有は六千発にもなるということです。

小沢　核兵器にするにはまだまだそれなりの技術が必要だけど、少なくともそれだけの原材料を持っているわけです。だから、アメリカ国内では、今日本のプルトニウムをどうにかしろという意見が非常に多く起こっているそうです。安倍政権だったら、まさに保有ということもやりかねないですね。安倍さんは、核武装を言った人間ですからね。

二〇〇二年五月十三日、小泉政権時代に官房副長官だった安倍は、早稲田大学の講演会で、「自衛のための必要最小限度を超えない限り、核兵器であると、通常兵器であるとを問わず、これを保有することは、憲法の禁ずるところではない」と述べている。

二〇一七年十一月、日本会議会長の田久保忠衛も安倍に日本の核武装を督励している。

トランプ米大統領は朝鮮半島からの米軍撤退を検討していると言われているが、そうなった場合には、軍事力バランスを喪失した東アジアは核保有の連鎖が生じる恐れが強い。このような局面では安倍首相は即座に核保有に走るのではないか、と心配されている。

――そうなんです。「自衛の範囲を超えない限り、憲法上、核保有は認められる」と言っているんですね。

小沢　言っていますね。

安倍首相の祖父、岸信介元首相やその弟、佐藤栄作元首相も水面下では日本の核武装に消極的ではなかった。

岸は一九五七年五月に参院予算委員会で、「憲法上、核保有は認められる」と安倍と同趣旨の発言をしている。

佐藤は一九六七年十二月に非核三原則を表明したが、それまでは一九六四年の中国の核保有を受けて、水面下で核保有を模索していた。ジョンソン米大統領が日本の核保有を認めず、日本国内でも核保有に極めて強い反対世論があったため、表だっての保有は断念した。

しかし、潜在的な核保有能力は決して手放さない方針を採った。佐藤政権時代の外務省幹部による内部委員会が作った一九六九年九月二十五日付「わが国の外交政策大綱」という文書には、こう記されている。

「当面核兵器は保有しない政策をとるが、核兵器製造の経済的・技術的ポテンシャルは常に保持するとともにこれに対する掣肘《せいちゅう》を受けないよう配慮する」

「核兵器製造の経済的・技術的ポテンシャル」というのは、核兵器用の純度の高いプルトニウムが抽出できる再処理工場を意味している。つまり、核保有五大国以外では日本だけに認められている再処理工場を中核施設とする核燃料サイクル事業は、日本の潜在的な核保有能力維持の目的を色濃く蔵しているのだ。

——安倍首相の大叔父である佐藤栄作元首相は、日本の核保有を模索していたんですね。ジョンソン米大統領は核保有は認めなかったんですが、その代わりに出てきたのが再処理工場なんです。それで、佐藤政権の外務省内部委員会が、核製造の潜在的製造能力は手放さないという報告書を出したんです。つまり、再処理工場は、核の潜在的保有のためであるという隠された大きい意図があるんですね。

それを変えるには、相当に大きい政治力のエネルギーが必要だと思うんですよね。つまり、この日本のエネルギー政策の全体を変えなくちゃいけないじゃないですか。

小沢　それはそうです。政治力もそうですが、お金もかかりますしね。お金の話は大した話ではないかもしれないが、原子力村と呼ばれるこの利権の構造をどうにかするには容易じゃありません。

――ですから、このエネルギー政策の全体を変えていくには、冗談や社交辞令などではなく、小沢さんが中心になって本当の政治力を発揮しないとできないのではないか、と私は考えています。

小沢　いや、そのことは本当に大変だと思っています。原発ゼロと言ったって今すぐできるわけではありません。時間がかかります。また、日本の場合、核燃料サイクル事業の話だけではなく、特に高レベル廃棄物の処理の方法が見つからないんですね。

――そうですね。

小沢　ぼくは、政権を取ったらという前提で方法は考えてあります。やっぱり政権交代したら、廃棄物処理の恒久的な方法を考えて、何兆円、何十兆円かかろうが実行しなければなりません。今の福島原発の処理を見ていると、お金ばかりかけて何も進んでいないのではないでしょうか。

――小沢さんが考えていらっしゃる高レベル廃棄物の最終処理というのは、やはり地中深く埋めるというものですか。

小沢　いや、日本の場合には地下水が連結していますから、地下処理はだめだと思いますね。福島第一原発のサイトと周辺の自治体ですが、やはり抜本的な処置をしないといけないと思います。住民の方々を帰還させる、帰すというようなことを表面上言っているから、いつまで経ってもだめなんだと思います。

安倍政権はいやがられることを言いません。だって、地下水なんて雨が降れば降るほどどんどん出てくるわけですから。それから、山の樹木に積もった放射能の塵なんていうものは洗い落とすと言っても洗い落とせないんです。だから、お年寄りは生まれたところで人生をまっとうしたいということであれば、それはそれで仕方がないとも思いますが、若い人は何十年と住まなければならないわけです。

低レベルの放射性廃棄物でも若い人の身体には支障を来すし、特に子どもには強い影響を与える。そこのところを政治家は国民のため国のために、嫌われてもやることはやらなくちゃだめだと思いますね。

安倍政権の対米政策は、一言で言えば「すり寄り」である。二〇一六年十一月十七日に、安倍首相がわざわざ、就任前のトランプ大統領をニューヨークのトランプ・タワーに訪ねたエピソードが象徴的だ。翌年に開かれた安倍夫妻主催の晩餐会で、トランプから「断ろうと思って電話したら、すでに安倍は飛行機に乗っていて留守電だった」というジョークまで披露されてしまった。

安倍首相は一機百億円のF35戦闘機を一〇五機追加注文し、一基約千二百億円のイージス・アショアを二基、米国から買うことをトランプに約束した。ずさんな計画が明らかになってイージス・アショアは配備計画断念に追い込まれたが、「米国からの『高い買い物』を念頭に防衛計画を設定している。本末転倒ではないか」という批判の声が自衛隊内部からさえ出ている。

安倍内閣は二〇一四年七月一日、集団的自衛権の限定行使を認めるという憲法解釈の変更を閣議決定、翌一五年九月十九日、集団的自衛権を含む安全保障関連法を成立させた。日本防衛という目的を外れて、米国製兵器を使って米軍とともに他国と戦火を交える可能性が飛躍的に大きくなった。安倍政権は、戦後のどの歴代政権と比べても、はるかに米国への「すり寄り」を強めている。

——安倍政権の外交政策についておうかがいしたいと思います。まず対米政策について見ますと、一言で言えばトランプ大統領への「すり寄り」に尽きているように思えます。米国のジョセフ・ヤング駐日臨時代理大使は、日米関係について、集団的自衛権行使を一部容認した安全保障法制などが「分水嶺となった」と言っています。（二〇二〇年一月二十八日付朝日新聞）

米国共和党を中心とする保守層は、アジアや中東における米軍の代理を日本が務めてくれることを戦後ずっと考え続けてきました。そして、安倍首相になって、まさにその形が整ったと言えます。さらに、米軍駐留経費の増額要請も強まっています。安倍政権の憲法9条解釈変更は、日米関係を根底から変えたようです。その歴史的責任は極めて重いのではないでしょうか。

小沢　まあ安倍政権の憲法9条解釈の変更は無茶苦茶な解釈変更ですが、アメリカのトランプ政権というのはものすごく異質な政権だから、アメリカの保守的な理屈を持った人たちと必ずしも同じではないんですね。トランプはもともと不動産業の人ですから「千三つ」という面もあるでしょう。だから、あれでは本当に同盟国がなくなってしまいますよ。イギリスのジョンソン首相はEU離脱ということもあって、もともとの縁でトランプと仲良くやっているようですが、基本的にトランプは欧州では信頼を失っていると思いますね。だから、トランプのような政治家の口車に乗っていたのでは、本当に国を危うくしますよ。

と言っても、ぼくはただで平和が得られると言っているのではありません。お金がかかるものはかかるし、日本人もお金だけではなくて、人的な面も含めてコストをかけなければならないんです。だけど、それはきちんとした理念と理想と、それから現実の政策に則ったものでなければだめです。

安倍さんはトランプ大統領をお題目にして、国の防衛政策について、私物化どころかあまりに勝手にやっています。ぼくは、むしろ集団的自衛権よりも、あの安全保障法制に含まれる個別的自衛権の方がよほど危ういと思っています。というのは、今度の「調査・研究」目的の中東派遣を見てください。

二〇二〇年一月三日、イラン革命防衛隊のカセム・ソレイマニ司令官を米軍がドローンによる空爆で殺害。イランは報復として、イラクにある米軍基地を弾道ミサイルで攻撃。トランプ米大統領は「有志連合」を呼びかけ、安倍政権は閣議決定だけで海上自衛隊の護衛艦「たかなみ」の派遣を「調査・研究」目的で決定した。二月下旬からアラビア海周辺で本格活動している。

安倍首相は「有志連合とは別の独自の派遣」と説明しているが、これによって日本が戦争に巻き込まれる危険が指摘されている。

小沢　これは個別的自衛権なんです。この個別的自衛権によって勝手に行けるわけです。こんなことをやるなんてことは本当にかつての帝国陸海軍と同じなんです。「外国の武力攻撃によって国民の生命、自由および幸福追求の権利が根底からくつがえされる」というような表現で、何かあれば防衛出動と言っています。もうメチャクチャだと思います。

だから、あえて逆説的に言いますが、ぼくはまだアメリカの有志連合に入った方がましだったと思う。アメリカの戦争に巻き込まれるという心配もありますが、一応アメリカがいて他の国もいるわけですから、歯止めになります。

ところが、今派遣しているのは、日本だけでやろうという話ですね。これは恐ろしい話です。日本単独で本当に緊急事態に対応できて、軍事力をコントロールできるのでしょうか。

だけど、心配なのは、メディアもそうだけど、国民が全然関心を持っているように見えないことです。「石油は大事だ。邦人の命も守らなければならない」というような類いの話に終わっているんです。

中東海域に派遣された護衛艦「たかなみ」と乗組員＝2020年2月2日、神奈川県横須賀市

だから、あえて言えば、国民の感覚も麻痺しているというか、今やこういうことを考えようとしないんですね。この中東派遣の結果がどういうことをもたらすのかということを。国民ももう少し真剣に考えないと、本当に「いつか来た道」になってしまうと思います。

——今度の中東派遣の自衛隊はもちろんそうですが、海外に派遣された自衛隊が軍事衝突を起こすことは十分ありうることですね。その場合に、例えば自衛隊の誤射などで相手方の民間人を死傷させてしまったら大変なことになりますね。日本の憲法上、自衛隊は軍ではないことになっていますから、日本は軍事法廷を持つことができません。するとこの自衛隊の誤射を裁く手段がないんですね。国際連合職員として紛争処理や武装解除などの仕事をしてきた東京外国語大学大学院教授の伊勢崎賢治さんの指摘によりますと、こうした場合、大変な国際問題になって、日本は窮地に追い込まれてしまうだろうということですね。

小沢　軍事法廷もないし自衛隊員の補償もありませんね。いずれにしても、そういう問題は制度を作ればできることではありますが、海外派遣を自由に簡単にできるという自衛権の拡大解釈は、本当に国を滅ぼしますよ。つい七十五年前のことではないですか。それが本当にわかってないんですね。

例えばどこかの国と紛争状態になったとします。すると今度は日本に対するテロが襲ってくると思います。日本なんかテロを起こそうと思えばいくらでもできるでしょう。

――原発も、廃炉が決定したものを含めて沿岸に全部で五十四基ありますからね。

小沢　原発であれ新幹線であれ、やる気になったらどこも標的になるでしょう。徐々にそういう兆しになってきたと思う。

アフガニスタンで中村哲さんが殺されたでしょう。ぼくも彼と会ったからよく知っています。一生懸命井戸掘りしていました。

中村哲は脳神経内科を専門とする医師だったが、アフガニスタンやパキスタンで医療活動に従事。アフガニスタンでは、総延長二十五キロの用水路を完成させ、十万人に及ぶ農民の生活基盤を作るなど、水問題や教育問題に取り組んだ。

長年の取り組みのためにアフガニスタンの名誉市民権や国家勲章を授与され、過去にはマグサイサイ賞など様々な賞を受賞している。しかし、二〇一九年十二月四日、同国東部を車で移動中、何者かに襲われ胸に被弾。治療のため搬送される途中で死亡した。

小沢　それで中村さんの話で覚えているのは、何十年とアフガニスタンにいて、日章旗を車につけて走っていれば絶対安全だったそうなんですね。というのは、アフガニスタンはロシアと戦っているから、日露戦争に勝った日本にはすごく親近感を持っているんですよ。トルコもそうなんですが、あのあたりは、日本は自分たちの味方だと思っているんですね。

　ところが、安倍政権になって米軍との一体化が進んだからか、日章旗をかけて走っていても危なくなった、と中村さんから聞いたんですよ。そうしたら、こういう事件が起きてしまったんです。

――なるほど。

小沢　だから、日本に対する彼らの考えがちがってきちゃったんです。結局、日本もアメリカと一緒だろうと。アメリカでテロを起こすのは厳重な警戒の中でやらなければなりませんから大変です。だけど、日本が標的にされたら、すぐにやられてしまいますよ。

――そうですね。

小沢　日産のカルロス・ゴーンでさえ逃げちゃうじゃないですか。

――たしかに。

小沢　だから、言ってみれば、いくらでも出入り自由なんですよ、日本は。北朝鮮からもたくさん来ているのではないですか。国家間の戦争に巻き込まれなくても、そういう紛争の当事者になってしまうんですよ。そのことを国民はもっと真剣に考えなければだめです。国民はあまりにのんきなんじゃないでしょうか。まるで「茹でガエル」のたとえがあてはまりますよ。危険な温度の上昇に気がつかずにそのまま茹で上がってしまう恐れがあります。

憲法問題、韓国問題、いずれもリスクが大きすぎる

国民全体が世界的な感染症拡大に脅えていた二〇二〇年二月二十九日午後六時、安倍首相は記者会見に臨んだ。しかし、首相の見つめる先は左右に置かれたプロンプターだけだった。幹事社の質問の後、受け付けた質問は五問だけで実質的な質疑時間はわずか十分だった。

最後は、まだ十人ほど質問の手が挙がっていたが、「予定した時間がまいりました」という司会役の声とともに終了。「総理は質問に答えないんですね」という女性記者の声を振り切って会見場を後にした。

会見の総計時間は約三十五分。プロンプターに回答が書かれた想定質問以外は受け付けない考えだったのだろう。その日の深夜になって出た通信社の「首相動静」を見ると、会見場を後にした安倍首相はすぐに車に乗り込み、自宅へと直接帰った。国民の渦巻く疑問に答えるよりもプライベートの時間を優先したわけだ。

安倍首相はかつて「悪夢のような民主党政権」と口癖のように言っていたが、私は、未曾有の大震災と原子力災害という巨大惨禍に対してギリギリまで真摯に対応していたように思う。私は菅直人元首相に対してはかなり批判的だが、震災については人間として可能な対応を尽くしたと考えている。

それに比べて、コロナウイルスに対する安倍政権の対応はいかにも怠惰だ。コロナ禍が急襲した当初、安倍首相が「春節訪日歓迎」のメッセージを中国向けに発していたことが象徴例だ。前記の記者

記者会見で、新型コロナウイルス対策として全国の小学校、中学校、高校、特別支援学校に対する臨時休校の要請などについて説明し、国民に協力を呼びかけて頭を下げる安倍晋三首相。休校要請は専門家会議への相談なく決定された。その効果については疑問視されている＝2020年2月29日、首相官邸

会見にしても、民主党政権が続き、たとえば小沢一郎が首相であれば、首相会見に続いて厚生労働相や文部科学相など関係閣僚が各論の会見を引き継ぎ、より詳しい情報を国民に提供していたことだろう。

しかし、仮定の話を続けていてもあまり意味はない。

細川護熙連立政権から民主党政権を経て現在の安倍政権に至る歴史を少し長い目で眺めてみるとどういうことになるのだろうか。政治改革への努力を続けてきて、途中に民主党政権の大きい失敗と国民的な失望感があった。その後、政治改革の努力などまるでなかったかのような安倍政権の歴史の逆戻りの時代が続く。

安倍政治は、政権内部にうち続く醜聞とコロナウイルス禍に対する対応の不手際によって、到底抜け出せそうもない袋小

路に陥っているが、この先の時代に来る政治はどういう形のものだろうか。

今われわれは岐路に立っている。安倍政治のあと、良識のある日本国民は、後退し続けた安倍政治の負の遺産にもめげず、また新しい政治の模索の道に立つことができるのだろうか。それとも、戦前に回帰したかのような安倍政治をそのまま生き永らえさせ、アナクロニズムに満ちた暗黒政治に陥っていくのか。暗黒政治を選択した場合、その社会では、ほとんど息を吸い込む空気さえ薄く感じることだろう。

安倍首相は、憲法改正に最大の政治的求心力を求めている。その憲法は、小沢が学生時代以来最も強い関心を抱いてきた分野だ。改憲に突き進む安倍首相の政治姿勢は小沢の目にどう映っているのか。


――安倍首相は憲法9条の改憲をしきりに言っていますね。自衛隊を明記するんだ、ということですが、これについてはどう考えますか。

小沢　法律的用語で言えば自衛のための戦力を保持するということですが、そのこと自体は悪いことではありません。しかし、だからと言って9条を変える必要は何もないですね。

自衛権というものは、どの個人でも、あるいは国連憲章でどの国でも保有しているもので、自然権として認められているものですから、別に憲法に書かなくてもいいんです。事改めて書かなくても、現実に自衛隊は存在しているわけですから。

――そうですね。

小沢　書かなくともいいんですよ。だから、安倍さんの本当の狙いはそういうことではないんですね。彼の思い描いている危険な体制を作りたいんですよ。

――なるほど。

小沢　安倍さんの考えていることは、戦前昭和の軍閥とまったく似ています。要するに統帥権の独立を主張して、軍が独走してしまった。これは実態としては行政官僚も一緒になっていたんだけど、そういう類いのことを何とかいろいろとこじつけてやってしまおうということです。

明治憲法においては、天皇大権はすべて内閣の輔弼《ほひつ》を受けていたんです。言葉は違うけど、現憲法の第3条と第7条にある「内閣の助言と承認」による「天皇の国事行為」と同じような構成になっていたんです。要するに、内閣が認めて天皇が大権を行使するということです。

それを無理やりに天皇は陸海軍を統帥するという条文を引っ張り出して、統帥権だけは内閣から独立しているんだと軍部がやり出したんですね。ある意味、それと逆みたいなやり方だけど、同じ狙いのことを安倍さんはやろうとしているんですよ。

――なるほど。言ってみれば現代の統帥権みたいなもので、安倍さん自身がその統帥権を握ってしまうという狙いですね。

小沢　そうです。そういう、いわゆる統帥権を握ってしまって勝手なことをやりたいということです。だから、軍事的にも世界の大国になりたいということになるんですよ。

――そういうことですね。

小沢　その軍事大国化に利用しているのが、朝鮮半島であり、中国でありロシアなんです。もっとも、安倍さんはロシアにもどこにも相手にされていないようですが。緊張が高まっていると言って、軍備の拡張を図ろう、制度の改廃を図ろうとしているんです。

――今、朝鮮半島のお話が出ましたが、安倍政権と韓国との摩擦対立が厳しい状況です。これについて、まず徴用工裁判をめぐる韓国大法院（最高裁）の判決をどう読むかなんですが、私が読んだ限り、この大法院判決は正しいと思いました。

二〇一八年十月三十日、韓国大法院は新日鉄住金（旧日本製鐵、現日本製鉄）に対して、戦時中に強制動員された韓国人四人に、一人当たり一億ウォン（約九百万円）の損害賠償金支払いを命じる判決を確定させた。この大法院判決は、一九六五年の日韓請求権協定について、単なる経済・財政補償協定に過ぎず、強制動員されて戦前日本の利益のために酷使された「徴用工」に対する個人的な慰謝は何ら行われていない、と判断した。このため、慰謝を求める「徴用工」の個人的請求権は残されているというのが大法院判決の趣旨だ。

さらに、二〇一八年の大法院判決の先触れとなった二〇一二年五月二十四日の大法院判決は、「徴用工」の損害賠償請求などを認める理由として一九八七年制定の韓国憲法を根拠として示している。

韓国憲法は自主独立を精神の根幹としており、それを妨げた戦前日本の植民地支配を不法のものとしている。一九六五年の日韓請求権協定はこの植民地支配の不法性を前提としていないために、その見解は受け容れがたいとしている。

——この問題に対する安倍首相の姿勢は非常に頑なであり論理は幼稚ですね。頭から「それは約束だから」という一点張りです。これまでの日本の歴代政権に比べても退歩しているんじゃないかと思うのですが、どう思いますか。

小沢　そうですね。韓国との問題は本質的な問題を解決しないとだめなんです。ぼくが今の文在寅《ムンジエイン》大統領の側近と話した時に、その人は「大統領は法律家だから考えることが法律第一なんだ」というわけです。だから、裁判所で出た判決がそのままだということになってしまうんですね。

だけど、ぼくがその時に言ったのは「大統領は法律家じゃないんだ、政治家なんだから、政治というものを考えなくてはだめなんだ」ということなんですね。だから、裁判所としてそういう結論に達したことはひとつの法的解釈かもしれないけれども、だからと言って今までのことは何もかもだめだ、やり直しだ、という言い方をしていたのではむしろ安倍さんの思うつぼでしょう。

――なるほど。

小沢　日韓ともにだめなんです。両国ともトップの考えが悪いんです。

――そうですか。

小沢　だから、これは危ないと思います。ぼくは今どちらかで傷害事件でも起きたら大変なことが起こるのではないかと心配しています。

――私の韓国人の友人も日韓関係は非常に危ないと言っていました。そして、彼は日本でビジネスをしていたのですが、安倍政権が続く間は日本にいたくないと言って韓国に帰ってしまいましたね。

小沢　日本でも今はまだ経済がしっかりしているからいいけど、例えば失業が増えるというような状況になってきたら「韓国憎し」という感情が大きく出てくるかもしれない。在日の人を攻撃するような変な事態が起きてくるかもしれない。そうしたら、韓国の方でも反日の機運がものすごく噴き上がるでしょう。非常に危ない。だから、これは両国のトップを代える以外にないと思います。

――代えるしかないですね。

小沢　そうして本当の和解をしないといけません。韓国も韓国でちょっとヒステリーすぎると思う。

三十五年の植民地支配と言うが、確かにそれはそうだ。まだ近い歴史だから覚えている人もいる。それで恨みつらみもある。日本人のやり方もおかしかった。だけど、そこだけを言うのではなく、将来を考えるのでなければだめです。古代から考えてみれば、侵略とは言わないけれども、韓国の勢力がどんどん日本に入ってきた。だから近親憎悪みたいな感もあるんです。

その問題を解決する方法のひとつについて、ぼくは李明博《イミョンバク》元大統領と話したことがあるんですよ。こちらから「解決のためにはどうしたらいい？」と問いかけたら、一点だけ言われました。彼は「それを解決したら、韓国人の心は和らぐ」と言っていました。だから、それを受けて「ではまた政権を取った時に考えよう」と答えました。

だから、何か考えなくてはならないんです。一方、韓国も日本がそこまでするなら本当に未来志向で行かなければいけないということです。過去をどこまでさかのぼるんだということです。古代までさかのぼればいろいろと言えるけれども、やはり近い歴史ですから、ここは日本人がきちっとケリをつけなければいけません。

——そうですね。

小沢　だけど、今は本当に危うい。一触即発みたいな感じですよ。

——政治全般を見渡して、国民にとって安倍政権はまったく望みがありません。この安倍政権を倒すには野党がしっかりしなければなりません。野党第一党の立憲民主党と第二党の国民民主党の合併の話し合いは進んでいませんが、小沢さんから見て、野党の連合の組み方はどういう形が理想ですか。

小沢　立憲民主と国民民主の話し合いはいったん中断、いったん棚上げですね。だけど、これでバラバラに戦ったのでは結局選挙もダメ、それで結果的に安倍政権も倒せない、自民党政権に代わることもできない、それは明白な事実です。それは誰でもみんなわかっていることです。だから、必ず次の機会が訪れるとぼくは思っている。一緒になれば必ず勝ちますから。絶対に実現します。政権交代です。

――野党の連合の形はいろいろと議論があって、政党同士合併するのか、あるいは党は別でも一緒に戦うのか、選択肢はありますね。

小沢　党は別ではダメですが、「オリーブの木」ならいいでしょう。最低でも「オリーブの木」は必要です。「オリーブの木」は、合併はしなくても、ひとつの党として戦うのと同じですから。とにかく、一つの党で選挙を戦わなければダメです。比例がありますから。まだ比例がなければいいんです。比例がなければまだ統一候補で戦えるけど、比例があるから自分のところの候補しか応援しないんです。だから、そういう意味で、絶対に一つにならなければダメです。

現在の衆議院選挙は小選挙区比例代表並立制。有権者は一人二票を持ち、総定数四百六十五人のうち二百八十九人の小選挙区、百七十六人の比例代表区にそれぞれ投票する。比例代表区は全国十一ブロックに分かれており、有権者は政党に投票する。野党各党は合併しなくても、比例区候補を統一名簿に並べる「オリーブの木」構想で戦えば野党票は分散せず死に票を減らすことができる。

一九九〇年代のイタリアで、中道左派政党が結集して政権を作った「オリーブの木」に由来しており、野党の戦い方として小沢一郎が提唱し続けている。

――なるほど。それで立憲民主と国民民主の話し合いのチャンスが必ずもう一度訪れると思われるわけですね。

小沢　仕切り直しですね。

――ところで、山本太郎さんの動きがものすごく注目されていますが、山本さんに対しては小沢さんはどう評価されていますか。

小沢　人間的に素直だし、勉強家だし、行動力がありますね。ただ野党が一つになれば、彼に対する風は弱まると思います。国民は何と言っても政権交代の方に期待をかけていますから。だから、彼に対しても「あまり分かれてやるな」という声が強まると思いますね。だから、太郎君も「野党が一つになれば自分は協力してやる」と言っています。太郎君のところは合併するかどうかはわかりません。だけど、共産党と同じように連合軍で戦うということですね。

――その時に、山本さんがおっしゃっている「消費税率当面5パーセント、将来は廃止」という主張についてはどう考えますか。

小沢　いや、それは大きい問題ではないでしょう。景気の悪い時に消費税を増税すればますます景気が悪くなるのは当たり前です。

――そうですね。

小沢　だから、民主党政権の最後のころに野田（佳彦）さんが消費税を上げると言った時に、多くの民主党議員が「公約違反だ、反対だ」と言ったんです。だから「どうしてもやると言うなら最低限『景気条項』を入れろ」と言ったんです。これがみんなの意見だったんです。首相がそう言うんだから、まあ仕方ないだろうと。だけど、せめて「景気条項を」と言ったんです。ぼくはそれに加えて「増税が通ったら首相を辞任しなさい」とも言いました。

だから、条文に「景気条項」をつければいいんですよ。そうすれば5パーセントだろうが何パーセントだろうが景気の動向によって動かせるわけです。景気が悪くなれば下げればいいし、景気が良くなってきたら上げればいい。景気がいい時でないと消費税はダメなんです。総需要が減りますから。だから、太郎君との話で共産党も5パーセントと言っていますが、その問題はぼくに言わせれば大した問題ではありません。

——立憲民主党の枝野幸男代表は5パーセントでいいとは言いませんね。端から見てると頑なに見えますが、なぜなんでしょうか。

小沢　野田さんの影響があるのではないかと思います。野田さんは、それでは一緒になれないとおっしゃっているようです。だけど、「景気条項」を入れるのに反対とは野田さんも言えないでしょう。それでぼくは収まると思います。あとは、はっきり言って、政権を取ってから言えばいいんです。

——たしかにそうですね。

小沢　そうですよ。野党が税率を左右するなどということはできるわけがないんですから。

——山本太郎さんは消費税について将来は廃止とおっしゃっていますが、このあたりどう考えますか。

小沢　それは、景気がものすごく悪くなり、国民生活が大変になればまさに税率0パーセントということだってあるでしょう。これは実質的に廃止ということでしょう。「景気条項」というのはそういうことです。だから、太郎君に引っ張られることもないし、野田さんに引っ張られることもないんです。

——山本さんとは連絡を取り合っているんですか。

小沢　そうですね。時々ですね。彼も何かあれば来ますから。

——現在の日本の政治状況は、内政も外交も、あるいは政官関係でさえ非常に悪い状態だと思います。この状況は何とか打開しないといけませんね。あえて言えば、私の社会的使命は小沢さんたちの政治活動を曇りなく伝えることです。小沢さんの使命は言うまでもありませんが、三たび政権を獲得し国民生活に寄与することだと思います。その決意はありますか。

小沢　それは、何としてでもやります。やり遂げます。

（二〇二〇年一月二十八日インタビュー）

特別付録・小沢一郎緊急インタビュー

あきらめるな日本人、よい世の中に必ずできる

コモンセンスが狂った安倍政権

――小沢さんも指摘されていますが、河井前法相夫妻の大規模買収事件を見ますと、河井夫妻に渡された一億五千万円という自民党の資金交付の動機は結局、溝手さんに対する安倍さんの私怨ではないか、ということですね。このこと自体、日本の政治史上かつて例を見なかったほど醜い動機ではないですか。

河井案里参院議員が初当選した選挙をめぐり東京地検特捜部は、夫の河井克行衆院議員と案里議員を公職選挙法違反の罪で逮捕、起訴した。夫妻は約二千九百万円の現金を広島県内の有力者に配ったとされる。

自民党は選挙に向けて案里議員側に、広島選出で現職だった溝手顕正氏への交付金の十倍にあたる一億五千万円を交付。溝手氏は、二〇〇七年の参院選で、小沢一郎代表が率いていた民主党に惨敗した第一次政権時の安倍首相を批判していた。

安倍首相はこの時の個人的な私怨を晴らすために前代未聞の金額を実質的な「刺客」案里候補者に

交付したのではないか、と指摘されている。溝手氏は五回連続当選していたが、六選ならず落選した。

小沢 この問題にはアプローチの仕方が二通りあります。まず選挙には広報活動とかで多額の金がかかりますから、それだけで悪いというわけではありません。だけど、買収に使うなんていうことは、法に反し、道義に反し、けしからんということですね。

それから、安倍さんに関連して言うと、政党のお金をこのように交付するという感覚が信じられません。同じ選挙区の候補者に、党のお金を片方に千五百万円、もう片方に一億五千万円などという交付の仕方はありえません。

これは党内から大変な批判が出なければおかしいし、まず幹事長が把握していなければおかしい。

――幹事長は把握しているはずですよね。

小沢 しています。幹事長も知っていて、同じ選挙区の候補者に十倍の差をつけるというのは普通だったらありえないことですよ。どうしても河井候補を応援したければ自分のお金を出せばいいんです。

個人的に肩入れしたいというのであれば、そうすべきです。それなのに、党のお金で十倍出すということは党の運営の常識としても考えられない。これは、はっきり言えば安倍さんの頭が狂ってるとしか思えない。本当にそう思う。

何事にもそうなんです。私も何度も選挙をやったが、確かにお金をかけて懸命に運動させなければいけないというところもあるし、まあそれほどやらなくても大丈夫だというところもある。選挙区によってそれは様々だから、ある程度の不平等ということはありうることだけど、これほど露骨に差をつけるのは聞いたことがありません。

そもそも選挙の基本をまったくわかっていない。私は本当にびっくりしました。安倍さんのお金でも出したのかと思ったくらいでした。党のお金だとしたら本当におかしい。

――河井案里さんは二階さんの派閥ですから、二階さん自身、幹事長という職責上からも一億五千万円の件はよく知っていたはずですよね。

小沢　知っていたはずです。

――安倍さんは絶対に知らないはずないですね。

小沢　安倍さんが指示しなければ出ませんよ。二階さんの独断でなんか出せませんよ。

――しかも、広島の選挙区には安倍さんの秘書が何人も応援に入りましたね。

小沢　無理やり立てた訳ですから。

――それで安倍さんの秘書がはりついて、河井前法相がお金を渡したところに後で行って「総理からもよろしくお願いします」とやっているわけですからね。

小沢　だから、刑法上から言うと、安倍さんは公職選挙法違反の共謀共同正犯と言われてもおかしくないんです。

――常識から考えれば、一般市民はみんなそう思ってるのではないですか。

参院選で広島選挙区に立候補した自民党の河井案里氏と街頭演説する安倍晋三首相。党は主に政党交付金から案里氏に通常の10倍の1億5000万円を交付。案里氏は夫の河井克行氏とともに大規模買収容疑で逮捕された＝2019年7月14日、広島市内

小沢　だから、これは本当は検察がやらなければいけないことなんですね。今の検察は権力に腰が引けちゃってだめですね。

――検察の陣容も変わるようですし、事件は河井夫妻の起訴で幕引きかなという観測が強いですね。そうなると、この前のインタビューで小沢さんがおっしゃっていましたが、安倍さんを守る、安倍さんのために尽くす、そういう官僚はみんな出世していくということになりますね。

たとえば財務省の佐川宣寿元理財局長、それから失脚しましたが黒川弘務元東京高検検事長、さらに言えば佐川さんの後に理財局長をやった太田充さんが財務次官になります。

小沢　それから警察庁の中村さんもいるね。

――そうですね。安倍称賛本の著者、山口敬之さんの逮捕状を握りつぶした中村格《いたる》さんが警察庁次長になりました。みんな安倍さんを守っているという共通の特徴がありますね。

小沢　安倍さんがらみの不祥事をもみ消す者がみんな出世していくんですね。

――小沢さんがずっと日本の政治改革を志してやってきたことが崩されているんですね。政官関係というのは、まさに政治改革の肝の部分ではないですか。それを破壊したどころか、その問題自体をはるか彼方に転落させてしまいました。

民主党政権の時まで、政官関係に関しては非常に高い議論をしていました。日本の官僚機構、官庁をどういうふうに本来の政治に向かわせていくか、国民生活の充実に向けて政治の側がどういうふうにコントロールしていくか、そういう議論をしていました。ところが、今はそんな議論ははるか向こうに吹っ飛んでしまって、とにかく安倍さんを守った官僚は出世していくというそんなレベルの話しか出ないですよね。

小沢　官僚というものを完全に腐敗させてしまった。善良な官僚はみんなやる気をなくしてしまいました。安倍さんにゴマをすらなければだめだということですから。

――たとえば森友学園問題に関連して公文書改竄をやらされた近畿財務局の赤木俊夫さんが典型的な事例です。自殺するまで追い詰められてしまいました。

小沢　あの人は本当に可哀想です。本当に、安倍さんは官僚を悪くしたし、日本人の心を暗くしたね。安倍さんの最大の罪悪だね。あえて言えば、日本の心を汚くした。官僚も本当にやる気なくなってしまうね。ひどいもんです。こんな政権が続くんだから。驚くべきことです。

――コロナウイルスの問題にしても、これからさらに大きい波が来るとも言われています。しかし、私の見る限り、第一波の経験を反省して、たとえば医療体制の再構築の問題ひとつ取っても、それに備えるという姿勢がまったく見えません。

緊急事態宣言下、賭け麻雀に興じていたことで辞職した黒川弘務元東京高検検事長。「官邸の守護神」や「官邸の代理人」「官邸の門番」などと呼ばれた

どんな大きい波が来るか、またどんな強毒性のウイルスが襲来するかわからないのですが、官僚側としては、保身を考えてへたな対策を打ち出せないのではないでしょうか。

小沢　本当にそう思います。新聞を見ると、感染者が増えたのは検査を増やしたことが原因だという記事もありますが、そんな馬鹿な話はありません。役所が言っているのでしょうが、それではみんな検査したら大変な感染者数になってしまうじゃないか、ということですね。

これはトンチンカンです。検査すれば大変な感染者数になると言うんですから、それはもう大変な事態だと言っているのと同じでしょう。おかしな政府だから、官僚も言っていることがみんなおかしなことになってしまいました。

——官僚のみなさんも頭が働いていないんじゃないかと思いますね。

小沢　一般常識が通用しなくなっています。当たり前のコモンセンスが狂ってしまっている。

——たとえばイージス・アショアも挫折しましたが、これだってブースターが基地内に落ちないということは早い段階でわかっている問題だし、マッハ20で飛んでくるロシアのアバンガルド・ミサイルが基地配備されることは防衛省の専門家なら常識としてわかっていたことでしょう。

ロッキードが高度な迎撃用レーダーの開発実績をほとんど持っていないということだって十二分にわかっていたはずです。それで発注してしまったわけです。防衛省内の優秀な官僚があえて事前にそういう問題提起をしなかったということに、安倍首相が破壊した政官関係の問題の根深さを感じますね。

小沢　それは、トランプ・安倍会談で強要されたという面ももちろんあるけれども、あとは利権です。兵器調達というのは、誰も本当の価格というものがわからないわけだから利権の温床になりやすいんです。初めから値段のない商品ですから、言いたい放題、やりたい放題なんです。

もう何百億円だか注ぎ込んでるでしょう。それでしかも契約違反だから、違約金とかまで取られる恐れもあります。

——たしか二百億円近く払い込んでいると思います。それは返ってこないでしょう。

小沢　本当に驚くべきことですね。それで安倍政権はみんな平気な顔してるんですから。

安倍政治の一掃、そして個人生活のレベルアップを目指す

――そういう安倍政治から転換するためには、野党は文字通り一丸とならなければなりません。

小沢　その通りです。

――そのところでお聞きしたいのは、当然ながら立憲民主党と国民民主党が一体となって、その勢力を中心に陣営を組んでいくことが急務となると思うのですが、その見通しについてはどういう感触がありますか。

小沢　本当に、インチ・バイ・インチ（少しずつ）なんだけど、秋に選挙だという話になってきているから尻に火がついてきたような感じで、みんなかなり真剣になり始めています。何としても夏中に新党立ち上げをしたいと思っています。そうじゃないと間に合わないですから。十月選挙となれば、やはり一カ月か二カ月か間がなければできません。

――野党側は消費税5パーセントでまとまりそうですか。あるいは、小沢さんがおっしゃるように消費税に景気条項を入れるとか、話がまとまりそうですか。

小沢　私の聞いたところでは、安倍政権はいま消費税5パーセントの事務準備をしています。財務省は反対でしょうが、そういうことは官邸でもどこでも準備はできます。安倍政権は何でもやりますよ。しかし、その消費税5パーセントを安倍政権に先に打たれたら野党は終わりです。

――先にやられたら野党はひとたまりもないですね。

小沢　野党は完全にアウトです。ただ、選挙をやるかやらないかは、コロナウイルスの状況にもよりますが。

——その選挙のつながりで、話は変わりますが、東京都知事選で小池百合子さんが勝ち、野党側は宇都宮健児さんと山本太郎さんとで票を分けてしまいました。結果として、野党側の惨敗となってしまったわけですが、宇都宮さんと山本さんの二人が立候補してしまった経緯というのはどんなことだったのでしょうか。

小沢　四月に私は山本太郎君に、出るなら野党統一候補として出るべきだと言ったんです。それで、内々野党各党にも私の方から根回しをしたんです。それでみんなOKだったんです。ところが、太郎君が「やっぱり、『れいわ公認』じゃなければいやです」と言い出したんです。

太郎君に過信があったと思います。私は、票もそれほど取れないと注意したんですが。結果を見れば、もうちょっとで供託金没収という形になるところでした。

結果として、野党統一を邪魔したような形になってしまいました。やっぱり自分に対する過信がこの結果を招いたと思う。太郎君も自分の周りの取り巻きだけを見るのではなく、その外側の人の言うことにも耳を傾けなければなりません。

——山本さんの都知事選出馬会見も聞きましたが、宇都宮さんか枝野さんかと「消費税5パーセント」についてのむかどうか話した際に相手はのまなかった、だから自分は単独で立候補するんだ、というようなお話でしたね。

小沢　消費税は国政の問題で都知事選とは関係ありません。やはり過信があったのでしょう。

——選挙が終わった後、小沢さんは山本太郎さんにお会いになりましたか。

東京電力福島第一原子力発電所を視察する（右から）自由党の小沢一郎代表、国民民主党の玉木雄一郎代表、増子輝彦幹事長代行＝2019年3月4日、国民民主党提供

小沢　会っていません。事務所には来たそうだけど、私はいませんでした。太郎君も大魚を逸したと思います。野党統一として出ていれば、野党全党一致で、負けたとしてもいい勝負はしたと思う。

そうすれば有権者の受けも全然ちがう。野党が全部一緒だったら。太郎君は政治感覚をもっと磨かなければいけないと思いますね。しばらくは自ら「雑巾がけ」をした方がいいと思う。政治家としてまだまだ成長しないといけません。

――しかし、国政選挙でもれいわの勢力というのは無視できないですよね。

小沢　それはわかるが、独自に立ててもそれほどは取れません。

――小沢さんは、これまで日本の政治改革に向けてずっと努力してこられたわけですが、これまでにやり残したこと、あるいは政権交代が成れば実行しなければならない大きな課題といったものはありますか。

小沢　問題点ごとにいろいろありますが、まずは安倍晋三氏がやったことを直していかなければなりませんね。具体的に言えば、これは政策とは次元がちがうが、官僚の腐敗、ともすれば国民の付和雷同的ないい加減さにつながる非倫理的、非道徳的な性格を植え付けてしまった政治土壌を変えていくことを目指します。

まず、このことを率先して示さないと、日本人は倫理観、道義感をなくした民になってしまう。これは個別の政策ではなく精神論ではありますが、腐敗の一掃という言葉を使ってもいいし、上も下も倫理観をもう一度取り戻すような社会にしなければいけない。今の政権は、戦後社会の病をさらに重くしてしまった。これは、五年、十年じゃとても直らないと思うが、政権交代をして、まずは政府、政治の姿勢を毅然と正すことから始めなければいけません。

——そうですか。

小沢　個別の政策としては、まず統治機構の大転換です。今、日本は人口がどんどん減っています。田舎は本当に減っていく。二一〇〇年にはこのままだと日本の人口は五千万人になってしまうんです。数字は多少動いていますが、減少することには変わりありません。

人口五千万になったらどうなりますか。今首都圏だけで四千万人以上いるんですよ。そうしたら、他の地区には誰もいなくなるということです。こんな馬鹿げたことはない。事情に通じた人でも、日本の人口減少は止まらないと言います。

しかし、私が言いたいのは、絶対そんなことはない、ということです。日本人はもともと多産系だし、子どもを産みたい、育てたいという女性、男性はたくさんいます。だけど、現実に産んで育てて学校に通わせてという形でいけるか、という先行き、見通しが立っていません。それをみんな心配しているから、結婚しない、子どもをつくらないということになってしまっているんです。現象面から

農家の人たちと談笑する小沢一郎民主党代表＝2007年11月1日、栃木県宇都宮市

言うと、この人口減少を上昇に転じるようにしないとだめです。

そのためにはどうすればいいかと言えば、今の統治機構の改革、それからもう一つは、あらゆるお金の流れです。これが今、ほとんど団体とか企業とかに行っているんです。個人の懐に直接行ったのは、今度の給付金（新型コロナウイルス感染症対策の十万円特別定額給付金）みたいなものだけです。

個人にお金が行っていないんです。たとえば農業予算でも、農協に行ってるお金、土地改良区に行ってるお金はものすごく大きい。しかし、直接農業者に行ってるお金は少ないんです。これでは景気だってよくならないし、国民生活のレベルアップにならない。

だから、標語で言えば「国民の生活が第一」となりますが、経済的に言うと何より国民の所得を増やすことです。それによって消費需要を喚起して景気をよくするんです。これしか方法はないんです。金融政策でいくらお札を印刷したってだめなんです。

コロナ対策で給付金は出ましたが、一時のものです。そうではなくて、それぞれの個人が、恒常的に先行きの見通しを持って安定した収入が得られるような政策を取らなければいけません。

――なるほど。

小沢　だから、具体的に言えばいろいろあります。国の統治機構を根本的に変えることです。それから同時に雇用の問題です。安倍政権は非正規雇用者をどんどん増やして、景気が悪くなればいわゆる首切りというようなことをする。コロナで実際そうなっています。

年金も医療も、それから農業の生産もどんどん減っている。民主党政権の時にせっかく作った農家戸別所得補償もやめてしまった。みんな個人の生活を安定させるような政策を断ってしまっている。これを直さなければなりません。

そういう個別政策に関してはいっぱいあります。高齢者が多くなって介護が重要な問題になっていますが、若い人たちが最初は夢を持って介護職にけっこう就職するんです。しかし、給料が低いので食べていけないと言ってみんな途中で辞めてしまうんです。

言えばきりがないくらい社会の隅々に問題が山積していますが、そういう問題について個人の生活を安定させ、レベルアップするような政策、考え方が安倍自民党にはない。だから、景気もよくならない。私は、みんな安心して子どもを産み、育てることができるように、個人の収入を増やして生活を安定させ、レベルアップさせていくという政策、考え方を取らないとだめだと思っています。本当にこれを第一にやりたいですね。

――アベノミクスで当初言われていたような社会の上層部から下の方へお金が滴り落ちるというトリクルダウンなんか起きるわけがないですよね。

小沢　そんなこと起こるわけがない。

――さきほど小沢さんがおっしゃいましたが、たとえば民主党政権時代に、小沢さんが土地改良予算をバッサリ削って、その分を新設した農家戸別所得補償の方に持って行ったという政治的な判断、行動が大切なわけですよね。

小沢　土地改良にしても医師会にしてもみんな考え方は同じです。みんな団体の方にお金を出しているんですよ。体協（日本体育協会）も同じではないですか。体協の方にはお金が行くが選手にはわたらないでしょう。

そういう事例はたくさんあります。私はいろいろな事例を知っていますが、日本は本当におかしくなってしまいました。これを全部整理したら、それだけでもまずお金が出てきますよ。特殊法人は代表的なものです。

見てください。あの電通のめちゃくちゃぶり。二十億円というお金がどこに行ったかわからないというんだから、どうしようもないでしょう。誰がそれを取ったんだという話でしょう。

コロナウイルス対策として中小企業などに最大二百万円を給付する持続化給付金について、経済産業省は手続き業務全般を、電通やパソナなどが設立した「一般社団法人サービスデザイン推進協議会」に七百六十九億円で発注したが、同協議会は設立主体の電通に業務の多くを七百四十九億円で再委託していた。

同協議会は設立されてから決算公告を一度も出したことがなく、電話番号も明示されていなかった。野党議員が訪ねても事務所に対応がなく、差額の二十億円はどこに消えたのかと指摘されている。業務を再委託された電通の先にも再々委託などが多数ぶら下がり、その実態の不透明さが批判され続けている。

小沢　これは犯罪じゃないですか。なぜ検察は動かないんですか。これでは社会正義も何もないですよ。こういう社会ではだめです。

――小沢さんのおっしゃるように社会に倫理観や道義感を取り戻すということを考えれば、たとえば今は不問に付されていますが、安倍さんの「桜を見る会」とか森友学園、加計学園問題なども追及し続けなければいけないですよね。

小沢　そうです。腐敗の一掃ですよ。だから、安倍総理は政権交代を本当に怖がっていると思います。今言ったような問題は、追及したらほとんど犯罪ですよ。広島の大規模買収事件もそうですが。

――そうですよね。しかも、すべて税金を使った問題ですからね。

小沢　そうです。自分の集めたお金を使ったというならまだわかりますが、税金でやってるわけですからね。たちが悪い。そういう問題に検察、警察が何もできないというんだから情けないです。

韓国であれどこの国であれ、みんなこういうことは司法当局が追及していますよ。米国だってトランプ攻撃をやったでしょう。日本だけですよ。警察や検察がこんなに権力の走狗となっているのは。

――そういう問題をひっくるめて、大きい意味の政治改革が必要だということですね。

小沢　そうです。そういうことを国民に見せなければならないんです。

――二〇世紀初頭から中葉にかけてのスペインの哲学者ですが、オルテガという人が、同時代のスペインの政治状況を見て「今日、自己の政治的行為を不可避的な行為と感じている政治家は一人もいない」と嘆いていますが、私の見る限り、小沢さんは、自身の「政治的行為を不可避的な行為と感じている」数少ない現代日本の政治家の一人だと思います。

小沢さんはご自身の「政治的行為」について、「不可避的な行為」であるとか、あるいは政治的使命であるとか宿命であるとか、そういうふうに感じられることはありますか。

小沢　私は、そうしなければいけないといつも思っています。だけど、そのためには、やっぱり己を捨てなければだめなんです。自分の身の栄達、栄誉ばかり考えていたら大業はできない。

西郷南洲（隆盛）が言う通りです。「命も要らない、金も要らない、名誉も要らない、地位も要らない、こういう人たちは誠に扱いにくい、しかしこういう人たちでなければ世のため国のための大業をなすことはできない」という意味のことを言ってるんです。

本当にそう思いますね。みんな欲を持っているんですが、欲を抱くならもっと大きい欲を抱け、と私はよく言ってるんですよ。目先の小さい欲に囚われていては天は味方しない。だから、私は歳を取って、同じ年配の人で亡くなる人もいるけど、私は死については全然恐怖感がないんです。

天が要らないと言えば、黙って命を差し出すし、もう少し働けと言えば命は天がちゃんとつないでくれるし、すべて天命に従っているというわけです。

――まさにインタビューの最後はオルテガから西郷隆盛に至りましたね。

小沢　そうですね（笑）。


（二〇一〇年七月十日インタビュー）

あとがき

「驚く」ことができるのも一つの能力ではないか。私自身はいろいろな面で高い能力を持った人間ではないが、様々な政治学や日本政治史の著作などを渉猟しながら小沢一郎氏にロングインタビューし、文脈を再構成するための思索に耽ってみると、深く静かな驚きが心中に湧き上がってくることを覚える。

この本のラストインタビューの最後のところで、話題はスペインの哲学者オルテガから西郷隆盛に移った。オルテガの言葉は巻頭のエピグラフに引いてあるが、まさに小沢氏は日本の「政治改革」を自己自身の生涯の使命として負ってきた数少ない政治家の一人であるだろう。

西郷隆盛は明治政府に「戦争」を挑み、敗れ去った維新の志士の極北である。西郷は征韓論者ではなく、むしろ「アジア主義の祖」であるという歴史解釈が定着していると思うが、この西郷の行動を称えたのが福沢諭吉だった。

福沢も『脱亜論』などで様々な歴史的誤解を受けてきたが、私は同時代人としての小沢氏を考える場合、この福沢や西郷を思わずにはいられない。政治に携わる人間が常に受ける誤解や中傷、攻撃などに耐えながら自身の使命を貫いていこうとする意志。これこそ現代の政治家に求められる重要な資質の一つではないだろうか。

そして、この意志の赴くところについては、マックス・ヴェーバーがその講演録『職業としての政治』（岩波文庫）の中で案内してくれる。強靭な意志はまず「Sache」につかなければならない。「Sache」とは日本語では事柄とか仕事、問題、対象などと訳されるが、簡単に言えば政策目的のことだろう。

政策目的を見定めた政治家は、その実現のために権力を追求する。権力がなければ政治の世界では何一つ実現できないからだ。小沢氏が政策目的のために常に選挙を意識し、政権獲得を追求しているのはこのためだ。小沢氏は、ヴェーバーの説く政治の道を真っすぐに歩いていると言える。

ヴェーバーが注意喚起する権力への道に派生する迷路、「虚栄心」についても小沢氏ほど無縁な政治家はいないだろう。小沢氏の経歴をたどってみると、自身が様々な政党立ち上げの中心役を担っていながらしばしば代表の座を他の政治家に譲っていることに気がつく。

ヴェーバーはこうも語っている。「『善い』目的を達成するには、まずたいていは、道徳的にいかがわしい手段、少なくとも危険な手段を用いなければならず、悪い副作用の可能性や蓋然性まで覚悟してかからなければならない」（同前）と。さらに、政策実現のためには「悪魔」とまで手を結ばなければならない時もある、と言っている。

政治を志した二十六歳の小沢氏は田中角栄の門を叩き、若くして自民党幹事長にまで上り詰めた。湾岸戦争では国際貢献策を企図し、その後、政治改革を貫くために自民党を離党。二度の政権獲得の中心を担い、その過程で小選挙区比例代表並立制を実現、自民党との大連立や対米自立路線を模索した。

この道程を顧みる時、「道徳的にいかがわしい手段」を取ったとは言えないが、「悪い副作用の可能性」もしばしば考えなければならず、「悪魔」と手を結ぶことを覚悟したこともあっただろう。その結果として政界に「敵」を作り、数知れぬ攻撃や中傷を受けなければならなくなった。

　ヴェーバーは講演の最後をこんな言葉で締め括っている。

「自分が世間に対して捧げようとするものに比べて、現実の世の中が――自分の立場からみて――どんなに愚かであり卑俗であっても、断じて挫けない人間。どんな事態に直面しても『それにもかかわ《デンノッ》らず《ホ》！』と言い切る自信のある人間。そういう人間だけが政治への『天職《ベルーフ》』を持つ」（同前）

「Beruf（ベルーフ）」というのは本文の中でも一度説明したが、天職や職業、使命などと訳される。どんな逆境にあっても自身の政治的使命を貫き続け、「それにもかかわらず！」と自信を持って言い切ることのできる政治家。ヴェーバーの最後の言葉はまさに小沢氏のためにあるような感さえある。ここまで書けば当然推定されるように、本書のタイトル「職業政治家　小沢一郎」はこの文脈から採っている。まさに国民のための政治を「Beruf」とする政治家という意味である。

「Beruf」を本領とし、常に日本政治の渦の中央にいる小沢氏を捉えるには、こちらの構えも走り続けていなければならない。その上で走りながら書くこの「あとがき」も、まだ未確定の未来を含む現在の政治状況を報告しながらキータッチを進めなければならない。

　この本の中で小沢氏に最後にインタビューをした二〇二〇年七月十日以来、現実政治はほぼ小沢氏が予測した通りに動いている。

　立憲民主党と国民民主党が一体となる動きはまさに「インチ・バイ・インチ」に進み、衆参の国会議員百四十人を超える野党第一党が登場することになる。八月十三日には立憲民主党代表の枝野幸男氏が小沢氏と会談、会談後の両院議員懇談会で、九月上旬には新党を立ち上げる意志を表明した。

　両党合流の動きは立憲側が福山哲郎、国民側が平野博文の両幹事長の間で進められてきたが、新党名の決め方をめぐって最後に対立した。話し合いは二週間以上も揉め続けたが、最後は小沢氏が枝野氏を説得する形で決着が着いた。国民の玉木雄一郎代表自らは新党に参加しないことを表明したが、小沢氏はさらに説得するとしている。

枝野氏と会見した八月十三日、小沢氏は記者団の質問に対して語気強くこう語った。

「選挙やったら絶対に勝つ。絶対、次の総選挙の後は我々の政権だ」

新型コロナウイルスが日本列島を席捲している中で、果たして解散総選挙はあるのか。通常の常識からすればとても選挙を挙行できるような状況ではないが、支持率が急速に落ち続けている安倍首相にしてみれば勢力挽回、温存の最後の機会だろう。このため、永田町では時ならぬ「解散風」が強まっている。

この本が出るころにはさらに強風が吹き募る可能性が高い。強風が吹き荒れた後、我々国民が小沢氏とともに目撃し体験する政治状況については、ここで確言することはできない。切り拓くべき新しい一章が始まるのだ。

この本の基になったのは、朝日新聞の言論サイト「論座」の連載企画「小沢一郎戦記」だ。この連載の構成を大きく変えて重複部分を削除、必要な部分を加筆したのが本書である。

連載に際しては「論座」編集長の吉田貴文氏や担当デスクの鮫島浩氏の指示を仰ぎ、小沢氏事務所の政策秘書、宇田川勲氏の一方ならぬご協力をいただいた。殊に鮫島、宇田川両氏には、政治をテーマにした記事特有の困難な諸問題を乗り越えるべく毎週のように助言をしてもらった。

書籍化に当たっては、朝日新聞における私の同期に当たる朝日新聞出版会長、西村陽一氏や同社長、青木康晋氏、書籍本部長の尾木和晴氏の後押しを受け、書籍編集部編集委員、斎藤順一氏に編集作業を担当していただいた。

特に斎藤氏には、書籍化企画の当初から励ましの言葉をいただき、本文再構成や書籍タイトルなど全般にわたって数々の建設的な提案をしてもらった。斎藤氏の熱意がなければ本書の存在はなかっただろう。

また、平野貞夫氏と杉原修氏のお二人には、小沢氏に対するロングインタビューへの道を先導していただいた。

最後になったが、この本の主人公であり証言者でもある小沢一郎氏にはただ感謝を捧げるのみである。先にも触れたが、インタビューを続けながら、私は時々西郷隆盛を思った。

「小さく叩けば小さく響き、大きく叩けば大きく響く」。隆盛をこう評したのは坂本龍馬だが、私の拙い質問の連続に大小縦横に応じていただいた。

国民のための政権を目指して苦闘を続ける小沢氏の行く先はいまだ透明とは言えないが、オルテガとヴェーバーが定義する真の「政治家」という認定を受ければ、小沢氏も大いに感じるところがあるにちがいない。私はそう信じている。

二〇二〇年八月十八日

佐藤　章

小沢一郎氏関連年表

年	月	小沢一郎氏の動き	月	世界、政治、社会の動き
■小沢一郎誕生。弁護士を目指しながらも政治の道へ（0～26歳）				
1942年～（昭和17）		父・小沢佐重喜、母・みちの長男として、岩手県水沢市（現奥州市）に生まれる。水沢市立水沢小学校卒業、水沢市立常盤中学校入学（いずれも当時）。東京の文京区立第六中学校に転校		太平洋戦争始まる（1941年12月） 東京大空襲（1945年3月） 敗戦（1945年8月） サンフランシスコ講和条約発効（1952年4月）
1958年（昭和33）	3月	文京区立第六中学校卒業		
1961年（昭和36）	3月	東京都立小石川高校卒業		
1963年（昭和38）	4月	慶應義塾大学経済学部経済学科入学		
1964年（昭和39）			10月	東京オリンピック大会
1967年（昭和42）	4月	慶應義塾大学経済学部経済学科卒業、弁護士を目指して日本大学大学院法学研究科に入る（24歳）		
1968年（昭和43）	5月	佐重喜死去。弁護士を断念して総選挙立候補を決意。自民党幹事長、田中角栄の門をたたく（26歳）		
■27歳、国会議員に初当選。田中角栄から政治手腕を学ぶ（27～44歳）				
1969年（昭和44）	12月	岩手2区から自民党公認で出馬。衆院議員初当選（27歳）。公約は「官僚政治打破」「政治家による政策決定」など		

1972年（昭和47）	11月	衆院議員当選2回目（30歳）	2月 5月 7月	あさま山荘事件 沖縄施政権返還 田中角栄内閣発足
1973年（昭和48）	10月	福田和子さんと結婚（31歳）		
1974年（昭和49）			12月	田中内閣総辞職
1975年（昭和50）	12月	科学技術政務次官（33歳）		
1976年（昭和51）	12月	衆院議員当選3回目（34歳）。公約は「政治献金の禁止」「政治資金の国庫負担」「衆議院に比例代表制を加えた小選挙区制の導入」。当選後、建設政務次官	2月 7月	ロッキード事件表面化 田中前首相逮捕
1979年（昭和54）	10月	衆院議員当選4回目（37歳）		
1980年（昭和55）	6月	衆院議員当選5回目（38歳）		
1983年（昭和58）〜	6月 〜12月	自民党総務局長として、二階堂幹事長のもとで参議院選挙（初めての比例代表制導入）、衆議院総選挙を取り仕切る（41歳）	10月	東京地裁、ロッキード事件で田中元首相に懲役4年、追徴金5億円の実刑判決
	12月	衆院議員当選6回目（41歳）。当選後、衆院議院運営委員長		

年	月	事項	月	国内外の動き
1985年（昭和60）	2月	田中派内の竹下登を中心とする「創政会」に参加。梶山静六とともに主戦派（42歳）	2月	田中元首相、脳梗塞で倒れる
	12月	中曽根内閣の自治相・国家公安委員長に就任（43歳）		
1986年（昭和61）	7月	衆院議員当選7回目（44歳）		
■田中派から竹下派へ、自民党幹事長に就任（45～47歳）				
1987年（昭和62）	7月	創政会の後身、「経世会」に参加（45歳）		
	11月	竹下内閣の内閣官房副長官に就任	11月	竹下登内閣発足
1988年（昭和63）	3月	日米建設協議の日本側代表として訪米（45歳）	6月	リクルート事件表面化。翌7月には事件は中央政界に波及
1989年（昭和64）			1月	昭和天皇崩御
1989年（平成元）	6月	日米電気通信協議の日本側代表として訪米（47歳）	4月	消費税、税率3%でスタート
			6月	リクルート事件で竹下内閣総辞職
				宇野宗佑内閣発足
			7月	参院選で自民党大敗
	8月	海部内閣発足とともに、自民党幹事長に就任（47歳）	8月	海部俊樹内閣発足
■湾岸戦争勃発、参戦を求められ憲法9条との間で苦慮、PKO協力法成立にこぎつける（47～50歳）				
1990年（平成2）	2月	衆院議員当選8回目（47歳）		
	8月	イラクがクウェートに侵攻（湾岸危機）		

1990年（平成2）			10月	東西ドイツ統一
			11月	国連平和協力法案が廃案に
1991年（平成3）	4月	保守分裂の東京都知事選、磯村尚徳敗れる。責任を取り自ら幹事長を辞任する（48歳）	1月	湾岸戦争
			7月	東京佐川急便事件の端緒発覚
	10月	金丸信から自民党総裁に推されたが断る（49歳）	11月	宮沢喜一内閣発足
			12月	ソ連解体。冷戦終結
1992年（平成4）	6月	PKO協力法成立（50歳）	5月	細川護煕が日本新党結党
	8月	東京佐川急便から金丸信への5億円ヤミ献金事件発覚。小沢は金丸擁護に努める		
	10月	竹下派内に羽田孜を代表とする改革フォーラム21を結成	9月	カンボジアPKOに自衛隊を派遣

■『日本改造計画』出版、自民党離党、「新生党」結党、細川連立政権誕生（50〜52歳）

1993年（平成5）			3月	東京地検特捜部、金丸信を脱税容疑で逮捕
	5月	「日本改造計画」を講談社より出版（50歳）		
	6月	宮沢内閣不信任案に賛成投票、44人の自民党議員とともに離党。新生党を結成し代表幹事に就任（51歳）	6月	宮沢内閣総辞職、武村正義、鳩山由紀夫ら新党さきがけ結党
	7月	衆院議員当選9回目（51歳）	7月	総選挙で自民党過半数獲得できず、

年	月	小沢一郎氏関連	月	一般事項
	8月	非自民8党派による細川護熙連立政権誕生（51歳）		自民党総裁に河野洋平就任
1994年（平成6）	1月	小選挙区比例代表並立制を中心とする政治改革関連法成立（51歳）	12月	田中元首相死去
	2月	細川首相、税率7％の国民福祉税構想を発表。世論の強い反対に遭い白紙に		
	4月	細川首相の佐川急便からの1億円借り入れ問題で国会空転。細川首相の辞意を受け、渡辺美智雄に自民党離党後の首相候補を打診するが、渡辺決断つかず。この結果、羽田首相指名。この後、新生党や日本新党など衆院5党派が統一会派「改新」を結成。反発した社会党が連立を離脱、羽田内閣は少数与党政権として発足		
	6月	羽田孜内閣64日間で総辞職（52歳）	6月	村山富市内閣発足（自民・社会・さきがけの連立）

■「新進党」結党、念願の小選挙区比例代表並立制（52～55歳）

年	月	小沢一郎氏関連	月	一般事項
1994年（平成6）	12月	新生党、日本新党、公明党、民社党などが合同し、新進党を結党。党首には海部俊樹、幹事長には小沢が就任（52歳）		
1995年（平成7）			1月	阪神淡路大震災
			3月	オウム真理教による地下鉄サリン事件
			9月	沖縄で米軍兵士による12歳少女暴行事件
	12月	党首選で羽田孜に勝利して党首に就任（53歳）		

1996年（平成8）	10月	衆院議員当選10回目（54歳）	1月	橋本龍太郎内閣発足
	12月	羽田ら13人が離党し、太陽党結成	10月	小選挙区比例代表並立制で初めての総選挙
			11月	第2次橋本内閣発足
1997年（平成9）	6月	細川が新進党を離党	11月	山一証券と北海道拓殖銀行破綻、金融危機
	12月	新進党を解党		

■「自由党」結党、自民党と連立政権（55〜60歳）

1998年（平成10）	1月	自由党を結党、党首に（55歳）	7月	自民党が参院選で敗北、橋本首相退陣。小渕恵三内閣発足。7〜10月に金融国会、金融再生関連法成立
	11月	小渕首相と会談、小沢は国際安全保障や衆参両院統治機構・国会の大改革案などを提案（56歳）		
1999年（平成11）	1月	自民党との連立政権発足（56歳）		
	10月	公明党が連立に加わり自自公連立政権に（57歳）		
2000年（平成12）	4月	小渕首相と会談、自民党との連立を解消。その翌日未明に小渕首相緊急入院、約1カ月半後に死去。小渕昏睡状態の中、後継首相に森喜朗が就任（57歳）	2月	衆議院比例区定数20削減
	6月	衆院議員当選11回目（58歳）	6月	竹下元首相死去

年	月	小沢一郎氏の動き	月	国内外の出来事
2001年（平成13）			4月	小泉純一郎内閣発足
			6月	経済財政諮問会議における第1回の骨太の方針
			9月	米国で同時多発テロ（9・11）
			10月	アフガン戦争
			11月	海上自衛隊の補給艦などをインド洋に派遣
2002年（平成14）			6月	三位一体改革、閣議決定
			9月	小泉首相が北朝鮮訪問

■自由党、民主党と合併。自民党との幻の大連立（60～65歳）

年	月	小沢一郎氏の動き	月	国内外の出来事
2002年（平成14）	11月	鳩山由紀夫民主党代表が自由党との合併提起（60歳）	12月	菅直人が民主党代表に
2003年（平成15）	1月	菅直人民主党代表が自由党との合併先送り表明（60歳）	3月	イラク戦争
	7月	菅・小沢会談、合併に合意（61歳）	8月	北朝鮮の核問題で6者協議
	9月	民主党と自由党合併		
	11月	衆院議員当選12回目、民主党躍進		
	12月	民主党代表代行となる（61歳）		
2004年（平成16）	7月	参院選で民主党が自民党の議席を上回る（62歳）	2月	イラクに自衛隊派遣
			5月	菅民主党代表、年金未納問題で辞任。岡田克也が民主党代表に

2005年（平成17）	9月	衆院議員当選13回目（63歳）。郵政選挙で自民党圧勝、岡田克也が民主党代表を辞任。前原誠司が後継代表に		
2006年（平成18）	4月	民主党代表選で菅を破り代表に。直後の衆院千葉7区補選で民主党勝利（63歳）	3月	偽メール問題で前原代表が辞任
			4月	小沢代表、菅代表代行、鳩山幹事長の民主党「トロイカ体制」
			9月	第1次安倍晋三内閣発足
			12月	民主党、「政権政策の基本方針」（政策マグナカルタ）決定
2007年（平成19）	7月	参院選で民主党60議席獲得、自民党は37議席で大敗。「衆参ねじれ」が起こる（65歳）	9月	第1次安倍内閣退陣 福田康夫内閣発足
	11月	福田康夫首相、小沢民主党代表が会談、大連立で合意。民主党役員会で拒否（65歳）		
2008年（平成20）			9月	リーマン・ブラザーズ経営破綻、世界金融危機。麻生太郎内閣発足
			12月	「年越し派遣村」日比谷公園に開設

■民主党政権誕生と「陸山会事件」（66〜69歳）

2009年（平成21）	3月	東京地検特捜部、西松建設問題の「国策捜査」で、事前取り調べも証拠もないまま強制捜査、小沢の秘書を逮捕（66歳）		
	5月	小沢、代表辞任。鳩山由紀夫が民主党代表に		
	8月	衆院議員当選14回目（67歳）。民主党３０８議席を獲得し政権交代		

	9月	民主党、社民党、国民新党の連立による鳩山由紀夫内閣発足、小沢は閣外の民主党幹事長。国家戦略室・行政刷新会議を設置、菅直人が国家戦略担当相に	9月	前原国土交通相、八ッ場ダム建設中止を表明。岡田外相、核密約問題調査を命令
			11月	事業仕分け開始
	12月	小沢を名誉団長とする日中交流機構・大長城計画訪中団訪中。小沢民主党幹事長「2010年度予算と税制に関する党の要望書」を鳩山首相に提出。小沢幹事長と鳩山首相の指揮下に、党からは高嶋良充と細野豪志、政府からは松井孝治と古川元久が集まり、予算編成作業。実質的な国家戦略局が作動	12月	生活保護母子加算復活。東京地検特捜部、鳩山首相元秘書を献金問題で起訴
2010年（平成22）	1月	東京地検特捜部、「陸山会事件」で石川知裕衆院議員らを逮捕（67歳）		
			2月	鳩山内閣、政治主導確立法案を閣議決定
			3月	子ども手当法成立。高校無償化法成立、非正社員の雇用保険加入を促進させる改正雇用保険法成立
	5月	東京地検、虚偽捜査報告書作成の基になった石川取り調べ。石川はICレコーダーで録音	5月	日米両政府、普天間飛行場移設先を名護市辺野古とする共同声明。社民党連立離脱
	6月	小沢、民主党幹事長辞任、鳩山首相退陣。菅直人内閣発足（68歳）	6月	菅首相、記者会見で消費税10%発言
			7月	参院選で民主党敗北、ねじれ国会に
	9月	小沢、民主党代表選で菅直人に敗れる	9月	尖閣諸島で中国漁船衝突事件
2011年（平成23）	1月	小沢、検察審査会議決により政治資金規正法違反の罪で強制起訴（68歳）		

2011年（平成23）	2月	小沢、菅・岡田執行部より党員資格停止処分を受ける	3月	東日本大震災。東京電力福島第一原子力発電所で電源喪失メルトダウン
			9月	野田佳彦内閣発足
	12月	小沢の裁判で検察の虚偽捜査報告書が明らかに（69歳）	12月	民主党議員9人、離党届提出
2012年（平成24）			3月	亀井静香国民新党代表、消費税増税閣議決定に反対して連立離脱表明

■最高裁で無罪判決、民主党を離党。3度目の政権交代を目指す（69～76歳）

2012年（平成24）	4月	東京地裁、小沢に無罪判決（69歳）		
	5月	民主党、小沢の党員資格停止を解除。検察官役の指定弁護士、無罪判決を不服として控訴。小川敏夫法相、虚偽捜査報告書への適正な対処を求める検察への指揮権発動を野田佳彦首相に事前報告		
	6月	小川法相、指揮権発動を決意。野田首相、小川法相との再面会の前日に法相を解任。民主党・自民党・公明党による消費税増税を前提とした社会保障・税一体改革に関する3党合意。衆院で消費税増税関連法案可決。鳩山、小沢ら73議員が反対、欠席などで造反（70歳）		
	7月	小沢ら48議員が民主党を離党、国民の生活が第一を結成、脱原発と反増税を掲げる		
			9月	尖閣諸島、国有化
	11月	東京高裁、小沢に無罪判決。検察審査会、上告断念、小沢の無罪確定。国民の生活が第一、日本未来の党へ合流	11月	野田首相、党首討論で衆院解散を明言

	12月	衆院議員当選15回目。民主党、日本未来の党ともに惨敗。日本未来の党は生活の党に党名変更	12月	第2次安倍内閣発足
2013年（平成25）	1月	小沢、生活の党代表に（70歳）	4月	日銀が異次元の金融緩和策導入を決定。アベノミクス始まる
			9月	2020年の東京オリンピック開催決定
			12月	特定秘密保護法成立
2014年（平成26）	12月	衆院議員当選16回目（72歳）。山本太郎が入党。生活の党と山本太郎となかまたちに党名変更	4月	消費税率8％に引き上げ
			7月	集団的自衛権の行使容認を閣議決定
2015年（平成27）			9月	安全保障関連法成立
2016年（平成28）	10月	生活の党と山本太郎となかまたちから自由党に党名変更（74歳）	1月	日銀、マイナス金利政策導入を決定
			6月	安倍首相、消費税増税の先送りを表明
2017年（平成29）			2月	森友学園問題始まる。トランプが米大統領就任後初の日米首脳会談
			4月	辺野古護岸工事始まる 加計学園問題始まる
			5月	安倍首相、9条改正を含む新憲法の2020年施行に言及
			6月	共謀罪の趣旨を含む改正組織的犯罪処

				罰法成立
2017年（平成29）	10月	衆院議員当選17回目（75歳）		
2018年（平成30）			3月	森友学園問題で公文書改竄発覚
			6月	初の米朝首脳会談
			7月	ＩＲ法（カジノ法）成立。オウム真理教事件、死刑囚全員の死刑執行
2019年（平成31）	1月	国民民主党と自由党が合流、自由党は解党（76歳）		
2019年（令和元）			5月	新天皇即位、元号変わる
			10月	消費税率10％に引き上げ
			11月	安倍首相主催の「桜を見る会」が問題化
	12月	在職50年。恒例の特別表彰については「政治活動を展開している」として衆院事務局からの打診を保留（77歳）	12月	ＩＲ事業関連収賄容疑で秋元司衆院議員逮捕。日産自動車前会長のカルロス・ゴーン被告、プライベートジェット機でレバノンに逃亡
2020年（令和2）			1月	安倍内閣、定年退官予定の黒川弘務東京高検検事長の定年延長を閣議決定。黒川は後に賭け麻雀が発覚して5月に辞任
			3月	ＷＨＯ（世界保健機関）、新型コロナウイルスでパンデミック宣言
			6月	安倍内閣の河井克行前法相、案里参院議員夫妻、公職選挙法違反の疑いで逮捕

本書は、朝日新聞社の言論サイト「論座」に、２０１９年３月４日～２０２０年３月９日まで全36回連載された「小沢一郎戦記」を再構成して、加筆・修正したものです。

装　幀　bookwall
写真提供　朝日新聞社（カバー、本文）
小沢一郎事務所（カバー裏「27歳、初当選の頃」）
著者（57頁、151頁）
沖縄県公文書館（147頁）
朝日新聞出版・東川哲也（247頁）
DTP　坂本由佳（朝日新聞総合サービス）
図版作成　谷口正孝
校　閲　溝川歩、鮫島忠夫

佐藤章（さとう・あきら）
元朝日新聞記者。東京・大阪経済部、ＡＥＲＡ編集部、週刊朝日編集部、ジャーナリスト学校などに在籍。五月書房新社取締役・編集委員会委員長。
著書に『ドキュメント金融破綻』（岩波書店）、『関西国際空港』（中公新書）、『ドストエフスキーの黙示録』（朝日新聞社）、『山形の政治』（未來社）、『密告される生徒たち』（朝日新聞社）、『ルポ内申書』（未來社）。
共著に『新聞と戦争』（朝日新聞出版）、『圧倒的！　リベラリズム宣言』（五月書房新社）など。

職業政治家《しょくぎょうせいじか》　小沢一郎《おざわいちろう》

二〇二〇年九月三〇日　第一刷発行
二〇二一年十月三〇日　第六刷発行

著　者　佐藤　章

発行者　三宮博信
発行所　朝日新聞出版
〒一〇四-八〇一一　東京都中央区築地五-三-二
電話　〇三-五五四一-八八三二（編集）
　　　〇三-五五四〇-七七九三（販売）

印刷製本　中央精版印刷株式会社

Published in Japan by Asahi Shimbun Publications Inc.
ISBN978-4-02-251699-2
定価はカバーに表示してあります。
落丁・乱丁の場合は弊社業務部（電話〇三-五五四〇-七八〇〇）へご連絡ください。
送料弊社負担にてお取り替えいたします。